SOMMAIRE

AIMER, OBSERVER, PLANTER

J'ai la chance de vivre sur une terre généreuse, au sol plutôt neutre sous un climat doux, modulé par la présence proche de l'Océan. Un lieu rêvé pour tout jardinier, plateau idéal pour tourner l'émission *Silence, ça pousse !* Vingt ans se sont écoulés depuis mes débuts dans le tout premier jardin. Le Jardin du Matin. Celui dans lequel j'ai tâtonné, expérimenté, cherché à comprendre. Théâtre de mes premiers grands bonheurs entre lesquels se glissaient, parfois, de vraies déceptions. À l'époque, je pouvais déjà compter sur deux alliés de choix. Mon désir et ma patience.

Alors, jour après jour, saison après saison, année après année, chaque endroit du jardin s'est laissé déchiffrer. Dans chacun d'eux, j'ai su lire la course du soleil dans le ciel, repérer les différentes natures du sol, distinguer l'intensité de l'ombre, ressentir la force des vents et les nuances de l'humidité ambiante. Ce premier jardin dessinait à lui seul une mosaïque de territoires. Une représentation du monde à mon échelle dont les végétaux seraient les ambassadeurs. Au Jardin du Matin est venu s'ajouter celui du Soir puis, plus récemment, celui de l'Après-Midi.

Dans le premier tome de *Silence, ça pousse !* j'ai invité le jardinier à reconnaître les différents territoires de son jardin. Ceux de l'eau, du sous-bois et de la lisière, de la prairie fraîche et de la prairie sèche, de la montagne ou de la falaise, selon un itinéraire inspiré par la réalité du monde. Des montagnes luxuriantes d'Asie à la mythique Prairie américaine, des régions arides du Bassin méditerranéen au littoral océanique de la Nouvelle-Zélande, des steppes extrêmes du Caucase à la fraîcheur des sous-bois du Japon. Une forme d'invitation au voyage nécessaire pour se préparer aux rencontres avec les plantes du monde et tout naturellement aux plantes de mon jardin auxquelles ce deuxième tome est consacré. Pour chacun de ces territoires, j'ai voulu partager mes expériences, raconter les plantes que

Double page suivante
Hosta, Digitalis purpurea, Papaver orientalis 'Patty's Plum' et *Iris xiphium*.

Stéphane désherbe les colchiques.

j'ai choisi d'y faire entrer, respectant au plus près leurs besoins tout en limitant au maximum mes interventions.

Choisir les plantes de son jardin ? Rien de plus excitant que de parcourir les catalogues des pépiniéristes, en hiver quand le jardin s'est endormi. D'imaginer futures floraisons, silhouettes et autres feuillaisons. Rien de plus réjouissant que d'aller, dès les premiers beaux jours, repérer les arrivages chez les pépiniéristes, courir les fêtes des plantes, échanger entre amis jardiniers, boutures et jeunes plants « maison ». Rien de plus merveilleux que de faire entrer le monde dans son jardin. Choisir la bonne plante pour son jardin, sa terrasse ou son balcon ? Rien de plus simple dès l'instant où le jardinier la considère comme un organisme vivant. Avec ses propres besoins et ses exigences. Comment, du jour au lendemain, survivrait un Inuit dans le désert du Sahara ou un Touareg sur la banquise de l'Alaska ? Et un jardinier subitement transplanté dans un univers hostile, sans aucun repère, obligé de s'adapter à un nouveau régime alimentaire, de cuire en plein soleil alors qu'il ne le supporte pas, d'avoir les pieds constamment dans l'eau, quand il est sujet aux rhumatismes ? Nul doute qu'il ne fasse grise mine avant de s'étioler. Comme la plante.

Page de droite
Galanthus nivalis.

Double page suivante
Contraste : jachère fleurie et jardin de graviers.

16

LE **JARDIN** DE TOUTES LES **SÉDUCTIONS**

22

LES **PLANTES** ET LEURS **NOMS**

CONNAÎTRE ET RECON

NAÎTRE **LES PLANTES**

LE **JARDIN** DE TOUTES LES **SÉDUCTIONS**

Couleurs chatoyantes, nectars enivrants, parfums renversants ou pestilentiels, les fleurs déploient des trésors d'imagination pour attirer, griser voire soûler et faire perdre la tête à toute une petite faune chargée d'assurer leur postérité. Tous les stratagèmes se valent pourvu que le pollen, cette poudre fertilisante produite par les étamines, se dépose sur un stigmate approprié.

Un certain nombre de fleurs attirent des insectes ailés, pour que, de l'une à l'autre, ils transportent puis déposent du pollen. Littéralement saupoudré de pollen à l'issue d'une visite dans une première fleur, l'insecte part en fouiller une autre. Au passage, il se frotte aux stigmates de cette nouvelle fleur qui retiennent les grains de pollen et enclenchent le processus de fécondation.

D'autres plantes – c'est le cas des iris – proposent un nectar à l'abeille chargée de nourrir la ruche ; celle-ci n'a qu'à se laisser glisser au fond de la corolle, jusqu'à la source promise, pour aller faire le plein. Instant attendu par une étamine qui en profite pour se délester de son pollen sur le dos de la visiteuse. L'abeille repart vers un iris voisin, toujours en quête de nectar, tandis qu'à son passage un stigmate récupère le pollen.

Certaines espèces, comme *Ophrys apifera* (orchidée abeille), parviennent à mimer l'aspect d'un insecte. Nombre d'abeilles solitaires mâles se laissent ainsi abuser imaginant trouver une compagne accueillante, tant l'un des pétales de l'orchidée (le labelle) ressemble comme deux gouttes d'eau à une dame abeille. Beaucoup d'agitation au cours de laquelle l'abeille accumule, transporte et dépose malgré elle le précieux pollen.

Le vent aussi dévoile ses talents d'entremetteur fantaisiste. Quand il se mêle de soulever et de disperser les nuages de pollen, dont

Page de droite
Bourdon sur *Astrantia major.*

Page de gauche
Géranium de Madère, Érigeron.

Ci-dessus à gauche
Iris japonica.

Ci-dessus à droite
Sedum sieboldii.

Double page suivante
« Le trait d'eau ».

certains grains finissent toujours, au petit bonheur la chance, par atterrir sur le bon stigmate. Et comment ne pas s'émerveiller devant les samares, ces fruits munis d'ailettes qui se laissent porter par la moindre brise !

Beaucoup de fleurs originaires des tropiques ont plébiscité les oiseaux pour assurer leur commerce amoureux tout en fabriquant des leurres pour protéger leurs ovaires des becs impétueux. On se prend à rêver en voyant le vol suspendu des colibris, à l'œuvre, aspirant le nectar des fleurs sur les frondaisons des hauts arbres des forêts tropicales sans jamais se poser.

L'obsession de la plante à fleur se résume à un seul mot : reproduction ! Qui concentre toute son énergie, détermine ses incroyables stratégies pour survivre dans son milieu, s'adapter à toutes les situations, même les plus extrêmes. Ses armes ? La beauté ! Ébloui par tant de couleurs et de parfums, de vie et d'intelligence, l'homme aussi a été séduit. Il est devenu jardinier.

LES **PLANTES** ET LEURS **NOMS**

Pourquoi nommer les plantes en latin s'interroge le néophyte ? Un vieux débat à l'origine de quelques pages savoureuses publiées par le magazine *Le Petit Jardin* en 1925.

Le 8 octobre, un certain E. Meunissier lance la polémique : « *Dimorphotheca aurantiaca* rit au soleil de toutes ses étoiles orangées sans se soucier de son nom effarant. » Plus loin, il insiste : « Essayez, pour voir, d'écrire sans hésiter *Eschscholtzia*, *Trautvetteria* ou *Xanthorrhiza*. » Avant de conclure : « Devant tout ce déballage gréco-romain, on reste ahuri, et la mémoire se cabre. Petites fleurs, pardon ! Pourquoi chaque plante n'aurait-elle pas un nom français qui serait facile à retenir ? »

La réponse ne se fait pas attendre. Le 25 novembre, J. Gérôme, sous-directeur du Jardin d'expériences du Muséum d'histoire naturelle, professeur de floriculture à l'École nationale d'horticulture de Versailles, réplique : « Supposons admise la réforme proposée : tous les noms seront des noms français ; plus de noms latins ! [...] les plantes seront désignées, suivant les pays, dans les langues les plus diverses. Nous serons ainsi ramenés à plus de quatre siècles en arrière, et quelle tour de Babel on aura reconstruite ! »

La tour de Babel ou le drame de l'humanité ! Cette incapacité des peuples qui veut qu'ils ne puissent s'entendre entre eux. Alors, s'il est un langage universel à préserver, c'est bien celui qui nomme et désigne les plantes. Qui permet aux amateurs de jardin de se comprendre de l'Asie à l'Amérique du Nord, de l'Afrique à l'Australie, de l'Europe à l'Amérique du Sud. D'autant que le latin étant considéré comme une langue morte, son emploi ne peut froisser aucun amour-propre national.

Page de gauche
Eschscholzia.

NOMMER ET **ÉCRIRE** LES PLANTES

Fagus sylvatica. Hêtre commun, fayard.
Le premier mot latin se réfère au genre et débute toujours par une majuscule ; le second, utilisé en épithète, précise l'espèce et commence par une minuscule. Tous deux étant écrits en italique, s'agissant d'une langue étrangère. Ce mode de désignation binaire des plantes, mais aussi des animaux, est dû au savant suédois Carl von Linné (1707-1778). Quand il existe, le mot français ou vernaculaire suit la nomenclature latine.

Fagus sylvatica 'Dawyck' ; ***F. s***. 'Aurea Pendula' ;
F. s. 'Dawyck' ; ***F. s***. 'Dawyck Gold' ; ***F. s***. 'Rotundifolia'.
Le nom de l'espèce (*Fagus sylvatica*) peut être complété par celui d'une variété obtenue par sélection horticole ('Dawyck'), écrit en caractères romains, entre apostrophes simples.
Dans le cas d'une énumération concernant plusieurs variétés d'une même espèce, le nom de la plante sera écrit en entier une première fois, puis avec ses initiales.

Fagus sylvatica f. *purpurea.*
Il peut arriver que la plante décrite soit une sous-espèce (ssp.) ou encore une forme (f.) dérivant, naturellement, de la plante désignée par l'appellation binaire genre et espèce. Dans ce cas, l'appellation est complétée par ssp. ou f. écrits en caractères romains, suivis du terme en latin désignant la sous-espèce ou la forme, donc en italique.

Anemone x hybrida (syn. ***Anemone japonica***). Anémone du Japon.
Le signe de multiplication « x » indique qu'il s'agit d'une plante issue d'une hybridation entre deux espèces d'un même genre.

Page de droite
Stéphane taille *Rosa* x *gigantea* 'Lafollette'.

Page de gauche
Anemone x *hybrida*.

Ci-dessus à gauche
Fagus sylvatica 'Darwick Gold' derrière sa protection d'osier.

Ci-dessus à droite
Stéphane prépare des étiquettes.

x *Philageria.*

Les cas d'hybridation entre genres différents sont extrêmement rares. Quand ils se produisent, ils sont désignés par le signe « x » devant le nom de la plante, ce dernier étant composé à partir des noms des « parents ». Le petit arbuste *Philageria* est issu du croisement entre *Philesia* et *Lapageria*.

Actaea (syn. ***Cimicifuga***).

La nomenclature des végétaux peut se révéler fluctuante ! Et susciter quelques désagréments voire une certaine incompréhension. *Cimicifuga* connu depuis toujours, par plusieurs générations de jardiniers, a quasiment viré de genre pour devenir *Actaea*.

Il ne s'agit pas d'une lubie de botaniste mais d'observations affinées par des technologies de pointe qui permettent de rectifier des observations plus anciennes et moins précises. Quand ces changements sont récents, l'ancien nom figure entre parenthèses accompagné de « syn. » pour synonyme.

UNE **FLEUR** POUR L'ESPRIT DE **FAMILLE**

Crataegus, Prunus, Rosa, Alchemilla, Potentilla... À première vue, rien de commun entre ces végétaux. Les trois premiers sont des arbres et arbustes, les deux derniers des vivaces. Pourtant, tous appartiennent à la même famille, les rosacées, dans laquelle se côtoient près de 3 370 espèces dont le fraisier, l'églantier, le sorbier, le framboisier, le poirier...

Les premières expéditions

Établir un classement propre au monde végétal devient une nécessité absolue au cours du XVIe siècle avec les premières grandes expéditions qui ouvrent l'Europe au monde. À partir de 1492, date à laquelle Christophe Colomb découvre l'Amérique, Portugais, Espagnols, Hollandais, Anglais et Français s'engagent dans l'inconnu, à la recherche de nouveaux territoires et richesses à exploiter. Les cargaisons réservent leurs lots de végétaux avec une foule de plantes inconnues à nommer, étudier et ordonner.

Rosa.

Ci-dessus à gauche
Potentilla x *hopwoodina*.

Ci-dessus à droite
Astrantia, Crataegus laevigata 'Crimson Cloud', *Crinodendron*.

Double page suivante
Rosa 'François de Juranville', *R.* 'Alberic Barbier', *Acer* en pots.

La classification de Linné

En 1737, le *Systema Naturae* de Linné propose une classification du monde végétal selon la disposition et le nombre des organes floraux – donc sexuels – de chaque plante. Ainsi, la famille des rosacées rassemble des végétaux dont les pièces florales ont pour dénominateur commun le chiffre cinq. Cinq sépales pour le calice ou l'enveloppe de la fleur ; cinq pétales pour la corolle à l'intérieur du calice ; chez les brassicacées (anciennement appelées « crucifères ») comme *Aubrieta, Hesperis* ou *Brassica* (les choux !), le chiffre à retenir est quatre : quatre sépales alternant avec quatre pétales disposés en croix.

Ce système repose sur l'observation détaillée des fleurs. Il s'accompagne d'illustrations extrêmement précises à l'origine d'un style pictural qualifié de « linnéen » qui fit école jusqu'à la moitié du XIXe siècle, tant à Londres qu'en Allemagne, en Hollande ou encore en France où devait officier le célèbre peintre de fleurs Pierre-Joseph Redouté (1759-1840), d'abord pour la reine Marie-Antoinette à Versailles, puis pour Joséphine de Beauharnais à La Malmaison.

AIMER SES PLANTES

De l'origine des plantes...

De l'Océan à nos jardins, l'épopée des plantes s'écrit depuis quatre milliards d'années. Molécules. Dans les flots, l'évolution prend son temps, élabore divers scénarios. De l'eau, du soleil, des rochers sortis du magma. Du mouvement. De la chimie aussi, qui transforme, procède à la création de la chlorophylle. Et de l'oxygène. Toujours plus d'oxygène. Synthétiser l'immatériel pour fabriquer de la consistance. Un monde en vert commence à se dessiner. Mousses, algues... Encore des millions d'années avant que le végétal soit prêt à sortir de l'eau. Ce seront les fougères et les prêles. Le sol ferme leur convient. Elles s'y enracinent durablement grâce à la lignine qu'elles fabriquent, se propagent par leurs spores et composent, il y a plus de 400 millions d'années, le tout premier « paysage » végétal. Certaines d'entre elles n'en restent pas à ce stade. Leur mode de reproduction s'affine, se diversifie dans une sophistication hallucinante. Car la conquête de la terre ferme signifie l'adaptation aux climats et à leurs aléas. Aux sols aussi, qui se font et se défont. Des vallées aux montagnes, des déserts glacés ou brûlants aux marais. Plantes qui, une fois fixées au sol par leurs racines, doivent compter sur le monde animal, sur le feu, sur le vent pour disperser leurs graines. Elles inventent donc les fleurs. C'était il y a 345 millions d'années. Depuis, l'évolution des plantes à fleurs se poursuit, toujours et toujours, au gré des adaptations indispensables à leur survie.

... aux Jardins...

À quoi ressembleraient nos jardins – privés et publics –, nos parcs, nos avenues et bords de route sans l'apport des plantes venues d'autres latitudes, en particulier de Chine. « Mère de tous nos jardins » selon la citation de Roy Lancaster, célèbre botaniste britannique, spécialiste de la flore asiatique. Avec quelque 32 200 végétaux, la Chine est un éden qui n'en finit pas d'enchanter les botanistes.

Page de droite
Stéphane au milieu des lavatères.

Comparées à cette diversité, l'Amérique du Nord et l'Europe font figure de parents pauvres avec environ 16 100 végétaux recensés pour la première et 12 500 pour la seconde, dont seulement 2 500 pour l'Europe occidentale.
À la différence de la Chine, l'Amérique du Nord et l'Europe ont subi la dernière glaciation. En Amérique du Nord, la végétation a pu, dans son ensemble, descendre vers les vastes territoires du sud. Territoires dont l'échelle n'avait pas d'équivalent en Europe. Aussi, quand les glaces ont avancé, les végétaux ont été contraints de disparaître ou de se réfugier dans une bande allant des Alpes aux Pyrénées en suivant la Méditerranée. Puis, avec le recul des glaces, il y a environ 10 000 ans, les plantes ont quitté ce petit réservoir, pour aller coloniser le continent. Ainsi, l'épicéa et d'autres plantes alpines ont pu s'installer jusqu'en Finlande. Si, aujourd'hui, 70 à 85 % des plantes cultivées en Europe n'en sont pas originaires[1], certaines, comme *Ginkgo biloba* disparu lors de cette glaciation, sont revenues sur le continent européen grâce aux expéditions vers l'Asie. D'autres, comme le genre *Acer* (érable), ont migré depuis la Chine pour gagner l'ensemble de l'hémisphère Nord, il y a environ 60 millions d'années.

... de La Maubrairie !

De l'Amérique du Nord à l'Amérique du Sud, de l'Asie au Bassin méditerranéen, de la Nouvelle-Zélande à l'Australie, de l'Afrique du Sud à l'Afrique du Nord, mes plantes racontent le monde et ses continents. Source d'inspiration, la variété de leurs milieux me guide pour créer des paysages imaginaires où domine l'illusion de la cohérence. Mes jardins. Autant de territoires dont la juxtaposition n'existe nulle part ailleurs. Où la cohabitation des plantes les plus diverses n'a aucun équivalent dans la nature. À moi de toujours me poser la question de leur bien-être. De connaître leurs besoins. Celles qui vivent me disent que j'ai bien agi.
Alors je l'affirme, jardiner, c'est d'abord aimer ses plantes !

Page de droite
Stéphane ressème des graines de nigelle dans le jardin de graviers.

1. Yves Marie Allain, « De quelles plantes parlons-nous : de l'exotisme dans nos jardins », dans *2ᵉ Cahier du Conseil national des parcs et jardins*, 2008, p. 8.

LES PLANTES DANS

LEUR TERRITOIRE

Être plante dans le territoire DE **L'EAU**

Moi, plante du territoire de l'eau, mes épaisses racines se sont installées dans un nid de moiteur et de volupté, à peine dérangées par les incursions de poissons fouisseurs à la recherche des petits vers de vase. Parfois, l'une de nous hisse sa tête hors de l'eau. Juste le temps d'exhiber une fleur à la corolle parfaite, délicatement posée sur une feuille charnue où les gouttes d'eau glissent comme autant de perles. D'autres, plus téméraires, se sont aventurées à l'air libre. Elles ont sorti rhizomes et racines pour aller s'installer sur les berges et les rives. Hiératique, leur haute silhouette a perdu la souplesse qui nous permet de nous mouvoir au gré du courant. Et puis, il y a aussi toutes celles dont nous n'avons plus de nouvelles. Parties sans laisser d'adresse, loin du chant des grenouilles et des crapauds, loin des libellules. Parties à la conquête de la terre ferme.

Azolla filiculoides
Fougère aquatique, mousse des fées

J'AIME

J'ai installé cette minuscule fougère aquatique dans une bassine pleine d'eau ; elle me surprend tous les hivers, car elle devient toute rose.

Forme : fougère.
Famille : azollacées.
Origine : Amérique.
Silhouette : tapissante.
Croissance : rapide.
Taille adulte : de 5 à 10 mm et au-delà.
Feuillage : mini-fronde en paires ; vert pâle virant au rose à l'automne.
Floraison : –
Fructification : –
Rusticité : en cas de gel, elle s'immerge ; ses spores hivernent dans l'eau et elle réapparaît dès que les beaux jours arrivent, au printemps.
Sol : –
Exposition : ensoleillée.
Plantation : ses racines et ses rhizomes étant flottants, il convient de l'installer directement dans l'eau, en mai.
Entretien : dans un bassin, si elle devient trop envahissante, il vaut mieux en retirer un certain nombre et les utiliser en paillis (cette méthode se révèle particulièrement efficace !).
Point fort : sa couleur.
Point faible : dès que l'eau du bassin se réchauffe, elle devient envahissante.
Autres territoires possibles : –
Espèces, variétés et cultivars intéressants : *A. caroliniana* ressemble comme deux gouttes d'eau à la première, mais ne rougit pas sous l'effet du froid.

Azolla filiculoides.

Butomus umbellatus
Jonc fleuri

J'AIME

La floraison estivale haut perchée du jonc fleuri est particulièrement esthétique !

Forme : vivace rhizomateuse.
Famille : butomacées.
Origine : milieux aquatiques ; Europe, ouest de l'Asie.
Silhouette : touffe érigée.
Croissance : rapide.
Taille adulte : 150 x 50 cm.
Feuillage : feuilles longues, étroites, vert moyen passant au bronze en s'allongeant.
Floraison : de juin à août ; hampes dressées plus hautes que le feuillage, terminées par un bouquet de fleurs en ombelle, roses ou rouges lavées de blanc, parfumées.
Fructification : –
Rusticité : – 25 °C.
Sol : légèrement acide, limoneux, riche.
Exposition : plein soleil ; ensoleillée.
Plantation : dans l'eau, entre – 5 et – 30 cm.
Entretien : dans un bassin, diviser les touffes pour leur laisser la place de se développer à leur aise ; dans le cas d'une plantation dans un pot, diviser les plants pour optimiser la floraison.
Point fort : la beauté de sa floraison estivale.
Point faible : un peu susceptible, le jonc fleuri peut se laisser prier avant de consentir à s'installer.
Autres territoires possibles : –

Butomus umbellatus.

Caltha palustris
Populage des marais, souci des marais

J'AIME
Leur floraison en gros boutons d'or égaie et illumine le bord de l'eau dès le mois d'avril. Tellement faciles !

Forme : vivace rhizomateuse.
Famille : renonculacées.
Origine : milieux aquatiques (marécages, bord de l'eau) des zones tempérées ; hémisphère nord.
Silhouette : touffe arrondie.
Croissance : rapide.
Taille adulte : 30 x 30 cm.
Feuillage : caduc ; vert profond tirant sur le pourpre, brillant, larges feuilles épaisses.
Floraison : d'avril à juillet selon la région ; nombreuses fleurs jaune d'or en étoile, pourvues d'un gros bouquet d'étamines, mellifères.
Fructification : petites graines flottant à la surface de l'eau.
Rusticité : – 25 °C.
Sol : argileux, humifère, profond, très humide ou inondé.
Exposition : plein soleil, ensoleillée, ombre légère.
Plantation : au printemps, à 10 cm en dessous de la surface de l'eau.
Entretien : diviser les souches après la floraison.
Point fort : l'une des premières floraisons printanières des bassins et cours d'eau.
Point faible : aucun.
Autres territoires possibles : –
Espèces, variétés et cultivars intéressants : *C. p.* 'Flore Pleno' (15 x 15 cm), longue floraison de mars à juin, pouvant remonter en automne, en fleurs doubles, jaune vif.
C. p. var. *alba* (20 x 20 cm), à fleurs blanches et étamines jaunes.

Caltha palustris.

Cyperus papyrus
Papyrus, souchet

J'AIME
Une idée un peu romantique de l'Égypte et des rouleaux de papyrus !

Forme : vivace rhizomateuse.
Famille : cypéracées.
Origine : Égypte, Afrique tropicale.
Silhouette : touffe dressée.
Croissance : rapide.
Taille adulte : 1,50 x 1 m.
Feuillage : longues tiges sans feuilles.
Floraison : ombelles composées de centaines de rayons, très fins, arqués, pendants, portant des petits épillets bruns.
Fructification : –
Rusticité : 8 °C.
Sol : pleine terre, humifère, très humide ou eau (dans un pot pour les rentrer en hiver).
Exposition : du plein soleil à la mi-ombre.
Plantation : au printemps. Sur une terrasse, veiller à ce que leurs pieds soient dans la vase, par exemple dans des cache-pots sans évacuation (en l'absence de goutte à goutte, les inonder régulièrement).
Entretien : ôter les tiges cassées ou abîmées, nettoyer le cœur des touffes.
Point fort : son originalité.
Point faible : aucun.
Autres territoires possibles : –
Espèces, variétés et cultivars intéressants : *C. alternifolius* (1 à 2 m x 1 à 2 m), climat doux exigé ! Longues tiges en haut desquelles se déploie un bouquet étoilé de feuilles longitudinales.
C. longus (1 x 1 m), suprarustique, touffe légère, feuillage vert brillant ; au début de l'automne épillets rouge-brun formant des ombelles au-dessus des bractées visibles.
Un peu d'histoire : les Égyptiens fabriquaient les rouleaux de papyrus à partir des tiges. On le pensait disparu d'Égypte au point que ceux du jardin botanique du Caire ont été offerts par le jardin du Luxembourg au début du XXe siècle ; mais, il y a environ trente ans, des exemplaires ont été découverts dans un méandre du Nil.

Cyperus papyrus.

Darmera peltata (syn. *Peltiphyllum peltatum*)
Darméra peltée, rhubarbe indienne

J'AIME
Son incroyable feuillage en forme d'ombrelle, large, généreux, luisant.

Forme : vivace.
Famille : saxifragacées.
Origine : bords des torrents, forêts de persistants, zones montagneuses (– 1 800 m) ; ouest de l'Amérique du Nord (Californie, Nevada, Oregon).
Silhouette : touffe étalée et massive.
Croissance : lente à s'installer.
Taille adulte : 1,50 x 1 m.
Feuillage : caduc ; ample, décoratif, grandes feuilles rondes à bord découpé, vert brillant puis cuivré de la fin de l'été aux premières gelées.
Floraison : avant l'apparition des feuilles, en avril et durant deux semaines, hautes tiges portant des ombelles de fleurs roses ou blanches, compactes.
Fructification : –
Rusticité : – 20 °C (les gelées tardives peuvent abîmer les jeunes fleurs).
Sol : légèrement acide, constamment frais, humifère, profond, meuble pour aider les racines à se frayer un chemin.
Exposition : mi-ombre ; à l'abri du vent et du soleil qui peut brûler les feuilles.
Plantation : au printemps et en pleine terre (pas de culture en pot), éventuellement par division des rhizomes.
Entretien : supprimer le feuillage une fois qu'il n'est plus beau.
Point fort : magnifique effet, associée à d'autres plantes au feuillage XXL, comme *Rodergsia aesculifolia, Osmunda regalis, Rheum palmatum* 'Atropurpureum'...
Point faible : elle ne supporte pas la sécheresse.
Autres territoires possibles : lisière ; prairie fraîche.
Espèces, variétés et cultivars intéressants : *D. p.* 'Nana' – elle existe, elle est beaucoup plus petite que le type, mais semble difficile à trouver en France !

Darmera peltata.

Elodea canadensis
Élodée du Canada

J'AIME
Indispensable pour la qualité de l'eau, son apparente fragilité cache un sacré tempérament (à contrôler...).

Forme : vivace.
Famille : hydrocharitacées.
Origine : milieux aquatiques frais ; Amérique du Nord.
Silhouette : buissonnante.
Croissance : rapide au début.
Taille adulte : 1 m et au-delà.
Feuillage : semi-persistant ; petites feuilles translucides portées par de longues et fines tiges semblant flotter librement sur l'eau.
Floraison : insignifiante.
Fructification : –
Rusticité : – 20 °C.
Sol : calcaire, lourd.
Exposition : plein soleil, ensoleillée, ombre légère (le soleil l'aide à produire de l'oxygène).
Plantation : n'importe quand hors périodes de gel ; dans un panier jusqu'à – 50 cm ; ses tiges étant très cassantes, elle a vite fait de sortir du panier pour aller se fixer ailleurs.
Entretien : arracher les plants en surnombre qui menacent d'asphyxier les poissons et l'ensemble du bassin.
Point fort : super oxygénante.
Point faible : envahissante.
Autres territoires possibles : –

Elodea canadensis.

Equisetum hyemale var. *affine* (syn. *E. h.* var. *robustum*)
Grande prêle d'hiver

J'AIME

Je suis toujours ému à l'idée que cette plante a su traverser l'histoire depuis l'ère primaire !

Equisetum hyemale.

Forme : vivace.
Famille : équisétacées.
Origine : forêts humides, marécages, rives sablonneuses des ruisseaux, bord des torrents en zone de montagne ; zones tempérées et subarctiques de l'hémisphère nord.
Silhouette : dressée.
Croissance : rapide.
Taille adulte : de 90 à 150 cm et au-delà.
Feuillage : tige vert foncé à reflets bleus, très coriace, dépourvue de rameaux, composée de segments superposés délimités par des gaines en anneaux marquées par des cercles noirs.
Floraison : –
Fructification : sporanges réunis en épis, visibles sur le haut de la tige.
Rusticité : – 25 °C.
Sol : légèrement acide, frais, humide.
Exposition : indifférente.
Plantation : immergée jusqu'à une profondeur de – 15 cm, dans un bac de plantation pour éviter une propagation excessive des rhizomes.
Entretien : contenir l'expansion des prêles !
Point fort : elle reste graphique même en hiver.
Point faible : rhizomes traçants, envahissants.
Autres territoires possibles : –
Espèces, variétés et cultivars intéressants : *E. maximum*, prêle géante (150 cm et au-delà), tiges blanchâtres à rameaux simples, composés d'une trentaine de côtes. *E. scirpoides* (15 x 20 cm), une prêle naine parfaite pour les mini-bassins !
Un peu d'histoire : *Equisetum* fut longtemps désigné par l'appellation vernaculaire « queue-de-cheval » en référence au latin *equus* (cheval) et *seta* (soie). Très répandues au Carbonifère (350 millions d'années), les prêles – tout comme les fougères – sont donc apparues avant les dinosaures ! R. Prelli (cf. « Bibliographie ») évoque l'utilisation des tiges riches en silice d'*E. hyemale* comme abrasif ; utilisation qui lui valut le surnom de « prêle-des-tourneurs ».

Hydrocharis morsus-ranae
Morène des grenouilles, grenouillette

J'AIME

La modestie de cette petite plante aquatique dont la feuille ressemble à celle des nénuphars et dont la fleur blanche, toute simple, se dresse au-dessus de l'eau à la fin de l'été.

Forme : vivace aquatique.
Famille : hydrocharitacées.
Origine : eaux peu profondes, marécages ; hémisphère nord.
Silhouette : plane, flottante, tapissante.
Croissance : rapide.
Taille adulte : 10 cm et au-delà.
Feuillage : caduc ; larges feuilles vert foncé, rondes.
Floraison : fin de l'été ; fleurs en coupe formées par trois pétales ovales, blancs, marqués de jaune à la base, soyeux.
Fructification : en automne, des bulbes terminaux (hibernacles) apparaissent à l'extrémité des pousses ; une fois mûrs, ils se détachent, tombent au fond de l'eau pour réapparaître au printemps et donner de nouvelles plantes.
Rusticité : – 20 °C.
Sol : peu calcaire, ordinaire, eau se réchauffant en été ; riche en éléments nutritifs.
Exposition : plein soleil, ensoleillée, ombre légère.
Plantation : en avril ou mai ; directement à la surface de l'eau.
Entretien : en cas de prolifération, en prélever un certain nombre pour laisser « respirer » la surface de l'eau.
Point fort : sa ravissante floraison.
Point faible : aucun.
Autres territoires possibles : –

Hydrocharis morsus-ranae.

Iris laevigata
Iris des rives

J'AIME

Les tiges florales de l'iris des rives ponctuent le trait d'eau au début de l'été d'une façon élégante et tout à fait séduisante.

Forme : vivace rhizomateuse.
Famille : iridacées.
Origine : zones humides ; centre de la Russie, nord de la Chine, Corée, Japon.
Silhouette : touffe hérissée.
Croissance : rapide.
Taille adulte : 80 x 40 cm.
Feuillage : caduc, vert ; feuilles longues et dressées.
Floraison : de juin à juillet, fleurs d'un bleu-violet riche et profond, avec une bande centrale blanche.
Rusticité : – 20 °C.
Sol : légèrement acide ou neutre, humifère, constamment humide ou trempé.
Exposition : plein soleil, ensoleillée.
Plantation : en pleine terre ou dans l'eau, jusqu'à – 10 cm de profondeur, dans un panier, en automne pour que les racines aient le temps de se développer avant la première floraison printanière.
Entretien : diviser les souches si nécessaire.
Point fort : idéal sur une berge très humide ou en eau peu profonde.
Point faible : aucun.
Autres territoires possibles : –
Espèces, variétés et cultivars intéressants : *I. l.* 'Mottled Beauty', fleurs blanches aux sépales lavés de bleu pâle.
I. l. 'Rose Queen', floraison rose-mauve pâle.
I. l. 'Snowdrift', fleurs blanches à gorge mauve pâle.

Iris laevigata 'Rosea'.

I. l. 'Variegata', floraison bleue, feuillage vert et jaune.
Seuls *Iris laevigata, pseudoacorus, versicolor, ensata* et *sibirica* ont besoin d'un milieu extrêmement humide pour s'épanouir et acceptent même d'avoir les pieds dans l'eau ; les trois premiers pouvant rester immergés toute l'année, les deux derniers (et ce n'est pas évident) pouvant être inondés en été, mais devant passer l'hiver les pieds au sec.

Iris pseudacorus
Iris des marais

J'AIME

Le plaisir de retrouver au jardin ce bel iris qui pousse naturellement sur les bords des ruisseaux.

Forme : vivace rhizomateuse.
Famille : iridacées.
Origine : milieux aquatiques ; Europe (à l'ouest de la Sibérie), Caucase, Turquie, Iran, nord de l'Afrique.
Silhouette : touffe hérissée.
Croissance : rapide.
Taille adulte : 150 x 80 cm quand la souche est immergée, 50 cm en terrain sec.
Feuillage : caduc ; feuilles longues, vert moyen, à nervures saillantes.
Floraison : en juin et juillet ; floraison jaune vif à macules brunes.
Fructification : –
Rusticité : –20 °C.
Sol : légèrement acide ou neutre, humifère, constamment humide ou trempé.
Exposition : plein soleil, ensoleillée, ombre légère.
Plantation : de 0 à – 40 cm de profondeur.
Entretien : diviser les touffes si nécessaire.
Point fort : sans problème.
Point faible : ne pas laisser les graines se ressemer pour éviter que l'iris ne devienne trop envahissant.
Autres territoires possibles : –
Espèces, variétés et cultivars intéressants : *I. p.* 'Variegata' feuillage vert rayé de jaune pâle.

Iris pseudacorus.

Juncus effusus 'Spiralis'
Jonc diffus

J'AIME

Les tiges en spirale du jonc diffus révèlent un incroyable graphisme comme des entrelacs végétaux.

Forme : vivace rhizomateuse.
Famille : juncacées.
Origine : zones aquatiques ; hémisphères nord et sud.
Silhouette : touffe étalée et tortueuse.
Croissance : rapide.
Taille adulte : 50 x 50 cm.
Feuillage : persistant ; vert foncé, brillant ; tiges cylindriques et spiralées.
Floraison : fin du printemps ou été ; mini-fleurs réunies en petites sphères.
Fructification : fruits bruns décoratifs tout l'été, à l'extrémité des tiges.
Rusticité : – 20 °C.
Sol : humide ou inondé, lourd, argileux.
Exposition : plein soleil, ensoleillée, ombre légère.
Plantation : d'avril à mai, jusqu'à – 20 cm de profondeur. Pour obtenir une végétation dense, planter serré.
Entretien : aucun entretien particulier à prévoir, si ce n'est tout simplement d'ôter les tiges raides qui pourraient pousser et d'épiler celles qui se seraient desséchées.
Point fort : le réseau très solide formé par ses souches rampantes est utilisé pour consolider ou fixer les berges des étangs.
Point faible : aucun.
Autres territoires possibles : –

Juncus effusus 'Spiralis'.

Ligularia dentata 'Desdemona'
Ligulaire pourpre

J'AIME

Du large feuillage aux allures de cuir et aux incroyables teintes vert pourpré, à la floraison éclatante, tout est beau, puissant, grandiose chez cette plante somptueuse qui mérite vraiment une place à part pour être vue toute l'année.

Ligularia dentata 'Desdemonda'.

Forme : vivace.
Famille : astéracées.
Origine : hybride de *L. dentata* (zones aquatiques et fraîches ; Chine, Japon).
Silhouette : touffe buissonnante.
Croissance : assez rapide.
Taille adulte : 1,50 x 1 m.
Feuillage : caduc ; larges feuilles coriaces, cordiformes, dentées, vert pourpré au-dessus, rouge pourpré au-dessous.
Floraison : entre juillet et septembre ; impressionnantes hampes florales, robustes, rougeâtres, portant des fleurs étoilées jaune-orangé disposées en capitules, ressemblant à des marguerites.
Rusticité : – 20 °C.
Sol : constamment humide, riche, humifère.
Exposition : ombre légère, mi-ombre ; à l'abri du vent.
Plantation : de septembre à avril hors périodes de gel.
Entretien : la nourrir par un apport de fumier bien décomposé en automne et de compost au printemps ; diviser tous les trois ans.
Point fort : magnifique en bordure d'un bassin.
Point faible : les escargots et les limaces se délectent de son jeune feuillage.
Autres territoires possibles : lisière ; prairie fraîche.
Espèces, variétés et cultivars intéressants : *L. d.* 'Midnight Lady' (1,50 x 1 m), grandes feuilles presque noires, tiges florales rouge bordeaux, fleurs en capitule jaune-orangé.
L. przewalskii (1,20 x 1 m), feuillage vert sombre, très découpé, longues et nombreuses hampes florales portant des épis de fleurs ébouriffées jaunes ou jaune-orangé.
L. stenocephala 'The Rocket' (1,80 x 1 m), floraison très généreuse en épis jaunes portés par des tiges brunes.

Double page suivante
« Le trait d'eau »
Iris pseudacorus, Tradescantia.

Lysimachia punctata
Lysimaque ponctuée

J'AIME

Simple, la lysimaque ponctuée fleurit longtemps et donne un vrai coup de soleil au trait d'eau.

Forme : vivace rhizomateuse.
Famille : primulacées.
Origine : prairies humides, bords de l'eau ; centre et sud de l'Europe, Turquie.
Silhouette : érigée.
Croissance : rapide.
Taille adulte : 90 x 50 cm.
Feuillage : caduc, longues feuilles lancéolées, vert foncé.
Floraison : à partir de juin jusqu'en septembre ; petites fleurs jaune vif, apparaissant à l'aisselle des feuilles.
Fructification : –
Rusticité : – 20 °C.
Sol : tout type, humifère, constamment humide, mais drainé.
Exposition : plein soleil, ensoleillée, ombre légère.
Plantation : au printemps ou en automne.
Entretien : aucun entretien particulier.
Point fort : facile à cultiver, elle s'adapte à tout ! Sauf à un terrain sec.
Point faible : un peu envahissante.
Autre territoire possible : prairie fraîche.
Espèces, variétés et cultivars intéressants : *L. ciliata* (1 x 1 m), idéale sur les berges. *L. c.* 'Firecracker' pour son feuillage pourpre. *L. nummularia* (5 cm et au-delà), une plante couvre-sol efficace en bordure d'eau. *L. n.* 'Aurea' pour son feuillage et ses tiges couleur or. *L. p.* 'Alexander' (100 x 30 cm) pour son abondante floraison jaune vif et son feuillage vert lavé de crème et de rose (moins invasif que le type).

Lysimachia punctata.

Menyanthes trifoliata
Trèfle d'eau

J'AIME

Cette plante est tellement gracieuse au moment de sa floraison ! Ses feuilles qui semblent courir sur l'eau, sont un attrait supplémentaire.

Forme : vivace aquatique.
Famille : ményanthacées.
Origine : milieux aquatiques, zones froides et tempérées ; hémisphère nord.
Silhouette : touffe étalée.
Croissance : rapide.
Taille adulte : 20 cm et au-delà.
Feuillage : caduc ; feuilles vert clair, brillantes, composées de trois lobes ovales et légèrement pointus, émergeant au-dessus de l'eau sur un long pédoncule pourpre.
Floraison : en avril ; hampes dressées portant des boutons roses s'ouvrant en mai sur des fleurs en étoile, frangées, blanches au-dessus, rosées au-dessous.
Fructification : –
Rusticité : – 20 °C.
Sol : acide, détrempé (type tourbière) ou eau.
Exposition : plein soleil, ensoleillée, ombre légère.
Plantation : toute l'année, hors périodes de gel ; entre 0 et – 30 cm, dans un panier ou directement sur les berges.
Entretien : diviser les rhizomes si nécessaire.
Points forts : indispensable à l'équilibre de l'eau ; très bel effet quand il fleurit et qu'il forme de véritables tapis flottants, sans jamais être envahissant.
Point faible : endémique des milieux de tourbière et de marécage, il tend à disparaître de son habitat naturel.

Menyanthes trifoliata.

Autres territoires possibles : –
Un peu d'histoire : plante de lagunage, elle est aussi très utilisée pour ses vertus médicinales (troubles de la digestion, douleurs rhumatismales, fièvres, dermatoses…).

Page de droite
Iris pseudacorus.

LES PLANTES AU SECOURS DE LA **PLANÈTE BLEUE**

Bienfaits et limites de la phytoremédiation

Le terme « phytoremédiation » désigne l'utilisation des végétaux pour dépolluer les sols et les eaux selon les types de plantes et les différents polluants. Dans le cas des eaux, la rhizofiltration reste la méthode de phytoremédiation la plus utilisée. Elle fait intervenir des plantes qui ont la capacité de dégrader des polluants ou encore de les accumuler. La plante emblématique de cette méthode est le roseau commun (*Phragmites australis*) qui dégage de l'oxygène au niveau de sa partie immergée et dont les secrétions d'acides organiques favorisent le développement de bactéries, de levures et de champignons qui se fixent sur son rhizome. Les bambous sont également capables de métaboliser la plupart des polluants organiques contenus dans les eaux usées ainsi que de stocker les éléments-traces métalliques (ETM), autrement dit, les métaux lourds. Au bout de quatre ans, ces plantations de bambous sont brûlées.
Parmi les plantes macrophytes (visibles à l'œil nu) capables d'absorber une partie des nitrates et des phosphates présents dans les eaux usées, figurent également les massettes (*Typha*), les joncs (*Juncus*), certains iris (*Iris laevigata*, *pseudoacorus, versicolor*)...
Sur les sites en cours de dépollution, une opération de faucardage manuel est généralement effectuée en septembre. Elle consiste à faucher les parties aériennes des macrophytes afin d'éviter qu'elles ne se décomposent dans l'eau remettant ainsi les sels minéraux absorbés en circulation.
Sur les 3 900 sites pollués et recensés en France en 1997, l'utilisation des plantes ne saurait suffire à éradiquer les rejets industriels, les épandages de lisiers et de boues, le cuivre des fongicides, le zinc des effluents d'élevage, le cadmium des engrais ou encore le plomb des retombées atmosphériques... Les plantes dépolluantes ont un rôle à jouer dans les sols ou les eaux peu contaminés si elles disposent du temps nécessaire pour effectuer « leur travail ».

À propos de lagunage

La végétation associée au territoire de l'eau ne se contente pas de réjouir les yeux du jardinier, de faire le bonheur des poissons et de toute une petite faune allant des grenouilles aux libellules. Non, elle se charge, aussi et en partie, du nettoyage de l'eau. Si les Romains connaissaient déjà les techniques de lagunage, le souci de préserver la ressource « eau » ne s'est manifesté que beaucoup plus récemment. En France, la première loi sur l'eau et sa gestion remonte seulement à 1964. Après la généralisation des fosses septiques au cours des années 1970, leur traitement sera rendu obligatoire en 1982. Quatorze ans plus tard, la notion de contrôle et de service d'assainissement non collectif sera définie. La loi sur l'eau de 1992 impose désormais aux communes de délimiter des zones d'assainissement collectif et individuel. Un service public d'assainissement non collectif est créé en 2005, en charge de contrôler les installations individuelles. À la suite d'une nouvelle loi sur l'eau en 2006, il a été décidé qu'un diagnostic d'installation d'assainissement serait obligatoire à partir de 2012/2013 pour toute vente de logement non raccordé à un système collectif.

Depuis quelques années, les techniques de lagunage ou « phytoépuration » sont de plus en plus plébiscitées pour nettoyer les eaux usées, en particulier par les collectivités locales. Cette solution naturelle reste cependant soumise à des dérogations préfectorales qui en ralentissent le développement.

Typha latifolia.

Un coin de la planète bleue aux Jardins de La Maubrairie

Pour qualifier ma relation à l'eau, deux mots – respect et émerveillement – me viennent à l'esprit. À l'occasion de voyages autour de la Méditerranée, j'ai découvert les trésors d'ingénierie liés au transport de l'eau, à l'origine de notre culture des jardins. Respect et émerveillement que j'ai éprouvés en visitant, à Marrakech, les cinq cents hectares des jardins de l'Agdal, irrigués par une eau captée dans l'Atlas à des dizaines de kilomètres, stockée dans deux magnifiques réservoirs de plusieurs hectares, avant d'être lâchée dans des fossés d'irrigation ouverts chaque jour à la houe. Depuis le XIIe siècle.

Sans maîtrise de l'eau, le jardin n'existe pas. Quand j'ai commencé à faire mes jardins de la Maubrairie, je prélevais l'eau du puits avec insouciance. Ma mère m'avertissait : « Prends garde, j'ai vu à plusieurs reprises la source se tarir en fin d'été. » Un été

Phalaris arundinacea 'Picta'.

caniculaire, en plein mois d'août, lui a donné raison. C'était fini. Plus la moindre goutte d'eau.
« Brouillards d'Octobre, pluies de Novembre, beaucoup de biens du ciel font descendre. »
« Si Février remplit les fossés, Mars doit les sécher. »
Deux dictons qui disent au jardinier que les sources ne remonteront qu'entre la Toussaint et février. Qu'il faut donc apprendre à vivre durant sept mois sur les réserves constituées en hiver. J'ai changé mon arrosoir d'épaule et appris à mesurer chaque litre d'eau offert au jardin.

Le bassin. Comment se priver de son supplément d'âme. De ses insectes, poissons et batraciens. De toute cette vie qui va si bien au jardin. J'ai appris à l'entretenir en confiant le soin de l'oxygéner et de le nettoyer aux plantes qui lui sont, naturellement, associées. Mon intervention se limite à surveiller leur prolifération et à éviter le phénomène d'eutrophisation : l'asphyxie du bassin provoquée par l'amoncellement des débris organiques.

Mes belles alliées ? Si je devais établir un classement en termes de « valeur nettoyante », la première place serait occupée par *Sagittaria sagittifolia* et *S. latifolia*, la « patate d'eau » et la « flèche d'eau américaine », qui dévorent les phosphates et dont le feuillage se charge d'attirer les pucerons des nymphéas. À leur suite viendraient *Menyanthes trifoliata* (trèfle d'eau), *Phragmites* (roseau) et *Typha* (massette), trois valeurs sûres autant pour leur rôle d'agent oxygénant que pour leurs rhizomes sur lesquels se développent quantité de bactéries mangeuses de sels minéraux. Avec une petite préférence pour les roseaux et leur participation historique à l'économie domestique de tant de régions, dont la mienne. Chaumes protecteurs des toitures, litières des animaux de la ferme, leur utilisation a accompagné et facilité la vie paysanne durant des siècles. *Iris laevigata* et *I. pseudacorus* sont des iris de milieux humides qui ne se contentent pas de fleurir, mais qui participent aussi à l'oxygénation et à l'épuration de l'eau. Et comment résister aux charmes de *Nymphaea* dont la beauté ne saurait faire oublier qu'ils produisent leur quota d'oxygène ? Plus que partout ailleurs dans le jardin, les plantes du territoire de l'eau révèlent clairement à l'œil et à l'attention du jardinier, le fragile équilibre dont il est responsable.

Nymphaea
Nénuphar, nymphéa

J'AIME
Il est un hymne à la séduction !

Nymphaea.

Forme : vivace aquatique.
Famille : nymphéacées.
Origine : milieux aquatiques ; hémisphères nord et sud.
Silhouette : plane, flottante.
Croissance : rapide.
Taille adulte : très variable pour l'envergure selon les variétés (lire sur le sachet d'emballage ou demander au pépiniériste).
Feuillage : caduc ; une partie des feuilles reste immergée et une autre, composée de feuilles rondes, flotte à la surface de l'eau.
Floraison : variable, du début du printemps à l'automne selon les variétés ; éphémères (environ 2 jours), les espèces rustiques sont généralement diurnes, elles se ferment à la nuit venue et s'enfoncent dans l'eau jusqu'au matin.
Fructification : globuleux, coriace, contenant des centaines de graines, une fois mûr, il se détache, tombe au fond de l'eau, libérant les graines dans la vase qui remontent à la surface pour être dispersées par le vent et les oiseaux.
Rusticité : – 20 °C pour les plus rustiques.
Sol : ordinaire, argileux, riche en matières organiques ; eau calme : moins l'eau est profonde, plus elle se réchauffe vite et favorise la floraison.
Exposition : plein soleil, ensoleillée.
Plantation : de début mars à la mi-octobre ; dans un panier plus large que haut, lesté de graviers pour éviter que les poissons ne viennent gêner le rhizome et ses racines. Respecter les instructions quant à la profondeur de plantation, souvent comprise entre 40 et 60 cm. Planter le rhizome obliquement dans la terre ou le mélange préalablement arrosé pour coller au rhizome, en laissant le bourgeon principal à l'air libre.
Entretien : en bac ; ces plantes sont gourmandes : il faut régulièrement apporter de l'engrais biologique en pastilles et il faut, tous les trois ou quatre ans, diviser les rhizomes (éliminer ceux qui n'ont pas de collets ou qui sont morts) et les replanter dans de la terre neuve.
Point fort : sa beauté.
Point faible : redoute les pucerons.
Autres territoires possibles : –
Espèces, variétés et cultivars intéressants : choix quasi illimité parmi les variétés rustiques, tant pour les couleurs que pour les différentes profondeurs d'immersion, ou encore pour la période de floraison.
Un peu d'histoire : prisées dès l'Antiquité par les Égyptiens, ces fleurs poussaient naturellement dans les eaux du Nil. L'engouement généralisé pour les nénuphars dans les jardins d'eau remonte à la seconde moitié du XIXe siècle, notamment grâce au pépiniériste Joseph Bory Latour-Marliac qui, en 1858, créa quelque soixante-dix hybrides et participa en 1889 à l'Exposition universelle. C'est certainement à cette occasion que Claude Monet découvrit ces belles aquatiques qui l'inspirèrent tant pour ses peintures…

Petasites japonicus 'Variegatus'
Pétasite du Japon

J'AIME

Ses grandes feuilles vert lavé de blanc, qui se développent après la floraison ; il s'en dégage une impression de fraîcheur immédiate.

Forme : vivace rhizomateuse.
Famille : astéracées.
Origine : zones marécageuses, forêts fraîches ; Chine, Corée, Japon.
Silhouette : large touffe.
Croissance : rapide.
Taille adulte : 1,10 x 1,50 m.
Feuillage : caduc ; grandes feuilles vert clair, dentées, marbrées de crème et portées par de longs pétioles.
Floraison : de mars à avril ; inflorescences avant l'apparition des feuilles, corymbes très denses composés de fleurs blanc-vert, entourées de bractées étroites et lancéolées.
Fructification : –
Rusticité : – 20 °C.
Sol : légèrement acide, fertile, humifère, profond, constamment humide mais pas inondé.
Exposition : mi-ombre, ombre.
Plantation : toute l'année, hors périodes de gel.
Entretien : veiller à contenir leur tempérament en supprimant un certain nombre de rhizomes. En cas de sécheresse, ne pas hésiter à les faucher : à la première pluie, ils repartiront de plus belle.
Points forts : les abeilles raffolent de son nectar précoce par rapport aux autres plantes ; son aptitude à se multiplier et ses grandes feuilles couvrantes le transforment en couvre-sol efficace, en particulier sur les berges des étangs.
Points faibles : il peut devenir envahissant ; festin pour les limaces.
Autre territoire possible : lisière.
Espèces, variétés et cultivars intéressants : *P. fragrans* (héliotrope d'hiver ; 30 x 150 cm), entre janvier et mars, floraison et feuillaison simultanées ; fleurs réunies en petites panicules, lilas ou pourpres, au parfum de vanille.

Petasites japonicus 'Variegatus'.

Phragmites karka 'Variegatus'
Roseau panaché

J'AIME

Ce qui me plaît chez ces hautes plantes très graphiques, c'est leur feuillage strié de blanc qui apporte une incroyable lumière.

Forme : vivace rhizomateuse.
Famille : poacées.
Origine : espèces des milieux aquatiques des zones tropicales et tempérées ; hémisphères nord et sud.
Silhouette : vigoureuse et dressée.
Croissance : modérée.
Taille adulte : jusqu'à 1,60 m et au-delà.
Feuillage : caduc ; portées par des tiges rigides, longues feuilles plates, linéaires, vert pâle strié de blanc.
Floraison : à partir de septembre ; panicules plumeuses dorées tirant sur le violet.
Fructification : –
Rusticité : – 20 °C.
Sol : ordinaire, profond, constamment humide.
Exposition : plein soleil, ensoleillée.
Plantation : dans des paniers (35 x 35 cm) pour éviter l'envahissement ; entre 0 et 30 cm de profondeur.
Entretien : diviser les touffes au printemps.
Points forts : ces roseaux sont très décoratifs ; leurs inflorescences plumeuses font de beaux bouquets secs ; leurs propriétés filtrantes les destinent au lagunage.
Point faible : ils peuvent rapidement devenir envahissants.
Autres territoires possibles : –
Espèces, variétés et cultivars intéressants : *P. australis* (syn. *P. communis* ; 3 m et au-delà), longues feuilles, linéaires, pointues, vert pâle virant au cuivre en automne ; à partir de septembre, panicules plumeuses portant les épillets, pourpre foncé, envahissant. *P. a.* 'Variegatus', feuilles vert pâle rayé de jaune.
Un peu d'histoire : la paille de roseau et celles de blé ou de seigle, mais aussi les bruyères et les genêts ont longtemps été utilisés pour recouvrir les toitures. Matériaux légers qu'il suffisait de récolter dans la campagne pour en recouvrir l'habitation, la chaumière, et qui assuraient à la fois une bonne étanchéité et une isolation efficace contre le froid ou la chaleur. Devenus rares – beaucoup de roselières ont disparu du paysage français –, les toits de chaume ne recouvrent plus les habitations les plus modestes, mais ont eu un certain succès « esthétique » sous les Trente Glorieuses avec la multiplication des résidences secondaires. Il semble qu'aujourd'hui, avec la nécessité d'économiser les énergies, une forme de « renaissance » du toit de chaume se dessine, sans commune mesure toutefois avec le succès des toitures végétalisées.

Phragmites karka 'Variegatus'.

Pistia stratiotes
Laitue d'eau

J'AIME

Toute douce, cette plante flotte sur l'eau sans menacer de l'envahir, les poissons s'y réfugient volontiers pour pondre et élever les alevins.

Forme : vivace aquatique.
Famille : aracées.
Origine : milieux aquatiques ; zones tropicales et subtropicales ; hémisphères nord et sud.
Silhouette : épanouie comme une laitue !
Croissance : rapide dès que l'eau se réchauffe.
Taille adulte : de 5 à 10 cm et au-delà.
Feuillage : à partir de juin jusqu'en octobre ; rosettes décoratives de feuilles veloutées, épaisses, vert tendre.
Floraison : insignifiante.
Fructification : –
Rusticité : 10 ° C.
Sol : eau calme et peu profonde.
Exposition : plein soleil, ensoleillée.
Plantation : en mai, jeter les plants directement à la surface de l'eau.
Entretien : prélever quelques plants avant les premiers froids pour les conserver à l'intérieur, dans un aquarium, et renouveler la plantation au mois de mai suivant.
Point fort : elle ne risque pas d'être envahissante à cause du froid.
Point faible : elle est tellement frileuse qu'elle nécessite une nouvelle plantation tous les printemps.
Autres territoires possibles : –

Pistia stratiotes.

Rheum palmatum 'Atrosanguineum' (syn. *R. p.* 'Atropurpureum')
Rhubarbe ornementale pourpre

J'AIME
Elle est l'une des plantes fétiches des Jardins de La Maubrairie ! Une pure merveille dès le débourrement de ses jeunes feuilles cramoisies à pourpre vif. Puis, à partir de juin, apparaissent ses bourgeons rose indien qui s'élancent, au-dessus des immenses feuilles, avant d'exploser en panicules de fleurs rose indien sur des hampes pouvant atteindre 2 m de haut.

Rheum palmatum 'Atrosanguineum'.

Forme : vivace rhizomateuse.
Famille : polygonacées.
Origine : cultivar de *R. palmatum* (prairies fraîches, marécages ; Chine, Mongolie, Tibet).
Silhouette : touffe érigée et évasée.
Croissance : rapide.
Taille adulte : 2 x 1,50 m.
Feuillage : caduc ; jeunes feuilles écarlates donnant des grandes feuilles en forme de palme à bords ondulés dont le dessus vire au vert foncé.
Floraison : bourgeons roses suivis de fleurs rose vif en panicules portées par des hampes de 2 m de haut.
Fructification : petits fruits à ailettes, en forme de triangle.
Rusticité : – 20 °C.
Sol : pH indifférent, riche en humus, frais, constamment humide.
Exposition : elle se plaît du plein soleil à la mi-ombre.
Plantation : au printemps.
Entretien : à compter du mois de mars, il convient de nourrir la plante par un apport d'humus ou de paillis organique bien décomposé.
Point fort : ses incroyables et irrésistibles couleurs.
Point faible : comme l'ensemble des rhubarbes, *R. p.* 'Atrosanguineum' se développe à son aise dans les sols frais, humides. Mais, sans prévenir, sa souche peut pourrir du jour au lendemain. La solution est alors de prélever le bourgeon terminal et de le replanter immédiatement pour obtenir un nouveau plant.
Autre territoire possible : prairie fraîche.
Espèces, variétés et cultivars intéressants : *R. officinale* (rhubarbe comestible ; 200 x 60 cm), grandes feuilles ; floraison estivale en grandes panicules de petites fleurs étoilées blanches ; sol bien drainé ; soleil et mi-ombre. Les tiges sont consommées en compotes, confitures, tartes, farces de viande…
R. palmatum 'Ace of Heart' (1,50 x 1 m), impressionnant feuillage vert sombre sur le dessus, au revers et aux nervures rouge profond ; floraison rose lavé de blanc, en juin-juillet.

Sagittaria latifolia
Patate d'eau

J'AIME

Ses nombreuses qualités : sa silhouette graphique, sa floraison discrète, ses qualités épuratrices.

Forme : vivace aquatique.
Famille : alismatacées.
Origine : milieux aquatiques ; centre et ouest de l'Amérique du Nord.
Silhouette : érigée.
Croissance : modérée (prend du temps pour s'installer).
Taille adulte : 70 x 70 cm.
Feuillage : caduc ; larges et longues feuilles composées de deux lobes effilés, en forme de fer de lance (d'où son nom).
Floraison : d'août à septembre, petites fleurs blanches disposées en grappes sur des longues tiges.
Fructification : –
Rusticité : – 20 °C.
Sol : riche, argileux, humifère, constamment humide ou en eau peu profonde (– 20 cm).
Exposition : plein soleil, ensoleillée, ombre légère.
Plantation : au printemps (séparation et repiquage des stolons).
Entretien : en ôter si elle est en surnombre (facile à arracher).
Point fort : ses qualités épuratrices (réduit le taux de phosphates).
Point faible : son feuillage attire les pucerons des nymphéas voisins (un point fort pour ces derniers !).
Autres territoires possibles : –
Espèces, variétés et cultivars intéressants : *S. sagittifolia* (flèche d'eau américaine ; 90 cm et au-delà) très proche de *S. latifolia*.

Sagittaria latifolia.

Thalia dealbata
Thalie blanchie

J'AIME

L'effet « exotique » immédiat que dégage la thalie blanchie. Et c'est sans compter le bleu incroyable de sa floraison !

Forme : vivace.
Famille : marantacées.
Origine : milieux humides et aquatiques ; sud des États-Unis, Mexique.
Silhouette : touffe érigée et évasée.
Croissance : modérée.
Taille adulte : 1,50 x 1,50 m.
Feuillage : caduc ; quand les températures hivernales descendent au-dessous de – 5 °C, il rappelle celui des cannas, vert bleuté, nervures saillantes, revers doux et pruineux.
Floraison : en été ; inflorescences composées de petits épis de fleurs tubulaires bleu indigo à violet, sur un calice vert anis.
Fructification : –
Rusticité : – 10 °C.
Sol : riche, argileux ou dans l'eau dans un panier à 45 cm de profondeur maximum.
Exposition : plein soleil, ensoleillée.
Plantation : au printemps, enfouir profondément la souche pour la protéger du gel.
Entretien : supprimer les feuilles abîmées, rabattre la plante en hiver. Très gourmande, si elle est plantée dans un bac, ne pas oublier de la nourrir régulièrement.
Points forts : sa grande taille et son allure.
Point faible : sa faible rusticité.
Autres territoires possibles : –

Thalia dealbata au premier plan.

Tradescantia groupe Andersoniana (syn. *T.* x *andersoniana*)
Éphémère de Virginie

Tradescantia.

J'AIME

Son élégance étourdissante qui ne doit pas faire oublier qu'il s'agit d'une vraie « tout-terrain » (qui a tout de même besoin d'eau !).

Forme : vivace.
Famille : commélinacées.
Origine : Amérique du Nord et du Sud.
Silhouette : touffe dressée, compacte.
Croissance : rapide.
Taille adulte : 60 x 60 cm.
Feuillage : caduc ; quand les températures hivernales descendent au-dessous de – 5 °C, feuilles abondantes, étroites, lancéolées, vert moyen à reflets violets.
Floraison : débute en mai avec de nombreuses fleurs à trois pétales, disposées en grappes sur des cymes terminales, se renouvelant continuellement tout au long de l'été.
Fructification : –
Rusticité : – 20 °C.
Sol : frais, riche, bien drainé.
Exposition : du plein soleil à la mi-ombre.
Plantation : au printemps ou en automne.
Entretien : une fois les fleurs fanées, rabattre les tiges florales pour favoriser une seconde floraison.
Point fort : elle se ressème facilement.
Point faible : elle n'aime vraiment pas la sécheresse.
Autres territoires possibles : –
Espèces, variétés et cultivars intéressants : *T.* groupe Andersoniana 'Isis' à fleurs bleu foncé.
T. virginiana (éphémère de Virginie ; 40 à 60 cm) pour son côté « dure à cuire » et sa palette de couleurs super toniques.
T. 'Domaine de Courson' (une obtention des pépinières Lepage, 1989) convient à tous les sols, résiste bien au sec ; nombreuses fleurs blanches et blanc-rosé.

Typha latifolia
Massette

Typha latifolia.

J'AIME

La silhouette de la massette appartient naturellement au paysage de marécage et l'impose en véritable patronne du jardin d'eau.

Forme : vivace rhizomateuse.
Famille : thyphacées.
Origine : berges des milieux humides et aquatiques ; hémisphère nord.
Silhouette : touffe hérissée.
Croissance : modérée.
Taille adulte : 2 m et au-delà.
Feuillage : caduc ; longues feuilles étroites, vert mat.
Floraison : en été ; épis floraux brun foncé d'environ 10 cm de long (parfaits en bouquets secs).
Fructification : –
Rusticité : – 20 °C.
Sol : légèrement acide, lourd, argileux, constamment mouillé ou eau.
Exposition : du plein soleil à l'ombre.
Plantation : au printemps ou en automne, entre 0 et 20 cm d'eau dans un panier (pour contenir autant que possible son expansion) dans une bonne épaisseur de terre.
Entretien : diviser en été, supprimer les graines à l'automne.
Point fort : cette grande championne de l'épuration des eaux est très largement utilisée en lagunage.
Point faible : elle risque de devenir envahissante.
Autres territoires possibles : –
Espèces, variétés et cultivars intéressants : *T. l.* 'Variegata' pour son beau feuillage rayé de crème et son tempérament plus raisonnable que le type.
T. minima (75 x 30 cm), la seule espèce à être bien adaptée aux petits bassins.

Être plante dans le territoire DU **SOUS-BOIS**

Moi, plante du territoire du sous-bois, j'ai du mal à apercevoir un coin de ciel tant l'espace semble être tricoté, serré par les branches des grands arbres. Je me suis débrouillée pour faire ma place parmi les grosses racines qui courent dans le sol. Là, je récupère la moindre goutte d'eau laissée par ces « boit-sans-soif ». Je pousse sur l'épais matelas formé par les milliers de feuilles et d'aiguilles qui s'accumulent et se décomposent. C'est de là que je tire l'essentiel de ma nourriture. Ordinaire amélioré par les restes d'un cerf ou d'un mulot pour un festin auquel collaborent les cohortes d'insectes qui m'entourent. Privée de soleil, je ne suis pas une championne de la floraison mais, dans cet univers de mousses et de lichens, je me rattrape avec la beauté de mes feuillages.

Acanthus mollis 'Hollard's Gold'
Acanthe molle 'Hollard's Gold'

J'AIME

Elles sont idéales pour redorer le blason d'un coin sombre, au printemps. Lors d'une visite à la villa Médicis à Rome, j'ai été frappé de découvrir leur utilisation en couvre-sol dans un sous-bois, où elles forment une véritable nappe végétale, extraordinairement luisante.

Forme : vivace.
Famille : acanthacées.
Origine : cultivar de Nouvelle-Zélande.
Silhouette : touffue.
Croissance : rapide.
Taille adulte : 1,50 x 1 m.
Feuillage : persistant ; larges et longues feuilles, légèrement dressées, jaune d'or virant au vert.
Floraison : de juin à juillet, fleurs blanches, parfois lavées de rose, en épi dressé au sommet d'une hampe pouvant atteindre 2 m, à bractées violettes et épineuses.
Fructification : capsules.
Rusticité : – 17 °C.
Sol : riche, meuble, frais et drainé.
Exposition : soleil ; ombre légère ; ombre.
Plantation : au printemps.
Entretien : en été, par temps sec, arrosage hebdomadaire. Rabattre le feuillage en fin de saison. Supprimer les hampes florales après leur floraison.
Point fort : cette vivace ne présente aucune difficulté de culture.
Point faible : en cas d'été très chaud, l'oïdium fera son apparition sur les feuilles.
Autre territoire possible : lisière.
Un peu d'histoire : la feuille d'acanthe a accompagné l'histoire de l'ornementation architecturale depuis les chapiteaux de l'ordre corinthien de l'architecture grecque classique jusqu'à l'époque de l'éclectisme européen à la fin du XIXe siècle.

Acanthus mollis.

Acer palmatum
Érable du Japon

J'AIME

Ces ravissants arbustes ont des feuillages toujours splendides et différents au printemps, puis en été et, enfin, à l'automne. Faciles de culture, ils ne demandent pas beaucoup d'entretien et produisent toujours leur effet, qu'ils soient isolés ou associés à d'autres arbustes et/ou vivaces. Les pieds au sec et un milieu bénéficiant d'une bonne hygrométrie leur sont nécessaires !

Acer palmatum 'Katsura'.

Forme : arbuste.
Famille : acéracées.
Origine : forêts entre 100 et 1 300 m d'altitude ; Japon.
Silhouette : érigée.
Croissance : lente.
Taille adulte : 8 x 4 m en pleine terre ; l'érable japonais reste plus compact en pot.
Feuillage : caduc, panaché, découpé en forme de palme.
Floraison : –
Fructification : petits fruits rouges appelés « samares », ailés ; en septembre et octobre.
Rusticité : il a une excellente résistance au froid.
Sol : l'érable japonais apprécie les sols légèrement acides, plutôt sablonneux et recouverts d'une légère couche d'humus. À l'exception de sols très alcalins, il a la gentillesse de s'adapter à toutes sortes de sols, même si sa croissance s'en trouve ralentie. Veiller à ce que le sol soit correctement drainé.
Exposition : ombre, mi-ombre (surtout l'après-midi), pour protéger les feuillages panachés, à l'abri des vents froids et des gels printaniers ; il a besoin d'une hygrométrie élevée.
Plantation : prévoir un trou plus large que la masse des racines, dont la profondeur permet de placer le collet à la hauteur de la surface du sol. Dans un sol argileux, lourd et compact, surélever légèrement le collet de manière à ce que les racines affleurent et ne risquent pas d'être asphyxiées, rassembler de la terre autour du collet pour former un bourrelet protecteur et empêcher le dessèchement des racines. Pour une plantation en pot, s'assurer de la propreté du pot, le désinfecter si besoin est. Prévoir 5 cm environ de drainage (pots en terre cassés) ; si le pot est léger, le lester à l'aide de pierres ou de galets ; verser une couche de 2,5 cm de gravier, la recouvrir de compost ; placer l'érable au centre en ayant eu soin de démêler doucement les jeunes racines extérieures, remplir le reste du pot de compost ou de terre de bruyère jusqu'à 5 cm du haut. Ajouter une fine couche de paillage minéral (le granit est idéal) pour que l'eau d'arrosage parvienne en douceur dans le compost tout en évitant l'arrivée de mauvaises herbes.

Acer palmatum. **Érable du Japon**

Entretien : en pleine terre, un paillage d'écorces sur une hauteur de 5 cm limitera la pousse des mauvaises herbes, conservera au sol de l'humidité, surtout au cœur de l'été et protégera les racines du froid en cas d'hiver très rigoureux (– 10 °C). Demande peu d'arrosage sauf en situation sèche où un apport d'eau raisonnable et régulier sera nécessaire en été. Entre novembre et début janvier, en période de dormance, une taille d'entretien annuelle est recommandée pour supprimer les branches mal disposées ou trop longues ; à partir de mai, une fois que la sève ascendante circule, il est possible de rectifier légèrement la silhouette. La taille sera effectuée juste au-dessus d'une paire de bourgeons sur la tige.
Point fort : il fait un très bel effet parmi d'autres arbustes (il est parfait en compagnie de rhododendrons et d'azalées) ou dans une plate-bande de vivaces. Il est très bien adapté à la culture en pot.
Points faibles : il a du mal à supporter de longues périodes de pluie suivies par de longues périodes de sécheresse, qui peuvent brûler son feuillage ou entraîner sa chute prématurée. Attention ! Il est sensible aux maladies cryptogamiques.
Autres territoires possibles : lisière ; prairie fraîche ; prairie sèche ; montagne et falaise.
Espèces, variétés et cultivars intéressants : *A. p.* 'Asahi-zuru', pour ses jeunes tiges violacées et ses feuilles rose brillant au débourrement, puis variant du blanc au vert. *A. p.* 'Katsura' pour les teintes printanières de son feuillage qui passent d'un jaune-orangé pâle bordé d'orange brillant à un vert-jaune durant l'été, avant d'éclabousser l'automne de tons jaune cuivré.
Un peu d'histoire : depuis près de quatre siècles, les horticulteurs japonais ont développé et sélectionné quelque deux cent cinquante variétés d'érables pour la diversité de leurs silhouettes, mais surtout pour la beauté de leurs feuillages, tant par les couleurs que par la forme des feuilles. La dénomination horticole « érables du Japon » désigne les cultivars issus de deux espèces : *Acer palmatum* et *Acer japonicum*.

Actaea simplex (syn. *Cimicifuga*). Cierge d'argent
A. s. 'James Compton'

J'AIME

Ma variété préférée est 'James Compton'. C'est une magnifique plante d'ombre qui irradie l'automne avec ses longs épis floraux lumineux se détachant sur un feuillage pourpre profond de toute beauté.

Forme : vivace.
Famille : renonculacées.
Origine : sous-bois ; zones tempérées ; Japon, Sibérie orientale.
Silhouette : touffe dressée.
Croissance : rapide.
Taille adulte : de 1,50 à 2 m x 0,6 m.
Feuillage : larges feuilles basales, divisées en très nombreuses folioles, vert très foncé tirant sur le pourpre.
Floraison : de septembre à novembre, ses boutons floraux pourprés s'ouvrent sur des petites fleurs blanches lavées de rose, réunies en longs épis.
Fructification : –
Rusticité : – 20 °C.
Sol : de neutre à acide, riche en humus, humide.
Exposition : mi-ombre, ombre.
Plantation : en automne ou au printemps ; placer en terre les segments rhizomateux en prenant garde de ne pas abîmer les racines.
Entretien : aucun entretien particulier.
Point fort : sa floraison tardive.
Point faible : en cas de sécheresse estivale, ses feuilles se dessèchent et sa floraison devient ridicule.
Autre territoire possible : lisière.
Espèces, variétés et cultivars intéressants : *A. s.* 'White Pearl' à la floraison blanche et au feuillage vert clair.

Actaea simplex.

Actinidia kolomikta
Kiwi

J'AIME

Découvrez le plaisir de récolter vos propres kiwis ! Pour cela, choisissez un plant mâle et un plant femelle afin que les fleurs fécondées produisent des fruits. Au bout de trois ans, vous pourrez récolter jusqu'à 10 kg de fruits par pied. Chaque fruit contient six fois plus de vitamine C qu'une orange ! Voilà de quoi passer l'hiver !

Actinidia kolomikta.

Forme : grimpante.
Famille : actinidiacées.
Origine : zones boisées ; est de l'Asie.
Silhouette : port grimpant.
Croissance : rapide.
Taille adulte : 5 m et plus.
Feuillage : caduc, vert teinté de pourpre à la naissance, puis panaché de blanc et de rose.
Floraison : en juin, fleurs parfumées, blanc crème.
Fructification : fruits jaune-vert, puis bronze sur les pieds femelles ; comestibles à la fin du mois d'octobre, avant les premières gelées.
Rusticité : – 10 °C.
Sol : acide, argileux, sableux, riche en humus.
Exposition : ensoleillée, ombre légère ; à l'abri des vents violents.
Plantation : toute l'année en dehors des périodes de gel. Additionner et mélanger à la terre : 1/3 de tourbe (acidité), un seau de pierlite pour l'alléger et un seau de fumier parfaitement décomposé. Ajouter une poignée d'engrais au fond du trou de plantation. Commencer à remplir le trou du mélange, dégager la motte de son contenant, après l'avoir fait tremper, mettre en place puis finir de remplir. Tasser et arroser. Palisser les lianes sur leur support.
Entretien : facile, arrosage modéré mais nécessaire lors d'un printemps sec pour être sûr de récolter des fruits ! Taille nécessaire en hiver pour limiter son tempérament envahissant. Supprimer les tiges faibles partant du pied, rabattre celles de l'année pour en conserver 60 cm environ.
Point fort : il se prête au palissage sur un mur, sur une pergola, une treille...
Point faible : rapidement envahissant (taille nécessaire).
Autre territoire possible : prairie fraîche (avec pieds à l'ombre).
Espèces, variétés et cultivars intéressants : les variétés monoïques donnent des fruits plus petits que les dioïques.
Un peu d'histoire : autrefois, le kiwi était surnommé « groseille de Chine » en raison de son origine. Arrivé en Nouvelle-Zélande, il a été rebaptisé « kiwi » pour la couleur de sa peau, évoquant celle du plumage de l'oiseau.

Aegopodium. Herbe aux goutteux
A. podagraria 'Variegatum'

J'AIME

Elle pousse toute seule dans les endroits difficiles à travailler où sa vigueur empêche les mauvaises herbes de s'installer et épargne le dos du jardinier !

Forme : vivace.
Famille : apiacées.
Origine : forêts ; nord et est de l'Europe, Sibérie, ouest de l'Asie.
Silhouette : tapissante.
Croissance : rapide.
Taille adulte : 30 x 60 cm.
Feuillage : caduc, vert clair lavé de blanc.
Floraison : en juin, petites fleurs blanc crème insignifiantes.
Fructification : –
Rusticité : – 23 °C.
Sol : pauvre.
Exposition : mi-ombre, ombre.
Plantation : en automne ou au printemps.
Entretien : supprimer les fleurs fanées pour éviter la propagation des graines et prévenir l'envahissement.
Points forts : excellent couvre-sol. Les feuilles panachées procurent un effet lumineux aux endroits ombragés.
Point faible : une tendance à devenir envahissante, mais moins que le type qui peut devenir l'enfer du jardinier, tant il est invasif. Seul un paillis très épais dans lequel les stolons vont aller courir sans s'enraciner permettra d'en venir à bout.
Autre territoire possible : lisière.

Aegopodium podagraria 'Variegatum'.

Anemone nemerosa
Anémone des bois

J'AIME

Si j'aime l'anémone des bois c'est pour ses fleurs, si délicates !

Forme : bulbe.
Famille : renonculacées.
Origine : bois humides ; zones montagneuses ; Europe.
Silhouette : érigée.
Croissance : rapide.
Taille adulte : 15 x 15 cm.
Feuillage : duveteux.
Floraison : de mars à mai, fleurs étoilées blanches ou roses.
Fructification : –
Rusticité : – 25 °C.
Sol : humifère, riche ou ordinaire enrichi d'une couche de compost en surface.
Exposition : mi-ombre, ombre.
Plantation : en automne, enterrer le bulbe à 5 cm de profondeur, tous les 15 cm.
Entretien : aucun entretien particulier.
Point fort : elle supporte la concurrence des arbres et arbustes sans restriction.
Point faible : aucun.
Autres territoires possibles : lisière ; montagne et falaise (rocaille).
Espèces, variétés et cultivars intéressants : *A. n.* 'Robinsoniana' aux fleurs étoilées bleu lavande, qui tiennent longtemps, disparaît en été.
A. n. 'Alba Plena' aux fleurs doubles et blanches.

Anemone nemerosa.

Anemone sylvestris
Anémone sauvage

J'AIME

Anemone sylvestris porte si bien son nom ! Une vraie plante de la forêt en visite dans les plates-bandes du jardin. Évocation immédiate et subtile du territoire du sous-bois.

Forme : bulbe.
Famille : renonculacées.
Origine : sous-bois frais ; Europe.
Silhouette : semi-pendante.
Croissance : rapide.
Taille adulte : 40 x 30 cm.
Feuillage : grandes feuilles palmées.
Floraison : du printemps au début de l'été, fleurs solitaires, parfumées, blanc pur à étamines jaunes.
Fructification : –
Rusticité : – 25 °C.
Sol : humifère, bien drainé.
Exposition : mi-ombre.
Plantation : en automne ; enfouir les tubercules à 8 cm de la surface.
Entretien : aucun entretien particulier.
Points forts : la délicatesse et la beauté de sa floraison.
Point faible : aucun.
Autres territoires possibles : –
Espèces, variétés et cultivars intéressants : *A. s.* 'Flore Pleno' plus petite que le type (20 x 20 cm), elle donne au printemps de curieuses fleurs grosses, très doubles, blanc crème.

Anemone sylvestris 'Flore Pleno'.

Aruncus dioicus
Barbe-de-chèvre, reine-des-bois

J'AIME

Les resplendissantes gerbes de fleurs crème de cette vivace au nom cocasse attirent tous les regards ! Il faut dire qu'elles sont spectaculaires avec leurs allures de grandes plumes !

Forme : vivace rhizomateuse.
Famille : rosacées.
Origine : forêts humides ; zones montagneuses ; hémisphère nord.
Silhouette : touffe dressée, buissonnante.
Croissance : rapide.
Taille adulte : 1,50 x 1 m.
Feuillage : caduc, vert, découpé, teinte ocre en automne.
Floraison : de la fin du printemps au cœur de l'été, selon les régions ; grandes inflorescences plumeuses, pointues au sommet, composées d'épis cylindriques portant de petites fleurs crème.
Fructification : –
Rusticité : – 25 °C.
Sol : pH indifférent, frais, humide, riche en humus.
Exposition : ensoleillée, ombre légère, mi-ombre ; à l'abri du vent.
Plantation : au printemps ou en automne, en isolé (elle a un grand besoin de place pour s'épanouir).
Entretien : diviser au printemps si nécessaire ; veiller à ce que le sol soit constamment humide ; rabattre les inflorescences fanées, très disgracieuses.
Point fort : cette vivace se ressème spontanément.
Point faible : quel dommage que sa floraison soit si brève !
Autre territoire possible : lisière.

Aruncus dioicus.

Aspelium scolopendrium (syn. *Phillitis*)
Langue-de-cerf, scolopendre, langue-de-bœuf

J'AIME

Voilà une fougère qui aime l'humidité du littoral océanique. Très présente dans les chasses du bocage (chemin encaissé entre les talus), elle s'invite toute seule au jardin, où je la retrouve dans de nombreux coins d'ombre.

Forme : fougère.
Famille : aspléniacées.
Origine : zones tempérées ; hémisphère nord.
Silhouette : touffe buissonnante.
Croissance : moyenne.
Taille adulte : 50 x 60 cm.
Feuillage : persistant, feuilles vert vif, lustrées, rubanées évoquant une longue langue.
Floraison : –
Fructification : –
Rusticité : – 25 °C.
Sol : plutôt calcaire, riche, humifère et bien drainé.
Exposition : mi-ombre, ombre.
Plantation : en automne ou au printemps.
Entretien : diviser au printemps ; éclaircissement annuel.
Point fort : son naturel.
Point faible : aucun.
Autre territoire possible : lisière.
Espèces, variétés et cultivars intéressants : les cultivars de la série 'Cristatum' pour leurs frondes formant des crêtes à leur extrémité.

Asplenium scolopendrium.

'Crispum' et 'Undelatum' aux frondes ondulées.
Un peu d'histoire : cette fougère était utilisée pour soigner le foie et la rate.

Athyrium filix-femina
Fougère femelle

J'AIME

J'ai installé toutes sortes de fougères en pleine terre, mais également en pots, sur la terrasse du Jardin du Matin, où elles apportent une note de fraîcheur très agréable en été et le raffinement d'un feuillage dentelé.

Forme : fougère.
Famille : dryoptéridacées.
Origine : forêts tempérées, lieux humides et ombragés ; hémisphère nord.
Silhouette : touffe buissonnante, souple.
Croissance : moyenne.
Taille adulte : 80 cm et au-delà.
Feuillage : caduc, frondes finement découpées, satinées, vert clair ; il disparaît en automne.
Floraison : –
Fructification : –
Rusticité : – 25 °C.
Sol : de neutre à modérément acide, fertile, humifère mais accepte les sols ordinaires.
Exposition : mi-ombre, ombre.
Plantation : en automne ou au printemps.
Entretien : couper les frondes desséchées à la fin de l'hiver ; paillis d'écorces pour maintenir l'humidité et acidifier le sol. En pot, arroser copieusement en été.
Point fort : son feuillage.
Point faible : aucun.
Autre territoire possible : lisière.
Espèces, variétés et cultivars intéressants : *A. f.-f.* 'Frizelliae' (40 x 40 cm), particulièrement décorative avec ses frondes composées de demi-cercles frisés sur les bords, parfaite en rocaille d'ombre. *A. f.-f.* 'Victoriae' (80 x 80 cm), très architecturale, avec ses curieuses frondes cristées qui donnent l'illusion d'un alignement de croix.

Athyrium filix-femina.

Un peu d'histoire : le nom vernaculaire « fougère femelle » n'a rien à voir avec le sexe de la plante, mais avec son allure fine et gracile par opposition à la fougère dite « mâle », car d'allure plus robuste : *Dryopteris filix-mas.*

Athyrium niponicum var. *pictum*
Fougère arc-en-ciel

J'AIME
La fougère arc-en-ciel, au nom poétique, est parfaite pour donner de l'esprit aux coins sombres.

Forme : fougère.
Famille : dryoptéridacées.
Origine : forêts ; Chine, Corée, Japon.
Silhouette : touffe buissonnante.
Croissance : moyenne.
Taille adulte : 60 cm et au-delà.
Feuillage : caduc ; frondes lancéolées, panachées argentées à reflets rouges au cours de la saison, nervures violettes.
Floraison : –
Fructification : –
Rusticité : – 25 °C.
Sol : de neutre à acide, fertile, humifère.
Exposition : mi-ombre, ombre ; à l'abri des vents froids et desséchants.
Plantation : en automne ou au printemps. Convient à une plantation en pot.
Entretien : couper les frondes desséchées à l'approche de l'hiver ; paillis d'écorces pour maintenir l'humidité et acidifier le sol. En pot, arroser copieusement en été.
Point fort : tout simplement splendide...
Point faible : tourne de l'œil au moindre coup de soleil.
Autre territoire possible : lisière.
Espèces, variétés et cultivars intéressants : *A. n.* 'Metallicum' (40 x 40 cm), frondes avec des zones argentées, créant un effet métallique.

Athyrium niponicum var. *pictum*.

Brunnera macrophylla
Myosotis du Caucase, buglose

J'AIME
Ce charmant buglose laisse voir un très beau feuillage et, dès le mois de mars pour les plus précoces, il dévoile une ravissante floraison, à l'ombre, en petites fleurs proches de celles des myosotis.

Forme : vivace rhizomateuse.
Famille : borraginacées.
Origine : forêts ; Caucase.
Silhouette : touffue, arrondie.
Croissance : rapide.
Taille adulte : 40 x 40 cm.
Feuillage : caduc, cordiforme, vert virant au brun en automne.
Floraison : inflorescences en panicules portant de petites fleurs bleues.
Fructification : –
Rusticité : – 25 °C.
Sol : profond, humifère, plutôt frais, bien drainé ; supporte le calcaire.
Exposition : mi-ombre, ombre.
Plantation : au printemps ou en automne.
Entretien : aucun entretien particulier.
Point fort : bel effet associé à des bulbes printaniers, bon couvre-sol ; se ressème spontanément.
Point faible : trop expansif pour les petits jardins.
Autre territoire possible : lisière.
Espèces, variétés et cultivars intéressants : *B. m.* 'Looking Glass'®, au feuillage argenté idéal pour éclairer les zones d'ombre.
B. m. 'Variegata' au feuillage vert lavé de blanc.

Brunnera macrophylla 'Variegata'.

Clerodendrum bungei
Clérodendron

J'AIME

Ce bel arbuste d'ombre à la présence « transparente » et légère est doté de jeunes feuilles larges et pourpres et d'une gracieuse floraison.

Forme : arbuste.
Famille : verbénacées.
Origine : forêts, bois ; Chine et Himalaya.
Silhouette : dressée, nombreuses tiges partant de la base.
Croissance : rapide.
Taille adulte : 3 x 2 m.
Feuillage : caduc ; grandes feuilles épaisses, d'abord pourprées puis vert franc.
Floraison : en août et septembre ; fleurs tubulaires groupées en panicules, très parfumées.
Fructification : –
Rusticité : – 10 °C (seules les espèces asiatiques s'adaptent aux climats tempérés).
Sol : humifère, frais et bien drainé.
Exposition : mi-ombre ; à l'abri du vent.
Plantation : en automne.
Entretien : aucun entretien particulier.
Point fort : sa floraison automnale.
Point faible : drageonnant, il aura tendance à s'étaler beaucoup et rapidement.
Autres territoires possibles : –
Espèces, variétés et cultivars intéressants : *C. trichotomum* (5 x 5 m), une autre espèce rustique à port dressé et buissonnant, caduque, à floraison blanche et parfumée et à fructification en baies bleu vif ressortant sur des calices rouge vif. *C. t.* var. *fargesii* au jeune feuillage pourpre et aux fleurs blanches à sépales verts.

Clerodendron bungei.

Convallaria majalis
Muguet, lis des vallées

J'AIME

Il est le grand plaisir du 1er Mai !

Forme : vivace rhizomateuse.
Famille : convallariacées.
Origine : sous-bois, prairies alpines ; hémisphère nord.
Silhouette : port bas.
Croissance : rapide.
Taille adulte : de 20 à 30 cm x 30 cm.
Feuillage : paire de feuilles partant de la base ; vert sombre.
Floraison : fin avril, début mai ; fleurs en petite clochette, pendantes, blanc pur, délicieusement parfumées.
Fructification : baies rouge vif (attention, elles sont toxiques).
Rusticité : – 25 °C.
Sol : riche, humifère, frais.
Exposition : mi-ombre, ombre.
Plantation : en automne, planter les rhizomes (ou griffes) en conservant les bourgeons terminaux.
Entretien : en cas de trop forte densité, éclaircir en arrachant quelques pieds.
Point fort : ultra-facile !
Point faible : lunatique !
Autres territoires possibles : –
Un peu d'histoire : brin de muguet et fête du Travail. Le 1er Mai voit fleurir les trottoirs urbains de tréteaux couverts de muguet en pots et brins coupés. Jour de revendications sociales, la fête du 1er Mai fait référence au 1er mai 1886 quand quelque 200 000 ouvriers américains obtiennent que la journée de travail soit limitée à huit heures. À partir de 1890, le 1er mai sera chômé dans beaucoup de pays et réservé aux manifestations des travailleurs. Le signe distinctif des manifestants est d'abord un triangle rouge arboré à la boutonnière, dont les trois côtés égaux symbolisent le travail, le sommeil et les loisirs. Ce triangle sera remplacé, au début du XXe siècle, par une fleur d'églantine, puis par un brin de muguet par les ouvriers parisiens.

Convallaria majalis.

Cornus kousa
Cornouiller kousa

> J'AIME
> *Après sa sublime floraison printanière, je trouve que l'apparition de ses drôles de fruits en forme de grosse fraise à la fin de l'été, apporte une note joyeuse à ce bel arbuste qui a aussi la qualité d'être facile à vivre.*

Cornus kousa en fleur, en arrière plan.

Forme : arbuste.
Famille : cornacées.
Origine : forêts, lisières, prairies, pentes rocheuses ; Chine, Corée, Japon.
Silhouette : conique.
Croissance : rapide.
Taille adulte : 7 x 4 m.
Feuillage : caduc ; feuilles à bord ondulé, vert franc virant au pourpre flamboyant en automne.
Floraison : en juin, minuscules fleurs vertes entourées, chacune, par quatre larges bractées blanches, lancéolées.
Fructification : fin août-début septembre ; fruits charnus, ressemblant à de grosses fraises, rouge pâle, chaque fruit étant porté par un long pétiole.
Rusticité : – 25 °C.
Sol : tout type ; riche, fertile, frais, bien drainé.
Exposition : mi-ombre.
Plantation : en automne.
Entretien : aucun entretien particulier.
Point fort : il est beau du printemps jusqu'à l'hiver.
Point faible : aucun.
Autre territoire possible : prairie fraîche.
Espèces, variétés et cultivars intéressants : *C. kousa* var. *chinensis* (7 x 5 m), feuillage vert foncé, pourpre en automne, floraison à la fin du printemps en fleurs plus grandes que celles du type.
C. kousa 'Satomi' (6 x 4 m), pour sa ravissante floraison rose.
C. capitata (10 x 5 m), petites têtes florales entourées de bractées jaunes en juin et juillet, suivies en octobre de gros fruits pendants, ressemblant à des fraises.

Cornus officinalis
Cornouiller officinal

J'AIME

C'est un arbuste plein de qualités ; graphique, avec ses nombreuses tiges dressées qui partent de la base, il est esthétique dès l'apparition de ses fleurs, en février, puis de ses feuilles ondulées, qui prendront de belles couleurs automnales, tout en dévoilant des fruits rouges comestibles.

Cornus officinalis.

Forme : arbuste.
Famille : cornacées.
Origine : forêts, lisières, prairies, pentes rocheuses ; Chine, Corée, Japon.
Silhouette : large et dressée.
Croissance : rapide.
Taille adulte : 5 x 5 m.
Feuillage : caduc, vert foncé virant au pourpre à l'automne, feuilles recourbées vers l'intérieur.
Floraison : en février ; fleurs jaunes, en petites ombelles lâches, directement sur le bois nu, avant la feuillaison.
Fructification : fruits rouges comestibles.
Rusticité : – 25 °C.
Sol : tout type ; riche, fertile, frais, bien drainé.
Exposition : ombre légère, mi-ombre.
Plantation : au printemps.
Entretien : aucun entretien particulier.
Point fort : sa floraison hivernale.
Point faible : aucun.
Autre territoire possible : prairie fraîche.

Espèces, variétés et cultivars intéressants : *C. alba* (3 x 3 m), parfait en sol humide, il produit des tiges rouges en hiver, très décoratives.
C. alternifolia (6 x 6 m), branchages étagés et horizontaux, feuillage marginé de blanc pour la variété 'Argentea'.
C. controversa (15 x 15 m), branches étagées et horizontales, feuillage marginé de blanc pour la variété 'Variegata'.
C. mas (5 x 5 m), le fameux cornouiller mâle, présente les mêmes qualités que *C. officinalis*.

Un peu d'histoire : en raison de leurs qualités esthétiques, les espèces originaires d'Asie ou d'Amérique du Nord sont, depuis les XVIIIe et XIXe siècles, préférées aux espèces endémiques *C. mas* et *C. sanguinea*. Pourtant, *C. mas*, le cornouiller mâle (*mas* dans le sens de « robuste ») était encore cultivé au XXe siècle dans les vergers pour ses fruits qui étaient utilisés en gelée. Particulièrement dur, son bois servait à confectionner lances et javelots durant l'Antiquité, puis plus récemment, des manches d'outils, des dents de batteuses ou encore des barreaux d'échelles. (Bernard Girerd, *Arbres et arbustes du Ventoux*, éditions Alain Barthélemy, 2003.)

Crinodendron hookerianum (syn. *Tricuspidaria lanceolata*)
Crinodendron

J'AIME

Ses fleurs sont impressionnantes à l'ombre, même très à l'ombre ! Ce qui est rare.

Forme : arbuste.
Famille : éléocarpacées.
Origine : forêts pluviales ; îles Chiloé et côte méridionale du Chili.
Silhouette : dressée, buissonnante.
Croissance : moyenne.
Taille adulte : 3 x 3 m.
Feuillage : persistant ; feuilles coriaces, dentées.
Floraison : boutons floraux cramoisis qui apparaissent au cours de l'automne, s'ouvrent tardivement, en mai, sur des fleurs en petite lanterne rouge vif apparaissant à l'aisselle des feuilles.
Fructification : –
Rusticité : – 7 °C (déteste les gelées tardives).
Sol : humifère, frais constant, bien drainé.
Exposition : mi-ombre, ombre ; à l'abri du vent et au nord.
Plantation : en septembre.
Entretien : aucun entretien particulier.
Points forts : il convient en bord de mer ; apprécie une hygrométrie élevée (pluies fréquentes, brouillards).
Point faible : il ne supporte pas la sécheresse.
Autres territoires possibles : –

Crinodendron hookerianum.

Cryptomeria japonica
Cèdre du Japon

J'AIME

Sa façon de prendre la lumière, surtout quand son feuillage retient les gouttes d'eau. Duveteux au regard et à la main, c'est le conifère qui possède la présence la plus douce, la plus sensuelle.

Forme : conifère.
Famille : taxodiacées.
Origine : forêts jusqu'à 2 000 m d'altitude ; Chine, Japon.
Silhouette : conique ou en colonne.
Croissance : rapide.
Taille adulte : de 10 à 15 m x 3 à 6 m.
Feuillage : persistant ; aiguilles très denses, vert foncé, qui restent environ quatre ans sur l'arbre.
Floraison : –
Fructification : cônes femelles, solitaires ; petits cônes mâles regroupés en haut des branchages.
Rusticité : – 25 °C.
Sol : tout type, même calcaire, profond, humifère, frais, bien drainé.
Exposition : soleil, mi-ombre ; abrité du vent.
Plantation : en automne.
Entretien : le tailler pour le contenir et pour éviter qu'il ne s'avachisse avec les années.
Point fort : il architecture le jardin.
Point faible : il supporte difficilement la sécheresse.
Autres territoires possibles : –
Espèces, variétés et cultivars intéressants : *C. j.* 'Elegans' (10 x 6 m), pour son splendide feuillage pourpre en hiver.
C. j. 'Elegans Viridis' (6 x 4 m), pour son feuillage vert clair, ses aiguilles courbes en spirale.
C. j. 'Monstrosa' (2 x 2 m), pour son port tapissant.

Cryptomeria japonica 'Elegans Viridis'.

Dicksonia antarctica
Fougère arborescente

J'AIME
J'ai installé un jeune plant issu de semis dans un pot, bien à l'abri sur la terrasse de la maison. Depuis, il a grandi, s'est parfaitement acclimaté et se révèle aujourd'hui simplement majestueux, 12 mois sur 12.

Forme : fougère.
Famille : dicksoniacées.
Origine : forêts, zones montagneuses tempérées et tropicales ; Australie (sud-est), Tasmanie.
Silhouette : érigée.
Croissance : lente.
Taille adulte : 6 x 3 m.
Feuillage : persistant ; les frondes peuvent atteindre entre 1,50 m et 2 m ; elles se renouvellent régulièrement ; le stipe (tronc) se présente tel un rhizome dressé, constitué par l'étagement successif des frondes.
Floraison : –
Fructification : –
Rusticité : – 5 °C (protéger son cœur avec un voile d'hivernage en cas de gelées prolongées).
Sol : acide, riche en humus, léger.
Exposition : mi-ombre, ombre ; à l'abri du vent.
Plantation : au printemps.
Entretien : en cas de sécheresse, arroser le cœur et les fibres du stipe (tronc).
Point fort : évocation immédiate de la forêt primaire.
Point faible : la plupart des grands sujets proposés à la vente ont été prélevés dans leur forêt d'origine...
Autres territoires possibles : –
Un peu d'histoire : *Dicksonia* doit son nom à James Dickson (1738-1822), botaniste-jardinier anglais, auteur de plusieurs ouvrages, dont un consacré aux fougères.

Dicksonia antarctica.

Dryopteris affinis
Dryoptéris écailleux

J'AIME
Présente dans le bocage, cette fougère ressemble à s'y méprendre à Dryopteris filix-mas, *dont elle se distingue par un pétiole et un rachis plus écailleux, ainsi que par des frondes persistantes en hiver.*

Forme : fougère.
Famille : dryoptéridacées.
Origine : zones humides (littoral océanique, massifs montagneux pluvieux) ; de l'Europe à l'Himalaya.
Silhouette : touffe dressée, divergente.
Croissance : rapide.
Taille adulte : 1,20 x 1,20 m.
Feuillage : persistant, vert clair.
Floraison : –
Fructification : –
Rusticité : – 20 °C.
Sol : neutre, humifère, frais.
Exposition : mi-ombre.
Plantation : au printemps.
Entretien : prévoir une taille printanière si nécessaire.
Point fort : plante sans problème.
Point faible : aucun.
Autre territoire possible : –
Espèces, variétés et cultivars intéressants : *D. a.* 'Crispa' (20 x 30 cm), petite fougère aux frondes crispées, vert pâle.
D. a. 'Pinderi' (1,20 x 1,20 m), belle touffe de frondes vert clair.

Dryopteris affinis.

Dryopteris filix-mas
Fougère mâle

J'AIME

Cette fougère pousse sur les talus du bocage ; elle est donc vraiment chez elle dans mon jardin. À mes yeux, c'est la plus impressionnante des fougères. Elle est l'image même de l'exubérance et de la fraîcheur.

Forme : fougère.
Famille : dryoptéridacées.
Origine : forêts ; zones humides, tempérées, montagneuses ; hémisphère nord.
Silhouette : touffe dressée, divergente.
Croissance : rapide.
Taille adulte : 1,20 x 1,20 m.
Feuillage : caduc.
Floraison : –
Fructification : –
Rusticité : – 20 °C.
Sol : neutre, humifère, frais.
Exposition : mi-ombre.
Plantation : au printemps.
Entretien : aucun entretien particulier.
Point fort : fougère endémique, elle vient naturellement dans le jardin.
Point faible : aucun.
Autres territoires possibles : –
Espèces, variétés et cultivars intéressants : *D. f-m* 'Incisa' (1,50 x 1,50 m), l'une des fougères les plus exubérantes.
Un peu d'histoire : dans ma région, les gens la ramassaient et la vendaient pour garnir les étals des poissonniers et des primeurs.

Dryopteris filix-mas.

Edgeworthia chrysantha (syn. *E. papyrifera*)
Edgeworthia

J'AIME

Ce petit arbuste très original a le mérite de fleurir en plein hiver et d'être très bien adapté au climat océanique.

Forme : arbuste.
Famille : thyméléacées.
Origine : zones boisées ; Chine, Himalaya.
Silhouette : trapue, arrondie.
Croissance : lente.
Taille adulte : 1,20 x 1,20 m.
Feuillage : caduc ; porté par des rameaux souples, vert foncé.
Floraison : en février ou mars ; bouquets terminaux de fleurs jaune lumineux, parfumées, disposées en ombelles sur le bois nu, en demi-pompons recouverts de poils blancs.
Fructification : drupe.
Rusticité : – 7 °C.
Sol : de neutre à acide, argileux, frais voire humide, non calcaire.
Exposition : mi-ombre ; à l'abri du vent.
Plantation : au début de l'automne ou à la fin du printemps.
Entretien : pailler en hiver.
Point fort : sa floraison hivernale.
Point faible : la neige et le gel peuvent détruire les bourgeons terminaux.
Autre territoire possible : lisière.
Un peu d'histoire : son écorce est utilisée au Japon pour la fabrication de très beaux papiers.

Edgeworthia chrysantha.

Fagus sylvatica
Hêtre commun, fayard

J'AIME

Bien adapté au climat océanique, il est l'un des arbres qui composent la forêt linéaire du bocage. Il se développe à l'ombre, sous le couvert d'autres arbres qu'il tend à supplanter dès qu'il devient plus grand qu'eux.

Fagus sylvatica.

Forme : arbre.
Famille : fagacées.
Origine : forêts tempérées ; du centre de l'Europe au Caucase.
Silhouette : tronc cylindrique parfaitement droit, cime dressée, branches inférieures descendant jusqu'à l'horizontale.
Croissance : lente.
Taille adulte : de 25 à 30 m x 15 à 25 m (à 200 ans !).
Feuillage : caduc, dense ; feuilles arrondies à la base, coriaces, brillantes, ovales, à bords légèrement ondulés, au-dessus vert foncé et lustrées, au-dessous vert clair, jaune d'or à l'automne.
Floraison : d'avril à mai ; chatons mâles à l'extrémité d'un long pédoncule, fleurs femelles (au bout de 15 ou 20 ans).
Fructification : bogue hirsute composée de deux faînes et d'une graine.
Rusticité : – 30 °C (il n'aime pas trop les gelées tardives).
Sol : très accommodant, le hêtre commun adorera un sol neutre à calcaire, riche, légèrement argileux, mais il acceptera aussi un sol acide et pauvre. En sol sableux, il aura un important développement racinaire en surface, les racines pouvant s'étaler sur une surface deux fois supérieure à celle de sa cime.
Exposition : ombre légère, mi-ombre, ombre.
Plantation : en automne.
Entretien : –
Point fort : facile à vivre, pourvu que l'air soit suffisamment humide (hygrométrie élevée).
Point faible : il déteste la sécheresse.
Autres territoires possibles : lisière ; prairie fraîche.
Espèces, variétés et cultivars intéressants :
F. s. f. *purpurea* (25 x 15 m), feuillage pourpre virant au vert sombre en fin de saison.
F. s. 'Aurea Pendula' (2 x 1 m), un bijou pour petit jardin avec ses petites branches couvertes de petites feuilles d'or pendant le long du tronc.
F. s 'Dawyck' (15 x 6 m), une silhouette compacte et élancée, aux grandes feuilles vert brillant.
F. s. 'Dawyck Gold' (8 x 3 m), dont le feuillage naît doré puis vire au vert-jaune avant de jaunir à l'automne. Un classique !
Un peu d'histoire : après les chênes, les hêtres sont les arbres les plus répandus en France. Utilisés en brise-vent, en alignement, en haie, mais aussi en isolé, ils appartiennent au paysage familier de la campagne. Ils ont toujours été très utilisés à des fins domestiques. Que ce soit pour la fabrication de meubles, d'outils, ou pour les traverses de chemin de fer, ils fournissent aussi, une fois carbonisés, du charbon de bois ou encore du goudron.

Geranium phaeum 'Margaret Wilson'
Géranium vivace 'Margaret Wilson'

J'AIME

Ce super couvre-sol fleurit joliment à l'ombre que son feuillage éclaire ; il pousse et s'étale sans problème ! Que demander de plus ?

Forme : vivace.
Famille : géraniacées.
Origine : zones montagneuses ; des Pyrénées aux Balkans, l'ouest de la Russie.
Silhouette : touffe étalée.
Croissance : rapide.
Taille adulte : 70 x 50 cm.
Feuillage : caduc ; belle masse de feuilles marbrées vert et crème, découpées, très dentées aux pétioles sombres.
Floraison : d'avril à fin juin, fleurs lilas soutenu.
Fructification : –
Rusticité : – 20 °C.
Sol : pH indifférent, ordinaire, frais, même lourd et argileux.
Exposition : mi-ombre, ombre.
Plantation : en automne, sauf en cas de terre très lourde et d'hiver humide où la plantation sera reportée aux mois de mars ou d'avril. C'est également durant ces deux mois que seront repiqués les géraniums venant d'être divisés.
Entretien : rabattre après la floraison afin de la prolonger et d'éviter que la plante ne se ressème spontanément.
Point fort : sa floraison à l'ombre.
Point faible : aucun.
Autre territoire possible : montagne et falaise.

Geranium phaeum 'Margaret Wilson', *en bas, au centre.*

Hesperis matronalis
Julienne des dames

J'AIME

L'architecture relâchée des tiges de la julienne des dames et sa floraison légère et subtilement parfumée en font une plante particulièrement agréable.

Forme : vivace.
Famille : brassicacées.
Origine : rocailles, friches ; zones boisées ; Europe, Chine, Sibérie.
Silhouette : érigée.
Croissance : rapide.
Taille adulte : 90 cm x 60 cm.
Feuillage : caduc ; grandes feuilles étroites, vert foncé, disposées en rosettes.
Floraison : de mai à juillet ; grappes ou panicules de fleurs blanches ou lilas ou pourpres, parfumées en fin d'après-midi.
Fructification : –
Rusticité : – 20 °C.
Sol : de neutre à calcaire, humifère, fertile, frais, bien drainé.
Exposition : soleil, mi-ombre.
Plantation : en automne ou au printemps.
Entretien : diviser les touffes tous les deux ou trois ans.
Point fort : cette vivace se ressème spontanément et voyage dans le jardin.
Point faible : aucun.
Autre territoire possible : montagne et falaise.

Hesperis matronalis dominant les myosotis.

Page de droite
Achillea 'Fanal'.

LES **COUVRE-SOL** JARDINENT POUR VOUS !

À la rescousse du jardinier exaspéré

À trop vouloir jouer l'exterminateur des chardons, orties, carottes sauvages et autres liserons dans ses massifs et plates-bandes, le jardinier peut finir par éprouver un découragement à la hauteur de la pulsion vitale que mettent ces indésirables à resurgir. Parti de sa plate-bande, le dos cassé et la paume des mains en feu, le revoilà, après une semaine de bains chauds, d'onguents et de pommades qui, à défaut de soulager ses reins douloureux, lui ont cuit la peau façon coup de soleil mais aussi d'analgésiques dont son estomac se souvient. Devant lui, les indésirables sont réapparus, plus verts et plus forts semble-t-il, comme pour mieux le narguer.
Douloureusement vécue par la plupart des jardiniers, cette scène rappelle qu'il est souvent vain de se mesurer au tempérament conquérant de bien des végétaux. Dans ce cas précis, il ne s'agit pas, bien entendu, de renoncer. Le jardinier peut avoir recours à un épais paillis pour vaincre les indésirables, mais il peut aussi se demander si d'autres plantes d'un tempérament encore plus dominant ne se chargeraient pas de faire, joliment, disparaître ces hôtes sans foi, ni loi. C'est là qu'interviennent les couvre-sol, parés de fleurs ou de beaux feuillages (voire des deux) : les *Terminator* des indésirables ! Attention toutefois à ne pas se laisser déborder par leur tempérament parfois envahissant.

Couvre-sol ? En 1980, Robert Mallet définissait les couvre-sol « comme des plantes qui, par l'abondance de leurs racines ou de leur feuillage, ne laissent pas de place ou de jour suffisant aux mauvaises herbes pour pousser ». Définition que le pépiniériste Luc-André Lepage devait affiner en différenciant les couvre-sol selon leur technique d'expansion :
- les rhizomateux, à l'enracinement robuste (*Aegopodium* et *Brunnera* dans le territoire du sous-bois ou *Achillea millefolium* et *Artemisia ludoviciana* dans celui de la prairie sèche) ;
- les radicants, pourvus de tiges rampantes qui émettent des racines au-dessus du sol (*Lysimachia punctata* du territoire de l'eau) ;
- les cespiteux, aux racines pivotantes et formant des touffes denses que l'on retrouve chez beaucoup

Tulipa 'Fleur de Lis', *Rosmarinus repens, Helianthemum.*

de poacées (certains *Carex* dans le territoire de la prairie fraîche) ;

- ceux capables de se marcotter directement dans le sol grâce à leurs tiges pourvues de mini-racines ou radicelles (*Rosmarinus officinalis* var. *repens* du territoire de la montagne et falaise, *Lysimachia nummularia* du territoire de l'eau) ;
- les formes à rosettes, se multipliant par stolons (*Jovibarba* du territoire de la montagne et falaise).

Bien sûr, il n'est pas nécessaire de connaître sur le bout des doigts la différence entre stolons et rhizomes, entre cespiteux et « marcottables », il suffit juste de retenir que beaucoup de plantes sont constituées pour recouvrir les terrains dans lesquelles elles se trouvent. Sans oublier qu'outre ces « colonisatrices » tapissantes, couvrantes et rampantes, certaines plantes au feuillage dense et au port étalé sont tout à fait capables de créer une couverture végétale comparable. Au jardinier de repérer dans quels territoires du jardin elles se plairont et pourront constituer des couvre-sol efficaces.

Adieu râteaux, peignes, maux de rein

La plante couvre-sol typique n'aime pas la concurrence des étrangères. Son niveau (élevé) de sociabilité se cantonne à son groupe, à son espèce. L'intrus qui ose venir jouer les trublions est condamné à l'étouffement et à la disparition. Ce drame laisse de marbre le jardinier qui voit là de précieuses alliées se chargeant des basses besognes. D'autant que le couvert végétal abrite toute une vie utile au bien-être du jardin. Il favorise l'installation d'une petite faune (des micro-organismes aux vers de terre, des insectes aux oiseaux) qui contribue à l'équilibre du sol, à la décomposition de l'humus ou encore à la pollinisation. Ce même couvert permet au sol de limiter l'évaporation et de résister à la sécheresse sans oublier que la multiplication des racines crée un véritable réseau de circulation qu'empruntent l'eau et l'air. Enfin, en automne, certains couvre-sol persistants ou résineux plantés au pied des arbres et arbustes caducs se transforment en « avale feuilles ». L'avantage est double : plus de corvées de ratissage pour le jardinier et un apport nutritif naturel au sol.

À propos des couvre-sol des Jardins de La Maubrairie

Je me suis intéressé à la fonction de couvre-sol chez certaines plantes, quelques années après avoir commencé à jardiner. Cela a débuté dans les endroits difficiles d'accès, avec des plantes capables d'éradiquer les « mauvaises herbes », puis j'ai découvert les avantages des plantes aux grands feuillages capables de recouvrir et d'animer des coins ombragés. Dans les lieux secs du jardin, exposés au soleil, j'ai recherché des « plantes chameaux » aptes à vivre en petites colonies, buvant trois fois rien et aux feuillages capables de se protéger en renvoyant la lumière. Au final, j'ai découvert qu'il était plus facile de jardiner « avec » les plantes que « contre » elles. Que naturellement, elles me proposaient des solutions de jardinage plus simples, plus riches aussi, que ce que j'avais pu imaginer.

Un territoire de sous-bois constitué par une pente à l'ombre, plantée d'arbustes. C'est là que je découvre les couvre-sol. À force de travailler inconfortablement et surtout de constater que le résultat n'était pas à la hauteur de mes efforts, j'ai fini par y planter un pied d'*Aegopodium podagraria* 'Variegatum', l'herbe au goutteux, pour son feuillage panaché ainsi qu'un pied de *Geranium phaeum* 'Margaret Wilson' également pour son feuillage panaché mais aussi pour sa floraison printanière bleu lilas. Depuis, ce petit coin du jardin vit tout seul, je me contente d'arracher quelques pieds et rhizomes d'*Aegopodium* pour le contenir et aussi pour l'empêcher d'étouffer le géranium. Tous deux se sont réparti la surface qu'ils recouvrent totalement et qu'ils éclairent de leurs feuillages du printemps à la fin de l'automne. Ailleurs, pour créer une scène fraîche et reposante au plus fort de l'été, je me suis inspiré des grandes nappes uniformes composées par les fougères dans les bois pour une plantation qu'elles partagent avec des hostas. Là aussi, un minimum d'entretien et

Aegopodium podagraria 'Variegata'.

l'immense plaisir de profiter à la fin du printemps du spectacle le plus gracieux qui soit, donné par les fougères déroulant délicatement leurs frondes.

Dans le territoire de l'eau, que ce soit dans l'eau ou sur les berges, beaucoup de plantes pourvues de rhizomes ou de stolons se comportent à la façon des couvre-sol. Un tempérament de pionnières qui tend à vouloir combler le « vide » matérialisé par l'eau. Mon intervention consiste à régulièrement tempérer leur nature expansive pour les empêcher de faire disparaître le trait d'eau. J'éclaircis les plantes pourvues de rhizomes conquérants tels les roseaux (*Phragmites*), les joncs fleuris (*Butomus umbellatus*), les massettes (*Typha latifolia*) et les pétasites du Japon (*Petasites japonicus*) ; le gel se charge de faire disparaître les pieds de grenouillettes (*Hydrocharis morsus-ranae*), de jacinthes d'eau (*Eichhornia crassipes*) ou de laitue d'eau (*Pistia stratiotes*) dont les stolons ne demandent qu'à se propager. Autant j'aime l'effet de masse cohérente formée par toutes ces plantes, autant je sais que je dois en limiter la colonisation.

Du côté du territoire de la lisière, je me suis simplifié la vie grâce aux touffes serrées des alchémilles (*Alchemilla mollis*) au beau feuillage gaufré vert chartreuse qui, après la pluie, conserve des gouttes d'eau scintillantes comme diamants au soleil. Plus loin, les fleurs bleues d'*Omphalodes cappadocica* pointent dès le mois de mars à travers l'épaisseur couvrante de leur feuillage vert clair. Quant aux consoudes (*Symphytum*), elles ont un tel pouvoir d'enracinement et de propagation et elles craignent si peu la concurrence des racines que je les ai installées aux pieds des arbres.

Au territoire de la prairie fraîche je réserve les nappes fleuries. Par exemple, celles formées par les astilbes (*Astilbe* x *arendsii*), du plus bel effet quand, l'été venu, elles s'expriment en plumets vaporeux se détachant sur une masse de feuillage variant ses nuances du printemps à l'automne. Pour une action couvrante et tapissante, douze mois sur douze, je fais confiance à la plante des savetiers (*Bergenia*), d'autant qu'elle fleurit joyeusement dès le mois de mars en pompons rose éclatant. Question feuillage, les lamiers (*Lamium*) s'imposent naturellement au premier plan des massifs. Ils s'étalent, recouvrent tout sous des feuilles souvent argentées ressemblant à celles de l'ortie mais non piquantes. Une foule d'espèces et de cultivars déclinent toutes sortes de floraisons qui font bon ménage avec les pulmonaires (*Pulmonaria saccharata*), elles aussi prêtes à s'étaler sans limite.

Pulmonaria.

Myosotis, Alchemilla mollis.

Bergenia.

Ajuga.

Un petit tour par le territoire de la prairie sèche où le bugle rampant (*Ajuga reptans*) envoie ses stolons pour recouvrir des petites surfaces de son beau feuillage vert aux tiges et pétioles pourpres, animé de la fin du printemps au cœur de l'été par ses hampes fleuries, bleu violet. Feuillage argenté pour les touffes de l'armoise blanche, formant des buissons tapissants, hérissés, qui ne laissent aucune chance de survie aux intruses. Et puis les lavandes (*Lavandula*) ! Bien sûr, le terrain doit être très sec, sans eau stagnante, l'exposition plein soleil, pour qu'elles forment des buissons fermés à toute étrangère à la famille.

Le territoire de la montagne et de la falaise offre l'embarras du choix du côté des combleuses d'espace. D'un bout de l'année à l'autre, les bruyères (*Erica*) et callunes (*Calluna*) recouvrent volontiers des pans de terrain en buissons fleuris, en hiver pour les premières, en été pour les secondes. Leurs formes, du coussin rond à l'arbuste érigé, permettent de belles associations graphiques que rehausse la variété de leurs coloris. Les vivaces sont nombreuses à former de véritables colonies comme les astrances (*Astrantia major*) ou de petits bataillons serrés à la façon des œillets (*Dianthus*). En coussins rampants, la cotule hérissée (*Cotula hispida*) gagne du terrain, année après année, lançant vers le ciel de curieuses petites fleurs rondes, genre bouton de bottine, jaune d'or. Et puis, la potentille ! (*Potentilla fruticosa*). Une grande fille toute simple qui ne demande rien à personne, et surtout pas au jardinier. Sa floraison débute en mai pour s'achever en octobre, en petites fleurs qui évoquent celles des églantiers. Son feuillage argenté, caduc, appelle la caresse tant il est soyeux. Bref un petit arbuste qui ne demande qu'à joliment occuper le terrain.

C'est vrai qu'au fil des années, je suis devenu un inconditionnel des « couvre-sol » qui allègent mon travail de jardinier tout en animant les différents territoires du jardin. La seule contrainte est de cadrer le tempérament parfois trop généreux de certaines !

Heuchera
Heuchère, désespoir du peintre

J'AIME

Voilà des plantes simples, généreuses, dont le feuillage offre une diversité de teintes idéales pour créer des taches de couleurs dans les coins d'ombre.

Heuchera.

Forme : vivace rhizomateuse.
Famille : saxifragacées.
Origine : zones boisées, rocailleuses ; Amérique du Nord (montagnes Rocheuses).
Silhouette : touffe étalée et arrondie.
Croissance : rapide.
Taille adulte : entre 40 x 40 cm et 60 x 60 cm selon les variétés ; et même une géante de 1,50 x 1 m !
Feuillage : persistant et semi-persistant.
Floraison : estivale ; petites fleurs portées par de longues hampes.
Fructification : –
Rusticité : – 25 °C.
Sol : neutre, fertile, humifère, frais, bien drainé.
Exposition : soleil, mi-ombre.
Plantation : au printemps ou en automne.
Entretien : pailler la souche qui a tendance à sortir du sol ; la diviser, si nécessaire, en septembre ou octobre. Couper les hampes florales fanées, rabattre le feuillage à la fin de l'hiver pour le régénérer.
Points forts : très peu d'entretien ; elle est belle une bonne partie de l'année.
Point faible : le soleil a tendance à faire pâlir les feuillages.
Autre territoire possible : lisière.

Espèces, variétés et cultivars intéressants : *H. micrantha* 'Palace Purple' (50 x 70 cm), un feuillage large, pourpre, brillant, splendide 12 mois sur 12 ; en juin débute sa très longue floraison sous forme de bouquets ultralégers, composés de longs épis vaporeux, blanc rosé. Elle est un excellent couvre-sol qui laisse peu de chances aux mauvaises herbes !
H. villosa 'Caramel' (50 x 60 cm), une vraie star des jardins ! Grandes feuilles qui en font voir de toutes les couleurs, du jaune à l'orange, du cuivre à l'or, du rouge au pourpre… Elle fleurit de juillet à octobre en longues hampes florales.
H. v. 'Bronze Beauty' (1,50 x 1 m) mettra trois ans avant d'atteindre cette taille de géante, son feuillage bronze s'anime de juillet jusqu'aux gels avec de longues hampes florales portant des panicules de petites fleurs blanc rosé.
H. 'Venus' (35 x 40 cm), au feuillage argenté aux nervures foncées, bien marquées.

Un peu d'histoire : depuis une dizaine d'années, c'est le grand retour des heuchères au jardin ! Ce succès est dû aux récentes obtentions de gammes de feuillages aux coloris surprenants. L'une d'entre elles, *H. villosa* 'Caramel', œuvre de Thierry Delabroye (2004), a été plantée à des centaines d'exemplaires par Piet Oudolf sur la High Line, à New York. Au point que les Américains la considèrent comme étant « la plante vivace française du siècle ».

Hosta
Hosta

J'AIME

À la Maubrairie, dans le Jardin du Soir, les hostas se partagent, avec toutes sortes de fougères, un endroit du jardin un peu en retrait, à l'ombre, où les coloris de leurs feuillages s'expriment dans leurs moindres nuances.

Hosta.

Forme : vivace.
Famille : hostacées.
Origine : bois, bords rocheux des cours d'eau, prairies de montagne ; Chine, Corée, Japon.
Silhouette : en touffe compacte.
Croissance : de rapide à modérée selon les espèces et les variétés.
Taille adulte : de 40 à 80 cm x 3 à 4 fois la hauteur.
Feuillage : caduc ; feuilles de toutes les formes (ovales, cordiformes, lancéolées), parfois gaufrées, à bords ondulés, dans un nuancier de coloris allant du vert tendre au vert franc, du jaune au panaché, du gris-bleu au bleu soutenu, selon les espèces et les variétés.
Floraison : estivale ; longs pédoncules portant des grappes composées de fleurs pendantes en trompette, blanches, mauves, rosées, violettes, parfois parfumées.
Fructification : les hostas s'hybrident facilement ; une fois les graines collectées et semées, les résultats peuvent être étonnants ou décevants. Une vraie loterie !
Rusticité : – 20 °C.
Sol : de neutre à légèrement acide, frais, bien drainé.
Exposition : mi-ombre, ombre (indispensable aux hostas à feuillage bleu).
Plantation : après mars, pour éviter que le sol ne soit trop humide, ajouter du sable à la terre si elle est argileuse ; un apport de compost sera efficace.
Entretien : recouvrir d'un bon paillis pour éviter que le sol ne se dessèche.
Points forts : les espèces à feuillage étalé *(H. lancifolia, H. plantaginea, H. sieboldiana...)* forment des couvre-sol efficaces pour les emplacements à l'ombre. La culture en pot leur convient, surtout aux plus petites.
Point faible : plus la feuille est fine, plus elle est susceptible d'être dévorée par les limaces.
Autres territoires possibles : –

Espèces, variétés et cultivars intéressants : *H. sieboldiana* (70 x 100 cm), feuilles en forme de cœur, vert doux, gaufrées ; floraison blanc rosé de juin à août.
H. 'Avocado' (60 x 100 cm), feuilles jaunes à marge verte, parfumées ; virent à l'or en automne ; fleurs lavande, parfumées.
H. 'Blue Mammoth' (60 x 100 cm), grandes feuilles plissées (50 cm de diamètre), bleu brillant, floraison lavande de juillet à août.
H. 'Diana Remembered' (60 x 90 cm),

Hosta. **Hosta**

feuillage vert bleuté avec une large marge blanche ; à la fin de l'été, longs épis floraux portant de grandes fleurs blanches parfumées (n'intéresse pas les limaces !).
H. 'Empress Wu' (130 x 100 cm), sans doute le plus grand hosta qui soit ; ses feuilles énormes, vert foncé, peuvent mesurer 50 cm de long.
H. 'Praying Hands' (40 x 30 cm), un hosta très original avec ses feuilles étroites et enroulées, marginées d'un léger trait jaune ; floraison lavande pâle de juillet à août.
H. 'Sum and Substance' (75 x 100 cm), un grand classique chez les hostas géants, possède de grandes feuilles arrondies, épaisses, dorées à mi-ombre, vert chartreuse à l'ombre. Supporte le soleil.
Un peu d'histoire : quand les premiers hostas arrivent en Europe, à la fin du XVIIIe siècle, ils sont intégrés au groupe formé par les hémérocalles ; quelques décennies plus tard, le célèbre botaniste et médecin bavarois Philipp Franz von Siebold (1796-1866), qui séjourna au Japon de 1823 à 1830, en expédie différentes espèces aux Pays-Bas et en Belgique, où ils seront multipliés dans plusieurs jardins botaniques. Au cours de la seconde moitié du XXe siècle, les jardiniers américains se prennent de passion pour le genre : l'American Hosta Society est fondée en 1968. Nouvelles introductions et hybridations connaissent alors un succès grandissant. La folie des hostas gagne l'Europe au cours des années 1980. De plante « tendance » il y a encore quelques années, l'hosta a fini par devenir un grand classique des jardins d'ombre.

Hosta.

Hyacinthoides hispanica
Jacinthe d'Espagne, jacinthe des bois

J'AIME

Fidèle au poste, la jacinthe d'Espagne illumine les coins d'ombre du jardin. Tous les printemps, quand elle revient, elle m'enchante.

Forme : vivace bulbeuse.
Famille : hyacinthacées.
Origine : forêts et prairies fraîches ; Portugal, Espagne, Afrique du Nord.
Silhouette : touffe robuste, érigée.
Croissance : rapide.
Taille adulte : 40 x 10 cm.
Feuillage : caduc ; feuilles larges, longues, vert lustré.
Floraison : en avril et mai ; grappes composées de dix à quinze petites fleurs bleues, en clochette.
Fructification : –
Rusticité : – 20 °C.
Sol : frais, riche, argilo-limoneux.
Exposition : mi-ombre.
Plantation : en octobre-novembre.
Entretien : aucun entretien particulier.
Point fort : sa fidélité au jardin.
Point faible : aucun.
Autres territoires possibles : –
Espèces, variétés et cultivars intéressants : *H. h.* 'Excelsior' (50 x 20 cm), pour ses fleurs bleu foncé aux rayures bleu clair.

Hyacinthoides hispanica.

Ilex aquifolium
Houx commun

J'AIME

Il entre dans la composition des haies du bocage, où il se plaît sous le couvert des hêtres et des chênes. J'en ai donc gardé un grand nombre dans mon jardin, en m'assurant d'avoir des pieds femelles et mâles pour que les pieds femelles donnent des fruits.

Ilex aquifolium.

Forme : arbre, arbuste.
Famille : aquifoliacées.
Origine : forêts humides jusqu'à 1 200 m d'altitude ; ouest et sud de l'Europe jusqu'à l'Afrique du Nord, Asie occidentale jusqu'au centre de la Chine.
Silhouette : colonnaire, conique ou pyramidale.
Croissance : lente (6 m en dix ans).
Taille adulte : de 4 à 10 m x 4 à 5 m.
Feuillage : persistant ; coriace, brillant, vert foncé au-dessus, plus clair au-dessous ; les feuilles restent sur l'arbre durant trois années, chacune d'elles se termine par une épine.
Floraison : en mai, minuscules fleurs blanches disposées en bouquets parfumés.
Fructification : sur les pieds femelles (plante dioïque), apparition de drupes rouge vif, toxiques, en grappes, mûres en septembre, persistant une bonne partie de l'hiver. Les oiseaux ne les mangent qu'une fois qu'elles sont devenues molles, à la suite de plusieurs gelées successives.
Rusticité : – 15 °C (attention, les jeunes plants craignent le gel).
Sol : de neutre à acide, riche, humifère, frais.
Exposition : soleil, mi-ombre, ombre ; à l'abri du vent (a besoin d'une humidité constante).
Plantation : au printemps ou en automne.
Entretien : tailler si nécessaire ; pailler en hiver les jeunes plants.
Points forts : il supporte bien la taille (haies taillées et topiaires). Les branches ayant tendance à s'allonger très vite et de manière désordonnée, il est possible de totalement les rabattre jusqu'au tronc.
Point faible : aucun.
Autres territoires possibles : –
Espèces, variétés et cultivars intéressants : *I. a.* 'Bacciflava' (15 x 4 m), superbe en hiver, propose de gros fruits jaunes très lumineux sur un feuillage vert foncé, peu épineux ; idéal en haie.
I. a. 'Myrtifolia' (3 x 1,5 m), dont la croissance est rapide et la taille parfaite pour un petit jardin. *I. crenata* 'Fastigiata' (2,50 x 2 m) forme un fuseau étroit aux petites feuilles crénelées.

Un peu d'histoire : Jacques Brosse (cf. « Bibliographie ») et Alain Rey (*Le Robert, Dictionnaire historique de la langue française*, 1995) signalent que le mot *houx* est à l'origine du verbe *houspigner*, disparu aujourd'hui, qui signifiait « peigner avec un rameau de houx » ; *houspigner* s'est transformé en *houspiller* avec le sens de « maltraiter » ou de « tourmenter ». Son feuillage, toujours vert, et ses fruits en ont fait un symbole de la vie végétale, toujours vivante, même au cœur de l'hiver.

Matteuccia struthiopteris
Fougère d'Allemagne

J'AIME

Surnommée « plume d'autruche », la fougère allemande en a l'élégance baroque.

Forme : fougère.
Famille : woodsiacées.
Origine : forêts ; Europe, Asie, Amérique du Nord.
Silhouette : touffe dressée, élancée.
Croissance : modérée.
Taille adulte : 1,20 x 1 m.
Feuillage : caduc ; au printemps apparaissent les frondes stériles, vert clair, disposées en couronne suivies, à partir de septembre, des frondes fertiles vert olive, plus petites, qui persistent en hiver.
Floraison : –
Fructification : –
Rusticité : – 25 °C.
Sol : de neutre à acide, humifère, tourbeux, frais, bien drainé.
Exposition : mi-ombre, ombre.
Plantation : en automne ou au printemps.
Entretien : diviser les grosses touffes en mars ; rabattre les frondes desséchées.
Point fort : son élégance.
Point faible : elle se ressème bien ! Tellement, même, qu'elle peut devenir rapidement envahissante...
Autres territoires possibles : eau (berge) ; lisière.
Espèces, variétés et cultivars intéressants : *M. orientalis* (80 x 100 cm), assez rare, se distingue par des frondes retombant jusqu'au sol ; la protéger en hiver en raison de sa faible rusticité.

Hosta, Matteuccia struthiopteris, Crataegus en fleur.

Onoclea sensibilis
Onoclée

J'AIME

Cette fougère m'évoque un souvenir de belles balades dans les érablières au Canada. Ses jeunes frondes presque orange sont vraiment surprenantes.

Forme : fougère.
Famille : woodsiacées.
Origine : zones humides ; est de l'Asie et de l'Amérique du Nord.
Silhouette : touffe buissonnante.
Croissance : rapide.
Taille adulte : 60 cm et au-delà.
Feuillage : caduc ; au printemps, apparition des frondes stériles, arquées, triangulaires, bronze puis vert clair suivies, en septembre, des frondes fertiles raides.
Floraison : –
Fructification : –
Rusticité : – 20 °C.
Sol : de neutre à acide, fertile, humifère, frais voire humide.
Exposition : mi-ombre, ombre.
Plantation : en automne ou au printemps.
Entretien : diviser les touffes si cela se révèle nécessaire.
Point fort : sa croissance rapide.
Point faible : elle se dessèche rapidement lors d'un été caniculaire.
Autre territoire possible : eau (berges).
Un peu d'histoire : en Amérique du Nord, les Iroquois désignent l'*Onoclea* par un terme signifiant « l'herbe sur laquelle se couchent les chevreuils » (source : Frère Marie-Victorin, *Flore laurentienne*, Gaëtan Morin Édition, 2002).

Onoclea sensibilis.

Osmanthus heterophyllus (syn. *O. ilicifolium*)
Osmanthe

J'AIME

La persistance, la floraison tardive et le parfum de l'osmanthe. Ce qui fait déjà trois bonnes raisons de l'installer au jardin !

Forme : arbuste.
Famille : oléacées.
Origine : zones boisées ; Japon, Taïwan.
Silhouette : compacte, globuleuse.
Croissance : lente.
Taille adulte : de 2,50 à 5 m x 2,50 à 5 m.
Feuillage : persistant ; ressemble à celui du houx, vert foncé, lustré au-dessus, éclairé de jaune au-dessous, bordé d'épines qui disparaissent avec l'âge.
Floraison : en automne, grappes de petites fleurs blanches et parfumées.
Fructification : petits fruits noir-bleu.
Rusticité : – 15 °C.
Sol : tout type, fertile, humifère, frais, bien drainé.
Exposition : soleil, mi-ombre ; à l'abri du vent.
Plantation : en hiver (en dehors des périodes de gel).
Entretien : le tailler éventuellement pour lui conserver un port compact.
Point fort : le plus rustique de la famille.
Point faible : aucun.
Autre territoire possible : lisière.
Espèces, variétés et cultivars intéressants : *O. fragrans* (1,5 x 1,5 m), très bien adapté au littoral atlantique, c'est le plus odorant du genre.
O. h. 'Aureomarginatus' pour son feuillage bordé de jaune.

Osmanthus heterophyllus 'Aureomarginatus'.

Osmunda regalis
Osmonde royale

J'AIME

Cette splendide fougère, la plus grande d'Europe, je l'ai installée dans mon jardin de manière à ce qu'elle soit bien visible, tant elle est majestueuse.

Forme : fougère.
Famille : osmondacées.
Origine : zones humides ; hémisphères nord et sud (sauf l'Australie).
Silhouette : touffe érigée.
Croissance : modérée (deux à trois ans sont nécessaires avant que la plante ne soit bien installée).
Taille adulte : 1,50 x 1,50 m.
Feuillage : caduc ; les frondes stériles, serrées, lancéolées, prennent de belles couleurs automnales ; en été, les frondes fertiles, plus longues, distinctes, laissent apparaître à leur sommet des plumets bronze regroupant les sporanges.
Floraison : –
Fructification : –
Rusticité : – 20 °C.
Sol : de neutre à acide, humifère, frais, constamment humide.
Exposition : mi-ombre (soleil du matin), ombre (aime les atmosphères humides).
Plantation : au printemps ou en automne.
Entretien : aucun entretien particulier.
Point fort : espèce protégée en France.
Point faible : aucun.
Autre territoire possible : eau (berges).
Espèces, variétés et cultivars intéressants : *O. r.* 'Purpurascens' (1 x 1 m), pour ses jeunes frondes pourpres et son splendide feuillage d'automne.

Osmunda regalis.

Polygonatum multiflorum
Sceau-de-Salomon

J'AIME

Enfant, je cueillais ses fleurs dans les haies du bocage. Au printemps, je suis toujours surpris par la façon qu'elles ont de se déployer, un peu à la façon d'un origami.

Forme : vivace.
Famille : convallariacées.
Origine : zones boisées ; Europe, Asie, Amérique du Nord.
Silhouette : érigée, arquée.
Croissance : rapide.
Taille adulte : de 60 à 150 cm x 30 à 60 cm (selon les espèces).
Feuillage : caduc ; vert clair virant au jaune à l'automne. Longues feuilles lancéolées, dont la disposition sur deux rangées contribue au beau graphisme de la plante.
Floraison : en mai et juin, fleurs blanches (parfois roses), en longue clochette pendante.
Fructification : baies noires.
Rusticité : – 20 °C.
Sol : de neutre à acide, riche, humifère, frais, bien drainé.
Exposition : mi-ombre, ombre.
Plantation : au printemps ou en automne.
Entretien : aucun entretien particulier.
Point fort : sa délicatesse.
Point faible : aucun.
Autres territoires possibles : –
Espèces, variétés et cultivars intéressants : *P.* x *hybridum* (150 x 30 cm) aux fleurs blanc crème à extrémité verte (nombreux cultivars).
P. odoratum (80 x 30 cm) pour sa floraison parfumée.

Polygonatum multiflorum.

Rodgersia aesculifolia
Rodgersia à feuilles de marronnier

J'AIME

Une vraie présence au jardin. Je suis toujours étonné devant ses grandes feuilles démesurées et très structurées.

Forme : vivace rhizomateuse.
Famille : saxifragacées.
Origine : zones boisées fraîches, bord des ruisseaux ; Chine.
Silhouette : touffe buissonnante.
Croissance : modérée.
Taille adulte : 1,50 x 1 m.
Feuillage : caduc ; évoque celui du marronnier.
Floraison : tout l'été ; grandes panicules de fleurs étoilées, blanc crème ou blanc rosé.
Fructification : –
Rusticité : – 20 °C (les gelées tardives peuvent abîmer le jeune feuillage).
Sol : de neutre à acide, non calcaire, ordinaire, humifère, de frais à humide.
Exposition : mi-ombre ; à l'abri des vents.
Plantation : au printemps ou en automne.
Entretien : aucun entretien particulier.
Point fort : vraie plante d'ombre.
Point faible : aucun.
Autre territoire possible : eau (berges).
Espèces, variétés et cultivars intéressants : *R. henrici* (100 x 100 cm), jeunes feuilles pourpres, boutons floraux rose éclatant s'ouvrant sur des fleurs blanches en été. *R. pinnata* (110 x 80 cm), feuillage vert profond, panicules de fleurs étoilées, blanches, rosées ou rouges de juillet à août.
R. p. 'Chocolate Wings' (100 x 60 cm), feuillage chocolat, floraison pourpre.
R. podophylla 'Rotlaub' (100 x 150 cm), feuilles d'abord brunes, puis bronze rosé avant de virer au vert, floraison blanche.
R. sambucifolia (90 x 90 cm), feuillage duveteux, vert foncé, panicules de fleurs étoilées, blanches ou rosées de juillet à août.

Rodgersia aesculifolia.

Vinca major
Grande pervenche

J'AIME

Elles peuvent former de ravissants couvre-sol ou encore se loger dans les fissures des vieux murs, qu'elles ponctuent de leur brillante floraison dès le mois de mars.

Forme : vivace.
Famille : apocynacées.
Origine : sous-bois ; ouest du Bassin méditerranéen.
Silhouette : prostrée, tapissante.
Croissance : rapide.
Taille adulte : de 20 à 40 cm et au-delà.
Feuillage : persistant ; vert franc.
Floraison : à partir du mois de mars, fleurs disposées en hélice, bleu-violet, blanches ou pourpres selon les cultivars.
Fructification : –
Rusticité : – 20 °C.
Sol : tout type, même calcaire, léger, frais.
Exposition : soleil, ombre légère, mi-ombre.
Plantation : au printemps ou en automne.
Entretien : rabattre pour favoriser de nouvelles floraisons ou si elle devient trop envahissante.
Points forts : facile à vivre, ne demande aucun entretien particulier ; ne craint pas la concurrence des racines des arbres.
Point faible : une vraie tendance à l'envahissement.
Autres territoires possibles : lisière ; montagne et falaise.
Espèces, variétés et cultivars intéressants : *V. m.* 'Variegata' (50 cm), feuillage panaché de crème, floraison bleue.
V. m. ssp. *hirsuta* (50 cm), son extrême vigueur la destine aux grands espaces à coloniser.
V. minor (20 cm), petites feuilles vert foncé et fleurs bleues, moins envahissante que *V. major* ; *V. m.* 'La Grave' (15 cm) pour ses grandes fleurs bleu lavande.

Vinca minor 'Atropurpurea'.

Être plante dans le territoire DE LA **LISIÈRE**

Moi, plante du territoire de la lisière, j'ai droit à un sol profond, dans lequel mes racines sont moins à l'étroit que dans le sous-bois. Parfois, elles cohabitent avec un hérisson qui, la nuit venue, sortira pour aller croquer limaces et insectes. Tous les jours, j'absorbe une bonne dose de lumière qui me permet de fleurir. Protégée par la proximité des arbres, je peux grandir sans risquer d'être décapitée par un coup de vent violent. Parmi nous, certaines parlent chinois, japonais ou possèdent un fort accent sud-américain. Elles se sont bien adaptées à nos contrées et s'empressent même d'offrir, avant tout le monde, leurs fleurs souvent parfumées. D'autres encore jouent les acrobates. Leurs tiges munies de crampons, de ventouses, d'épines et autres verticilles leur permettent de grimper le long des troncs d'arbres pour aller à la rencontre du soleil. D'en bas, je les vois agiter leurs têtes fleuries dispersées, là-haut, dans les feuillages.

Alchemilla mollis
Alchémille à feuille molle

Alchemilla mollis au premier plan.

J'AIME

Avec son feuillage gris lumineux et sa floraison vert absinthe, cette plante vous fera vivre six mois de grâce !

Forme : vivace.
Famille : rosacées.
Origine : Caucase, Turquie, est des Carpates.
Silhouette : touffe.
Croissance : rapide.
Taille adulte : 40 x 60 cm.
Feuillage : grandes feuilles rondes, vert glauque, duveteuses.
Floraison : de juin à septembre, minuscules fleurs en cymes vaporeuses, vert chartreuse.
Fructification : –
Rusticité : – 15 ° C.
Sol : humifère, frais.
Exposition : mi-ombre, ombre.
Plantation : au printemps.
Entretien : supprimer les fleurs fanées pour éviter la propagation des graines.
Point fort : elle résiste à la sécheresse.
Point faible : escargots et limaces adorent son jeune feuillage.
Autres territoires possibles : –
Espèces, variétés et cultivars intéressants : *A. ellenbeckii* (10 x 30 cm), aux tiges rouges et au feuillage vert brillant est un excellent couvre-sol. *A. alpina* (15 x 50 cm), vivace tapissante au feuillage vert foncé au-dessus, duveteux et argenté au-dessous.
Un peu d'histoire : les alchimistes recueillaient « la rosée céleste » sur les feuilles des alchémilles. Ces gouttes à la forme parfaite, mélange d'évaporation et de sudation de la plante, contiennent un pourcentage de chlore, utilisé alors dans la composition des mélanges pratiqués dans le secret des officines.

Alnus cordata
Aulne de Corse

Chatons d'*Alnus cordata*.

J'AIME

Outre la beauté des chatons (février-mars) et la délicatesse de son feuillage, cet arbre de culture facile possède un autre atout : il a une vitesse de croissance telle qu'il permet de végétaliser rapidement les endroits nus du jardin, en attendant que des végétaux plus lents s'installent et prennent le relais.

Forme : arbre.
Famille : bétulacées.
Origine : montagne (entre 600 et 1 000 m ; plus bas : le long des cours d'eau) ; Corse, Italie méridionale, Caucase.
Silhouette : étroite, élancée.
Croissance : rapide (1,5 m par an !).
Taille adulte : 15 x 6 m.
Feuillage : caduc ; vert brillant, feuilles cordiformes (en forme de cœur).
Floraison : chatons mâles (longs) et femelles (courts) sur un même rameau.
Fructification : fruits globuleux, groupés par trois.
Rusticité : – 20 ° C.
Sol : tout type, même calcaire.
Exposition : ensoleillée, ombre légère, mi-ombre.
Plantation : entre fin février et fin mars, après les fortes gelées.
Entretien : pour les plus pressés, arroser pour accélérer la pousse.
Point fort : fixation de l'azote par mycorhize (association symbiotique entre certains champignons et les racines des arbres) dans les nodosités des racines. Peut donc se développer en sols très pauvres et humides, qu'il concourt à améliorer.
Point faible : comme chez beaucoup de bétulacées, le pollen peut se révéler allergisant.
Autre territoire possible : eau.

Ampelopsis brevipedunculata
Vigne vierge

J'AIME
Lorsqu'elle est plantée au pied d'une aubépine, la vigne vierge est du plus bel effet à l'automne lorsqu'elle mélange ses baies turquoise parmi les cenelles (les fruits) rouges de l'aubépine.

Forme : grimpante.
Famille : vitacées.
Origine : zones boisées ; Asie.
Silhouette : port grimpant et retombant.
Croissance : moyenne.
Taille adulte : 10 m et plus.
Feuillage : caduc ; composé, vert lavé de rose et de crème ; jaune en automne.
Floraison : de la fin du printemps au début de l'été ; minuscules fleurs tirant sur le jaune, mellifères.
Fructification : baies sphériques, passant du blanc au vert pâle, puis du bleu turquoise au violet, tachetées, brillantes ; elles sont très appréciées des oiseaux.
Rusticité : – 20 ° C.
Sol : riche, frais, drainé, humifère.
Exposition : ensoleillée, ombre légère, mi-ombre ; à l'abri des vents forts.
Plantation : au printemps ou en automne.
Entretien : choisir un support résistant pour guider les jeunes tiges afin que leurs vrilles s'y accrochent ; rabattre si nécessaire.
Point fort : cette plante est indéniablement tellement facile à vivre !
Point faible : aucun.
Autres territoires possibles : –

Ampelopsis brevipedunculata.

Anemone blanda
Anémone de Grèce

J'AIME
L'anémone de Grece a la grande gentillesse d'éblouir les premiers beaux jours avant de disparaître et de céder sa place à d'autres plantes.

Forme : bulbe.
Famille : renonculacées.
Origine : sous-bois clairs ; sud-est de l'Europe, Asie Mineure.
Silhouette : étalée en larges touffes.
Croissance : rapide.
Taille adulte : 15 x 10 cm.
Feuillage : caduc ; vert foncé, en triangle arrondi.
Floraison : en mars et avril ; fleurs étoilées façon marguerite, bleu foncé, blanches ou roses.
Fructification : –
Rusticité : 25 ° C.
Sol : riche, humifère, plutôt calcaire, bien drainé.
Exposition : mi-ombre, ombre.
Plantation : en automne ou au printemps ; enterrer le bulbe à une profondeur de 5 cm tous les 10 cm.
Entretien : aucun entretien particulier.
Point fort : elle se naturalise facilement.
Point faible : aucun.
Autres territoires possibles : –
Espèces, variétés et cultivars intéressants : *A. b.* 'White Splendour', pour sa floraison blanc pur. *A. b.* 'Blue Shades', pour sa floraison bleu pâle.

Anemone blanda 'Blue Shades'.

Anemone x *hybrida* (syn. *Anemone japonica*)
Anémone du Japon

J'AIME

La générosité de cette anémone facile à vivre, qui fleurit de la fin de l'été jusqu'à l'automne (mois d'octobre).

Anemone x *hybrida*.

Forme : bulbe.
Famille : renonculacées.
Origine : horticole. Elle est issue de l'hybride d'*A. hupehensis* var. *japonica* et d'*A. vitifolia*, toutes deux originaires des bois clairs et des prairies humides : du sud de la Chine et du Japon pour la première, de l'Afghanistan et de l'ouest de la Chine pour la seconde.
Silhouette : érigée, formant une large touffe arrondie.
Croissance : rapide.
Taille adulte : 1,30 m et au-delà.
Feuillage : caduc ou semi-persistant selon la région ; feuilles vert moyen, légèrement duveteuses en dessous.
Floraison : de mi-août à octobre ; grandes fleurs aux coloris variés selon les variétés.
Fructification : –
Rusticité : – 25 ° C.
Sol : terre riche, humifère (mais non gorgée d'eau en hiver) ou terre ordinaire enrichie de compost.
Exposition : ombre légère ; à l'abri du vent.
Plantation : en automne ou au printemps ; tubercules fibreux à enterrer à 5 cm de la surface du sol tous les 40 cm, arroser après la plantation.
Entretien : couper les fleurs fanées puis les hampes florales une fois desséchées ; rabattre au début de l'hiver.
Points forts : elle est à l'origine d'une des plus belles floraisons du jardin à la fin de l'été ! Elle supporte la concurrence des racines d'arbres et d'arbustes pas trop développées (éviter la proximité des tilleuls, conifères, etc.)
Point faible : aucun.

Autres territoires possibles : sous-bois ; prairie fraîche ; prairie sèche (l'installation prendra plus de temps).
Espèces, variétés et cultivars intéressants : *A.* x*h.* 'Couronne Virginale' à fleurs blanches et doubles.
A. x*h.* 'Honorine Jobert' à grandes fleurs blanc pur, qui est beaucoup moins envahissante que ses cousines et surtout dont les tiges, plus rigides, se couchent moins facilement que les leurs.
A. x*h.* 'Königin Charlotte' à la grande fleur demi-double rose brillant.
'Pamina' aux nombreuses fleurs demi-doubles, rose carmin…
Un peu d'histoire : 'Honorine Jobert' est une obtention datée de 1858, du célèbre horticulteur de Nancy, Lemoine, dont le nom sera dès lors associé à l'École de Nancy.

Aquilegia vulgaris
Ancolie commune

J'AIME

J'ai toujours vu ces ancolies dans les champs à proximité de chez moi. Aussi ai-je choisi les plus belles variétés disponibles à la vente en me disant qu'elles avaient toutes les chances de réussir au jardin. Et je n'ai pas été déçu !

Forme : vivace.
Famille : renonculacées.
Origine : prairies et bois clairs ; zones montagneuses ; hémisphère nord.
Silhouette : érigée.
Croissance : rapide.
Taille adulte : 1 x 0,5 m.
Feuillage : vert moyen, glauque au-dessous.
Floraison : de mai à juin ; fleur à court éperon recourbé.
Fructification : –
Rusticité : – 25 ° C.
Sol : tout type de sol, même calcairs, bien drainé.
Exposition : ensoleillée, ombre légère, mi-ombre.
Plantation : entre septembre et mars ; veiller à les espacer à 40 cm de distance les unes des autres.
Entretien : très peu d'arrosage, même en été. Rabattre toute la plante après la floraison.
Points forts : elle se ressème spontanément. Elle supporte la concurrence des racines des arbres et des arbustes.
Point faible : aucun.
Autres territoires possibles : prairie fraîche ; prairie sèche ; montagne et falaise.

Aquilegia vulgaris 'Black Barlow'

Espèces, variétés et cultivars intéressants : splendides coloris dans la série 'Barlow' dont noir ('Black Barlow'), rouge rosé ('Nora Barlow'), blanc ('White Barlow'), bleu soutenu ('Blue Barlow')…

Astelia chathamica
Astélie de Chatham

J'AIME

Cela fait quinze ans que j'en ai installé une, en pot, dans le Jardin de l'Après-Midi, quinze ans que je suis séduit par cette plante belle toute l'année et par son feuillage si graphique.

Forme : vivace rhizomateuse.
Famille : liliacées.
Origine : forêt pluviale ; Nouvelle-Zélande, îles Chatham.
Silhouette : touffe élancée et évasée.
Croissance : lente.
Taille adulte : 1,50 x 1,50 m.
Feuillage : persistant ; vert, au-dessous à reflets métalliques ; longues feuilles rubanées.
Floraison : insignifiante.
Fructification : –
Rusticité : -7 ° C.
Sol : acide ou neutre, frais, riche en humus, très bien drainé.
Exposition : ombre légère ; à l'abri du vent et des gelées (attention aux tardives !), tolère les embruns maritimes.
Plantation : au printemps ou en automne selon la région.
Entretien : supprimer les feuilles abîmées.
Points forts : supporte la sécheresse ; elle est suffisamment imposante pour être plantée isolée ; convient à la plantation en pot, surtout en région froide.
Point faible : sa rusticité.
Autres territoires possibles : –
Espèces, variétés et cultivars intéressants : 'Silver Spear' pour son feuillage gris argenté.

Astelia chathamica 'Silver Spear'.

Un peu d'histoire : comme beaucoup de plantes néo-zélandaises, elle a retrouvé dans les jardins du littoral de la Manche ou de l'Atlantique la douceur du climat océanique de son territoire d'origine.

Choisya ternata 'Sundance'
Oranger du Mexique 'Sundance'

J'AIME

C'est une vraie plante d'ombre. Je l'avais installée au soleil et ses feuilles devenaient trop pâles. Depuis que je l'ai déplacée sous le noyer, son feuillage est magnifique et doré. Quant au parfum de ses fleurs… c'est un voyage assuré !

Forme : arbuste.
Famille : rutacées.
Origine : canyons, pentes rocheuses ; sud-ouest des États-Unis, Mexique.
Silhouette : arrondie, la tailler une fois à l'âge adulte pour lui conserver sa forme.
Croissance : lente.
Taille adulte : 2 x 2 m.
Feuillage : persistant ; jaune vif, luisant, aromatique quand on le froisse.
Floraison : en mai-juin, puis septembre ; fleurs étoilées, délicieux parfum d'orange.
Fructification : –
Rusticité : – 15 ° C.
Sol : léger, plutôt acide.
Exposition : mi-ombre des caducs.
Plantation : en automne ; à l'abri des vents froids et desséchants.
Entretien : aucun entretien particulier, sauf une taille pour limiter sa croissance.
Points forts : une belle et généreuse floraison parfumée, un splendide feuillage qui éclaire les coins d'ombre.
Point faible : aucun.
Autres territoires possibles : sous-bois ; prairie fraîche.

Espèces, variétés et cultivars intéressants : 'Aztec Pearl', au feuillage finement découpé. 'White Dazzler', dont la petite taille convient à la plantation en pot pour les terrasses et les petits jardins ; son feuillage fin et très découpé est totalement recouvert par une floraison blanche, parfumée, remontante.
Un peu d'histoire : le 5 juin 1799, Alexandre de Humboldt (1769–1859) et Aimé Bonpland (1773–1858) s'embarquent pour une expédition botanique en Amérique du Sud qui durera cinq ans. Parmi les 20 000 spécimens qu'ils expédieront en Europe se trouve le mythique oranger du Mexique, nommé *Choisya ternata*, en hommage au botaniste suisse, Jacques-Denis Choisy.

À droite : Choisya ternata 'Sundance'.

Corydalis (syn. *Pseudofumaria*)
Corydale

J'AIME
La grâce aérienne de ces fleurs aux couleurs toujours délicates.

Forme : vivace rhizomateuse.
Famille : papavéracées.
Origine : forêts, rocailles, montagnes, régions tempérées ; hémisphère nord.
Silhouette : touffe étalée.
Croissance : rapide.
Taille adulte : variable entre 15 et 40 cm.
Feuillage : caduc ; terné (feuilles disposées par groupes de trois).
Floraison : en mars : *C. fumariifolia,* bleu azur, 15 x 10 cm ; en mai-juin : *C. cava,* blanche ou pourpre, 20 x 10 cm ; *C. flexuosa,* bleu brillant, gorge blanche, 20 x 10 cm (mérite de Courson, mai 1991) ; en juin-juillet : *C. elata,* bleu vif, 40 x 25 cm.
Fructification : –
Rusticité : – 15 ° C.
Sol : profond, souple (pour que les racines s'installent facilement), humifère, bien drainé.
Exposition : mi-ombre.
Plantation : au printemps, dans une atmosphère humide ; ajouter de la vermiculite pour aider les racines.
Entretien : pailler en hiver pour la conserver au sec.
Point fort : la densité des teintes.
Point faible : assez délicate de culture, d'autant que ses stolons sont aussi fragiles que de fins filaments de verre.
Autres territoires possibles : sous-bois de caducs ; prairie sèche, montagne et falaise exclusivement pour *C. diphylla* (10 x 8 cm ; violet pâle) et *C. solida* syn. *C. transsylvanica* (15 x 8 cm ; rouge rubis, très rare).
Espèces, variétés et cultivars intéressants : *C. flexuosa* 'Bleu de Chine' (40 x 50 cm), abondance de fleurs d'un remarquable bleu minéral au printemps et en automne, repos estival.
C. f. 'Golden Panda' (25 x 30 cm), un pur ravissement entre la légèreté de ses fleurs bleu pâle et la luminosité de son feuillage (Mérite de Courson, printemps 2010) !
C. f. 'Purple Leaf' (30 x 30 cm) pour ses pétioles rougeâtres et ses fleurs bleues tirant sur le pourpre.

Corydalis flexuosa.

Crataegus
Aubépine, épine

J'AIME

Les aubépines appartiennent au paysage bocager qui entoure les Jardins de la Maubrairie. Elles participent à l'équilibre du jardin en nourrissant de leurs fruits une foule d'oiseaux. Je les ai donc conservées ou remplacées par des cultivars que je trouve intéressants.

Crataegus laevigata 'Rosea Flore Pleno' en fleurs, émergeant de la haie de buis.

Forme : arbre, arbuste.
Famille : rosacées.
Origine : sous-bois, lisières ; zones tempérées ; hémisphère nord. Grand arbuste ou petit arbre fréquent dans le bocage avec *C. monogyna* (le plus courant) et *C. laevigata*.
Silhouette : érigée, compacte.
Croissance : rapide.
Taille adulte : de 5 à 8 m x 3 à 4 m.
Feuillage : caduc ; sur des rameaux épineux.
Floraison : en mai ; corymbes de fleurs blanches.
Fructification : en automne, cenelles rouge-orangé ou rouges.
Rusticité : – 25 °C.
Sol : plutôt riche, calcaire.
Exposition : ensoleillée, ombre légère, mi-ombre.
Plantation : en automne ou au printemps.
Entretien : taille.
Points forts : elles se laissent tailler sans problème, il est donc facile de travailler leur silhouette pour leur donner de la transparence et de la légèreté.
Point faible : leur sensibilité au feu bactérien qui les a longtemps éloignées des pépinières.
Autre territoire possible : prairie fraîche.

Espèces, variétés et cultivars intéressants : *C. laevigata* 'Crimson Cloud' (6 x 5 m), joli cultivar à la floraison en corymbes de fleurs simples, rose soutenu au cœur blanc.
C. l. 'Paul's Scarlet' (6 x 5 m), le plus connu des cultivars de *C. laevigata* avec ses corymbes de fleurs rose soutenu, éblouissant en mai. *C. l.* 'Princesse Sturdza' (5 x 3 m), floraison bicolore rose et blanc, tout type de sol, lumière, jolie aubépine d'un rose lumineux avec un cœur blanc. Jean-Pierre Hennebelle, pépiniériste et obtenteur, a honoré la 'Princesse Sturdza' en donnant son nom à cette élégante aubépine.
C. l. 'Rosea Flore Pleno' (6 x 5 m), boutons floraux rose soutenu puis fleurs doubles rose frais.
C. tanacetifolia (10 x 8 m), aubépine presque sans épines (jeunes pousses) au feuillage profondément découpé gris-vert, duveteux. En juillet apparaissent ses fleurs blanches et odorantes, suivies de fruits jaune-rouge au parfum de pomme.

Dicentra spectabilis
Cœur-de-Marie

J'AIME

Ces fleurs, je les adore en blanc et j'aime leur côté désuet qui les rend incontournables au jardin.

Forme : vivace.
Famille : papavéracées.
Origine : milieux humides et forêts ; zones montagneuses ; Sibérie, nord de la Chine, Corée.
Silhouette : touffe dressée.
Croissance : rapide.
Taille adulte : 1 x 0,45 m.
Feuillage : caduc ; feuilles vert pâle.
Floraison : en mai ; petites fleurs en forme de cœur, roses et blanches, réunies en grappes, sur des tiges arquées.
Fructification : –
Rusticité : – 17 ° C.
Sol : riche, humifère, frais.
Exposition : ombre légère, mi-ombre.
Plantation : bouture des racines au cours de l'hiver, plantation printanière.
Entretien : pailler pour maintenir les racines au frais. Apport de terreau et de compost à la fin de l'hiver.
Point fort : convient bien à une culture en pot quand elle est associée à d'autres vivaces printanières.
Point faible : les gelées tardives peuvent brûler les jeunes pousses.
Autres territoires possibles : –
Espèces, variétés et cultivars intéressants : *D. s.* 'Alba', pour sa longue floraison blanc pur. *D.* 'Fire Cracker'® (30 x 40 cm), pour son feuillage gris et ses fleurs rouge cerise à la base violette. *D. f.* 'Aurora' (35 x 70 cm), pour son feuillage vert glauque et ses grappes de fleurs blanches.

Dicentra spectabilis.

Digitalis purpurea
Digitale pourpre

J'AIME

*Sur les talus du bocage, les grandes digitales pourpres (*Digitalis purpurea*) poussent librement. Alors, tout naturellement, je les ai laissées s'inviter au jardin où chaque année elles réapparaissent au gré du transport de leurs graines. J'adore la souplesse de leurs longues tiges florales quand parfois, pour aller chercher le soleil, elles dessinent des figures acrobatiques dans l'espace ou, au contraire, quand elles se dressent à la verticale avec un effet architectural éphémère.*

Digitalis purpurea.

Forme : vivace.
Famille : scrofulariacées.
Origine : bois clairs, prairies, pentes rocheuses ; Europe, nord-est de l'Afrique, centre de l'Asie.
Silhouette : érigée (en principe).
Croissance : rapide.
Taille adulte : de 1 à 2 m.
Feuillage : rosettes à la base et feuilles lancéolées sur les tiges.
Floraison : en mai-juin ; fleurs en clochette, blanches, roses, rouge-pourpré, portées par de longs épis où elles sont disposées sur un seul côté.
Fructification : –
Rusticité : – 25 ° C.
Sol : humifère mais... ces plantes s'accommodent de presque tout (sauf du calcaire...) !
Exposition : ombre légère, mi-ombre.
Plantation : au printemps ; même les semis sur place marchent !
Entretien : couper un certain nombre de hampes avant floraison afin d'éviter l'envahissement.
Points forts : ce sont des plantes faciles (elles supportent parfaitement la concurrence d'autres racines) et follement décoratives.
Point faible : elles ont une tendance à s'implanter partout !
Autres territoires possibles : prairie sèche ; montagne et falaise.
Espèces, variétés et cultivars intéressants : *D. p.* f. *albiflora* (1,20 m x 40 cm), grands épis aux longues fleurs blanches, de juin à fin juillet. Une seule suffit à ensemencer tout le jardin. Je guette les jeunes feuilles, dès qu'une nervure pourpre apparaît, j'arrache le pied pour ne sélectionner que ceux qui fleuriront blanc.
D. lanata (80 x 40 cm), originaire de l'Europe de l'Est, mélange rare de gris, ambre et crème en été.
D. lutea (70 x 30 cm), feuillage allongé, vert foncé, brillant, hampes florales rigides, fleurs tubulées jaune clair en été.
D. 'Mertonensis' (80 x 40 cm), feuillage vert très foncé, velu, floraison estivale, rose saumon, intérieur clair taché de pourpre.

Drimys lanceolata (syn. *D. aromatica*)
Poivre de Tasmanie

J'AIME

Ce petit arbuste est beau tout au long de l'année grâce à son élégant feuillage lustré, sa floraison généreuse et parfumée, sa fructification noire et ses rameaux et pétioles rouges !

Forme : arbuste.
Famille : wintéracées.
Origine : sud-est de l'Australie, Tasmanie.
Silhouette : élancée puis étalée.
Croissance : modérée.
Taille adulte : 3 x 2 m.
Feuillage : persistant ; feuilles lancéolées, coriaces, vernissées, vert franc au-dessus, vert bleuté au-dessous.
Floraison : d'avril à mai, avec une profusion d'ombelles formées de petites fleurs blanc crème, étoilées, parfumées, aux étamines proéminentes jaunes.
Fructification : petits fruits ronds, noirs et aromatiques.
Rusticité : – 10 ° C (en hiver, utiliser un voile d'hivernage en cas de gel prolongé).
Sol : fertile, frais, bien drainé.
Exposition : ombre légère, mi-ombre.
Plantation : toute l'année, en dehors des périodes de gel.
Entretien : aucun entretien particulier.
Point fort : son parfum.
Point faible : sa rusticité.
Autres territoires possibles : –
Un peu d'histoire : cet arbuste a été introduit pour la première fois en Grande-Bretagne en 1843.

Drimys lanceolata.

Epilobium angustifolium 'Album'
Laurier de Saint-Antoine

J'AIME

Ici, les épilobes poussent en liberté sur les talus du bocage, sous le couvert d'arbres caducs. Je les ai donc installés dans le territoire de la lisière, où ils prospèrent. Ces grandes plantes sont parfaites pour les grands jardins sauvages, car leur vigueur peut être redoutable pour une simple plate-bande. J'ai choisi une variété blanche pour la touche de raffinement que le blanc apporte toujours à une plantation.

Forme : vivace rhizomateuse.
Famille : onagracées.
Origine : friches, pentes rocheuses, prairies fraîches ; hémisphère nord.
Silhouette : érigée.
Croissance : rapide.
Taille adulte : 1,50 x 1,50 m.
Feuillage : caduc ; longues feuilles lancéolées, vert pâle.
Floraison : de juillet à septembre ; fleurs en coupe, blanches, réunies en grappes.
Fructification : –
Rusticité : – 25 ° C.
Sol : frais, humifère, bien drainé.
Exposition : ombre légère.
Plantation : au printemps.
Entretien : supprimer les fleurs fanées pour éviter trop de dispersion des graines.
Point fort : sa floraison.
Point faible : à éviter dans les petits espaces.
Autres territoires possibles : –
Espèces, variétés et cultivars intéressants : 'Isobel' (1 x 0,80 m), pour les amateurs de rose !

Epilobium angustifolium 'Album'.

Euphorbia characias
Euphorbe

J'AIME

Cette splendide plante architecturale devrait trouver sa place dans tous les jardins !

Forme : arbuste.
Famille : euphorbiacées.
Origine : Portugal, ouest du Bassin méditerranéen.
Silhouette : érigée en buisson.
Croissance : rapide.
Taille adulte : 1 x 0,80 m.
Feuillage : persistant ; sur des tiges dressées, feuilles vert-bleuté.
Floraison : à partir de mars et jusqu'en juin, cymes sphériques portant des cyathes (nom donné aux inflorescences des euphorbes) vert chartreuse, sur lesquelles se détachent des glandes à nectar pourpre-noir.
Fructification : –
Rusticité : – 10 ° C.
Sol : frais, humifère, bien drainé.
Exposition : ombre légère.
Plantation : de mars à juin.
Entretien : rabattre les tiges florales.
Point fort : le raffinement de sa floraison en fait une incontournable !
Point faible : aucun.
Autre territoire possible : sous-bois.

Espèces, variétés et cultivars intéressants : *E. mellifera* (2 x 1,5 m à l'ombre ; 2,5 x 2 m au soleil), originaire des îles Canaries, floraison orange et parfumée au printemps, feuillage vert persistant, feuilles lancéolées aux nervures plus claires, port ornemental toute l'année, convient aux climats doux. *E. robbiae* (40 x 50 cm), floraison citron vert au printemps, feuillage vert foncé persistant, formant un remarquable couvre-sol. *E.* 'Canyon Gold' (80 cm). Une vraie plante « passe-partout », ultra-facile, cet hybride issu de *E. characias* ssp. *wulfenii* adore les sols poreux et convient au bord de mer.

Euphorbia characias, Myosotis.

Hamamelis x *intermedia*
Hamamélis

J'AIME

Tous les hamamélis sont des stars en hiver, pourvu qu'il leur soit réservé un sol neutre, plutôt acide (ils sont carrément allergiques au calcaire actif) et une exposition légèrement ensoleillée (ombre des caducs). Le festival commence en automne avec un embrasement du large feuillage, il se poursuit en hiver une fois que les feuilles cèdent leur place à des fleurs jaunes au parfum épicé. Hamamelis *x* intermedia, *hybride entre* H. japonica *et* H. mollis, *a donné naissance à de nombreux cultivars.*

Hamamelis 'Diane'.

Forme : arbuste.
Famille : hamamélidacées.
Origine : zones boisées, lisières, rives ; est de l'Asie, Amérique du Nord.
Silhouette : étalée, branches en éventail.
Croissance : lente (de 15 à 20 cm par an).
Taille adulte : 4 x 4 m.
Feuillage : caduc ; orange ou rouge à l'automne.
Floraison : de décembre à janvier. Sur les rameaux dénudés, fleurs aux pétales laciniés jaunes, rouges ou orange, au parfum d'épices.
Fructification : –
Rusticité : - 20 ° C.
Sol : de peu à normalement fertile, frais, drainé, légèrement acide mais supporte un sol humifère sur un sous-sol calcaire.
Exposition : ensoleillée le matin, ombre légère l'après-midi (est ou nord-est).
Plantation : au printemps ou en automne.
Entretien : ajouter tous les printemps du compost et de la corne torréfiée ; pailler le pied avec un tapis de feuilles mortes.
Points forts : délicieux (et très discret) parfum en hiver, autant le planter à « portée de nez ». Sa petite taille et sa croissance lente permettent de le conduire en pot.
Point faible : aucun.
Autres territoires possibles : –
Espèces, variétés et cultivars intéressants : *H.* x *intermedia* 'Arnold Promise' (4 x 4 m), vigoureux, port retombant, fleurs en grappes denses, parfumées, jaune très tendre, tardives, qui s'ouvrent de la mi-février à la mi-mars, après la chute des feuilles qui s'étaient empourprées à l'automne. 'Diane' (4 x 4 m), port évasé, feuillage en dégradé d'orange et de rouge à l'automne, sur les rameaux dénudés apparaissent en février de jolies petites fleurs chiffonnées rouge-orangé. 'Feuerzauber' (4 x 4 m), arbuste vigoureux aux branches ascendantes et aux grandes feuilles joliment nervurées se colorant de jaune-orangé à l'automne ; en février, fleurs parfumées orange cuivré et rouge. 'Jelena' – en hommage à Jelena De Belder – (4 x 4 m), très beau clone de l'arboretum de Kalmthout aux grandes grappes de fleurs, orange cuivré, apparaissant en décembre sur les rameaux nus. 'Orange Beauty'

Hamamelis x *intermedia.* **Hamamélis**

(4 x 4 m), très bel arbuste à floraison très lumineuse en petites grappes orange vif en janvier, feuillage qui s'embrase à l'automne. 'Pallida' (4 x 4 m), feuillage large et nervuré qui s'enflamme à l'automne, produit de très grandes fleurs jaune soufre à l'odeur épicée en décembre-janvier. 'Primavera' (4 x 4 m), arbuste à port dressé, feuillage rouge-orange à l'automne, fleurs jaune pâle, lumineuses, teintées de pourpre à la base, sur le bois nu. 'Ruby Glow' (4 x 4 m), de janvier à février, petites fleurs rouge cuivré ; feuillage aux riches couleurs à l'automne.
H. mollis (3 x 3 m), fleurs jaune d'or, odorantes, de fin décembre à fin janvier ; c'est le plus résistant au calcaire.
H. virginiana (5 x 6 m), originaire de la lisière des forêts de l'est de l'Amérique du Nord, donne en automne des petites fleurs jaunes et légèrement odorantes, qui apparaissent dans le feuillage teint de jaune d'or et d'orange, juste avant la chute des feuilles. Il est celui qui atteint le plus grand développement. Les sourciers indiens utilisaient les branches pour en faire leurs baguettes (Mérite de Courson, 1994).
Un peu d'histoire : botanistes dendrologues, Jelena (1925–2003) et Robert De Belder (1921–1995) ont voyagé à travers le monde et ont rapporté de leurs voyages nombre d'espèces ligneuses et d'herbacées. Il les ont acclimatées dans leur arboretum de Kalmthout et le domaine d'Hemelrijk (Belgique). Certaines de leurs introductions ont servi à produire des hybrides de plantes ligneuses d'intérêt ornemental, en particulier dans les genres *Hamamelis,* mais aussi *Hydrangea, Prunus, Malus, Pyrus* et *Rhododendron.* Le jardin contemporain doit beaucoup à ces botanistes qui ont fait entrer la couleur au cœur de l'hiver grâce à leurs propres obtentions ou à celles qu'ils ont suscitées. (À lire : Diane Adriaenssen, *Jelena et Robert De Belder, Généreux comme la nature elle-même,* éditions Hayez Laconti, 2005.)

Hamamelis x *intermedia* 'Ripe Corn'.

Helleborus
Hellébore

J'AIME

Les hellébores sont des plantes tellement faciles à vivre ! Les plus précoces affichent un vrai sourire au cœur de l'hiver.

Forme : vivace rhizomateuse.
Famille : renonculacées.
Origine : zones boisées, prairies sèches calcaires, rocailles ; Europe (centre, sud, est).
Silhouette : touffue.
Croissance : rapide.
Taille adulte : elle varie selon les espèces.
Feuillage : persistant ; coriace, vert clair à foncé, denté.
Floraison : de février à avril ; cymes portant quelques fleurs, pouvant être en forme de coupe ou de clochette aux coloris variés, selon les cultivars, et aux nombreuses étamines.
Fructification : –
Rusticité : très bonne pour la plupart, (– 20 °C).
Sol : neutre, fertile, humifère, frais, très bien drainé. *H. orientalis* supporte un sol légèrement acide.
Exposition : ombre légère, mi-ombre.
Plantation : au printemps ou en automne ; ils se ressèment spontanément.
Entretien : diviser les touffes après la floraison, éliminer les vieilles feuilles abîmées avant la floraison ; apporter une couche de compost en automne et au printemps.
Point fort : ils ont l'art et la manière de se ressemer dans les endroits les plus inattendus, par exemple à proximité d'une allée au milieu de laquelle ils déborderont…
Point faible : ils détestent les déménagements et mettront du temps avant de reprendre.

Helleborus orientalis.

Autres territoires possibles : –
Espèces, variétés et cultivars intéressants : *H. argutifolius* (1 x 1 m), hellébore de Corse, qui fleurit deux ans après la plantation, rusticité : – 10 °C.
H. foetidus (80 x 45 cm), hellébore fétide, très rustique, à la floraison blanc-vert.
H. niger (30 x 45 cm), rose de Noël, très rustique.
H. orientalis (45 x 45 cm), très rustique.
H. 'Gold Collection'®, une très riche sélection d'hybrides issus d'une multiplication végétative qui garantit l'authenticité et, surtout, la fidélité d'une année à l'autre, de chaque cultivar.

Page de droite
Hydrangea macrophylla 'Tricolor'.

LES **HYDRANGÉAS** NE SONT PAS TOUS DES HORTENSIAS !

Une mystérieuse Hortense

C'est un classique. Le jardinier néophyte parlera naturellement d'hortensias. Jusqu'au jour où, tombant sur un « spécialiste », il prendra désagréablement conscience de son ignorance. « Point d'hortensias, mais des hydrangéas, voyons ! »

Peu de plantes ont fait couler autant d'encre et créé autant de confusion que ces chers hydrangéas *vs* hortensias. Un article passionnant, paru en 2001 dans la revue du CCVS, *Hommes et Plantes,* laisse entier le mystère planer quant à l'attribution du prénom « Hortense » pour désigner la rose du Japon, autrement dit *Hydrangea macrophylla.* Les auteurs[1], au terme d'une enquête quasi policière, démontent toutes les légendes bâties autour d'une énigmatique égérie prénommée Hortense.
L'histoire s'ébruite en 1774. Expédié depuis l'île de France, l'actuelle île Maurice, l'herbier constitué par Philibert Commerson (1727-1773) parvient au Muséum d'histoire naturelle. Une planche est consacrée à l'échantillon d'une fleur séchée que le botaniste a d'abord baptisée *Peautia,* avant de suggérer le nom d'*Hortensia,* plus approprié selon lui. Peu de temps après, le premier spécimen vivant de cette plante arrive au jardin botanique de Kew. Nous sommes en 1789. La plante y est officiellement baptisée *Hydrangea hortensis* en 1791, avant de prendre le nom définitif d'*Hydrangea macrophylla* en 1830.
Très tôt, des plants sont expédiés depuis l'Angleterre en France où la plante continue à être couramment nommée *hortensia*. Et surtout, où l'on veut absolument connaître le fin mot de l'histoire.

Qui était cette Hortense ? Le premier nom, *Peautia,* avait le mérite d'être clair. Un hommage à l'adresse de Nicole-Reine Lepaute (1723-1788), mathématicienne versée dans les sciences de l'astronomie, que Philibert Commerson avait rencontrée à Paris, entre 1764 et 1766. D'aucuns affirment que, trouvant son prénom trop commun, Nicole-Reine Lepaute se serait fait appeler Hortense. D'autres ont bien tenté de soutenir qu'Hortense aurait été l'un des prénoms de Jeanne

Barret (ou Baré), la domestique de Commerson. Une femme pour le moins audacieuse qui, se faisant passer pour son valet, avait embarqué avec le savant à bord de l'*Étoile*, l'un des deux navires de l'expédition de Bougainville. Mais Jeanne est Jeanne ! Alors ? La reine Hortense ? Impossible, elle naît dix ans après la mort du botaniste.

Mais peut-être ne faut-il pas chercher Hortense. Peut-être Commerson a-t-il voulu faire référence à une plante de jardin. Jardin ou *hortus* en latin. Dans ce cas, il s'agirait du jardin chinois que Pierre Poivre (1719-1786), botaniste et intendant des îles de France et de Bourbon, avait créé en 1768 dans sa propriété de Mont-Plaisir. Jardin dans lequel avait pris place, parmi les plantes venues de Chine, le fameux *Hortensia*[2].

Hydrangea macrophylla 'Tricolor'.

À propos des hydrangéas des Jardins de La Maubrairie

« Au début des années 1990, quand j'ai repris le jardin de mon oncle Louis[3], mon premier geste a été de supprimer les hortensias... Pour ma défense, je dois préciser qu'en Normandie et en Bretagne leur présence revêt un caractère identitaire tel qu'à l'époque je ne pouvais pas imaginer les conserver. Mon désir était de créer un jardin différent, loin des stéréotypes normands ou bretons des années soixante. Alors exit ces grosses boules frisées roses ou bleues.

Quelques années plus tard, au cours d'un séjour au Pays basque, je tombe sur les fameux hortensias de mon enfance. Deux fois plus beaux ! La raison ? Une simple question d'hygrométrie plus importante que celle du Cotentin. Ma géographie des hydrangéas en fut bouleversée en même temps que ma perception de leur monde. Je leur ouvris donc à nouveau le jardin.

À ceux de mon enfance d'abord, les fameux *Hydrangea macrophylla*, dont je découvris des floraisons aux teintes inimaginables. Je pense au rouge somptueux et au feuillage pourpre de 'Merveille Sanguine'.

Puis ce fut au tour des américains. *H. quercifolia*, originaire de l'est des États-Unis et dont les feuilles ressemblent à celles du chêne. Installé au soleil, il en profite pour prendre un splendide feuillage aux couleurs d'automne dès le mois d'août. En plus, il supporte parfaitement le calcaire. Et *H. arborescens*. Également un nord-américain, qui, lui aussi, n'a aucun problème avec le calcaire et dont les fleurs globuleuses peuvent devenir énormes s'il a été sévèrement taillé. J'adore la présence de son cultivar 'Annabelle' dont les inflorescences, « hors norme », restent visuellement extrêmement légères. Cette tolérance au calcaire change l'approche traditionnelle vis-à-vis des hydrangéas.

Du côté des asiatiques, je suis tombé sous le charme d'*H. paniculata* et de ses variétés, dont les hampes florales forment de grands cônes particulièrement décoratifs dès le mois de juin. D'autant que leurs couleurs ne cessent de surprendre au tournant de l'été, quand elles virent du blanc au crème, au vert ou encore au cramoisi, selon les variétés. Ainsi, je suis toujours surpris par la floraison de 'Limelight'®. Ce vert acide qui semble vibrer sur le vert franc du feuillage, puis qui vire au blanc très frais avant de faner en rose vert. J'ai souvent peur que ses branches ne ploient sous le poids des fleurs, mais elles sont suffisamment résistantes pour se passer de tuteur (à la différence de 'Annabelle').

Désormais, je guette les nouveautés qui arrivent, nombreuses, tous les ans. Entre les feuillages incroyables, les floraisons plus originales les unes que les autres, le choix est illimité. Avec quel bonheur j'ai admiré, au premier coup d'œil, le coloris d'*Hydrangea serrata* 'Santiago'® ! Une récente obtention française de Charline Girardeau pour la pépinière Challet-Hérault et dont la palette des couleurs du feuillage et des fleurs ne cesse de changer de l'été à l'automne pour finir dans un festival de pourpre !

En conclusion, j'aimerais juste rappeler un incontournable : ne jamais oublier que le mot *hydrangea* est construit à partir du préfixe *hydra-* ! Alors oui, il faut de l'eau ! Dans l'atmosphère et dans le sol (toujours bien drainé)... »

Hydrangea quercifolia au pied d'*H. paniculata* 'Limelight'.

Planter un hydrangéa

Question rusticité, pas de problème, ils supportent parfaitement le froid (–15 °C). Un bémol pour les régions soumises aux gelées tardives (avril) où il faudra éviter que le soleil de février et de mars ne fasse démarrer la plante trop tôt ; cela concerne les espèces originaires des bords de mer en Asie comme *H. macrophylla*.

En général, ils apprécient une exposition en mi-ombre ou ombre légère, même si quelques-uns acceptent le soleil *(H. quercifolia, H. heteromalla)* ; ils seront toujours installés à l'abri du vent. Préférence pour les sols neutres à acides, avec les exceptions qui acceptent parfaitement le calcaire *(H. aspera, H. arborescens, H. quercifolia)*. La présence d'alumine dans le sol fera virer les fleurs initialement roses au bleu et les rouges au mauve foncé. Le sol doit être humifère, frais mais bien drainé, paillé pour conserver l'humidité. La bonne période de plantation se situe entre le début de l'automne et la fin du printemps suivant, hors les périodes de gel. Le jeune plant devra être arrosé régulièrement durant les deux années suivant son installation (éviter l'eau calcaire). Il sera également nécessaire d'arroser en cas de sécheresse.

À propos de taille

Ceux qui fleurissent sur le bois de l'année

H. paniculata, H. arborescens : taille sévère entre novembre et mi-mars, pour encourager la floraison ; les *paniculata* peuvent être taillés de moitié tous les trois ans pour leur conserver une végétation compacte d'où sortiront leurs grandes hampes florales.

H. involucrata, H. aspera : conséquence inévitable d'une taille sévère le premier hiver après la plantation, ils ne fleuriront pas l'été suivant mais ils formeront de nombreuses branches qui construiront une plante bien équilibrée et compacte. Élimination des fleurs fanées indispensables pour *H. involucrata.*

Ceux qui fleurissent sur le bois de l'année précédente

H. macrophylla, H. serrata : supprimer les branches ayant déjà fleuri, conserver les jeunes rameaux devant fleurir. Si ces derniers sont très ramifiés, en supprimer quelques-uns pour éviter que le trop grand nombre de fleurs ne fasse écrouler la plante. Supprimer les fleurs fanées au-dessus des deux premiers bourgeons ; une fois que la végétation démarre, ôter le bois mort.

H. quercifolia : ôter les fleurs fanées et le bois mort.

H. heteromalla, H. aspera : pas de taille particulière sauf un éventuel rajeunissement des branches se dégarnissant dans le bas de la plante.

Petit tour d'horizon dans la grande famille des hydrangéas

– *H. arborescens* 'Annabelle' (1,5 x 2 m), arbuste caduc issu de *H. arborescens* 'Annabelle' donne d'énormes fleurs en boules blanc pur pouvant atteindre 30 cm de diamètre en début d'été ; plus il sera à l'ombre, plus les fleurs resteront vertes. Peut être rabattu en hiver. Soleil ou mi-ombre, sol bien drainé non calcaire.

– *H. aspera* (3 x 3 m), est de l'Asie, dressé, caduc ; floraison tardive pour *H. aspera* et ses cultivars (d'août à octobre), corymbes aplatis aux fleurs fertiles bleues à pourpres, entourées de fleurs blanches stériles (parfois lavées de rose ou de mauve).

– *H. a.* 'Macrophylla' (3 x 2 m), impressionnant arbuste caduc aux très grandes feuilles duveteuses et aux ombelles bleu lavande (fleurs fertiles) au centre et blanches sur leur pourtour (fleurs stériles). Très belle écorce beige formant des plaques.

– *H. a.* 'Villosa' (3 x 3 m), l'un des plus beaux hydrangéas qui soit, selon Claudie Adeline (arboretum Adeline). Ce grand arbuste caduc de forme ronde possède de grandes feuilles duveteuses auxquelles se mêlent d'immenses inflorescences plates bleu violine.

– *H. involucrata* (1 x 2 m ; Japon, Taiwan), en juillet-août, petites fleurs bleues entourées de fleurs stériles blanc rosé.

– *H. i.* 'Hortensis' (1 x 1 m), un vrai bijou de jardin aux petites grappes de minuscules fleurs rose pâle.

– *H. macrophylla.* Deux groupes parmi ses cultivars, ceux à têtes plates ou ceux à têtes rondes.

– *H. m.* 'Ayescha' (1,5 x 2 m), inflorescences originales en grandes boules ressemblant à celles des lilas.

– *H. m.* 'Mme Émile Mouillère', supra classique avec sa tête ronde formée par des inflorescences blanches, virant au rose très pâle à la fin de la floraison ; il peut remonter à la fin du mois d'août et a tendance à crouler sous le poids de ses fleurs (installé à Vendôme, Ernest Mouillère fut l'un des grands obtenteurs d'hydrangéas au début du XXe siècle).

– *H. m.* 'Merveille Sanguine' (1 x 1 m). Obtenu par Henri Cayeux en 1936, il se conjugue au rouge du mois de juin aux premières gelées, avec ses fleurs sphériques bordeaux associées à un feuillage pourpre.

– *H. m.* 'Petite Sœur Thérèse de l'Enfant Jésus' (1,5 x 1,8 m). Désormais baptisé 'Sœur Thérèse', car le *Code international de nomenclature des plantes cultivées* a réduit les noms des cultivars à trois

Hydrangea macrophylla en pots.

mots. Sa très généreuse floraison débute en mai et s'achève à la fin de l'automne, en fleurs blanc pur à cœur bleu virant au vert à l'automne.

– *H. paniculata* (3 à 7 m x 3 m ; Chine, Japon, île de Sakhaline en Russie). Arbuste compact, dressé à étalé, caduc, de juin à octobre, panicules coniques composées de petites fleurs fertiles blanc crème et de fleurs stériles blanc rosé, plus grandes. (Beaucoup de cultivars actuels, dont le célèbre 'Unique', sont issus des recherches effectuées par R. et J. De Belder à l'arboretum de Kalmthout.)

– *H. paniculata* 'Limelight'® (2 x 2 m), obtention de 1990 ; arbuste vigoureux et rustique au port érigé. Fleurs en panicules compactes, blanches en plein été, rosissant en fin de floraison. Soleil ou mi-ombre, tout sol frais.

– *H. p.* 'Grandiflora' (4 x 3 m) fleurit en énormes panicules blanches de juin à octobre, virant au rose en fin de saison.

– *H. p.* 'Kyushu' (1,5 x 2,5 m), énormes panicules blanches de juin à octobre, très populaire.

– *H. quercifolia* (1,5 x 1,5 m ; Alabama), hortensia à feuilles de chêne, arbuste de forme arrondie, caduc, floraison en panicules blanc crème en été sur un magnifique feuillage aux teintes rougeoyantes en automne.

– *H. sargentiana* syn. *H. a.* ssp. *sargentiana* (de 3 à 4 m x 2,5 m ; Chine), port érigé, pousses robustes, hérissées de soies ; caduc ; d'août à octobre, floraison en corymbes aplatis composés de fleurs fertiles bleues à pourpres, entourées de fleurs stériles blanches parfois teintées de pourpre.

Hydrangea macrophylla 'Blue wave'.

– *H. serrata* (1,2 x 1,2 m). Originaire des montagnes (Japon, Corée), cet arbuste est particulièrement rustique. Compact, dressé à étalé, caduc, il donne de juin à octobre des panicules coniques composées de petites fleurs fertiles blanc crème et de fleurs stériles blanc rosé, plus grandes (profusion de cultivars).
– *H. s.* 'Bluebird' (1,2 x 1,2 m), longue floraison estivale, beau feuillage d'automne rouge.

Important : la culture en pot convient à l'ensemble des hydrangéas.

Sans oublier le grimpant *H. anomala* ssp. *petiolaris* (15 m) : vigoureux, il s'accroche à son support par des racines aériennes en forme de crampons et donne des corymbes de fleurs blanches de fin mai à début juillet. Je l'ai installé au pied d'un chêne qu'il ne manque pas de fleurir chaque année !

1. Danièle Véron-Denise et Philippe Véron, « De l'origine du nom de l'Hortentia », *Hommes et Plantes*, automne 2001, n° 39, p. 6-15.

2. Situé au nord de Port Louis, capitale de l'île de France (île Maurice), il sera à l'origine du célèbre jardin de Pamplemousse, jardin d'essai et d'acclimatation.

3. Stéphane Marie, Dany Sautot, photographies Yann Monel, *C'est mon jardin !*, éditions du Chêne, 2010.

Page de droite
Hydrangea macrophylla 'Mirai'.

Impatiens tinctoria
Balsamine, impatience

J'AIME

J'ai éprouvé un vrai coup de foudre pour cette impatience quand je l'ai vue pour la première fois au pays de Galles, dans le jardin de Powis Castle. J'aime sa générosité et son allure exotique, extrêmement raffinée.

Forme : vivace tubéreuse.
Famille : basalminacées.
Origine : zones montagneuses, humides, sous-bois ; est de l'Afrique.
Silhouette : érigée, vigoureuse.
Croissance : rapide.
Taille adulte : 2 x 0,5 m.
Feuillage : caduc ; longues feuilles, lancéolées, dentées, d'un beau vert franc.
Floraison : de mai à juin, puis remontante à l'automne ; grappes de fleurs blanches, parfumées, munies d'un éperon, à la gorge rouge, portées par de très longs pédoncules.
Fructification : –
Rusticité : – 10 °C ; elle craint le gel, mais repart du pied.
Sol : humifère, riche, bien drainé.
Exposition : ombre légère.
Plantation : au printemps.
Entretien : pailler en hiver, ne pas trop arroser.
Point fort : deux floraisons !
Point faible : aucun.
Autres territoires possibles : –
Un peu d'histoire : venue d'Afrique, elle a été acclimatée dans les jardins de Madère avant de « s'installer » dans les jardins anglais, puis de traverser la Manche pour gagner les nôtres, en climat océanique.

Impatiens tinctoria.

Lilium regale
Lis royal

J'AIME

Venu de Chine, il est l'une des stars du jardin au parfum… incomparable !

Forme : vivace bulbeuse.
Famille : liliacées.
Origine : zones boisées (acides) ; ouest de la Chine.
Silhouette : érigée, vigoureuse.
Croissance : rapide.
Taille adulte : 1,2 x 0,3 m.
Feuillage : étroit, feuilles ovales, vert brillant.
Floraison : de juillet à septembre ; nombreuses fleurs (douze à quinze) réunies en ombelles, très parfumées, blanches ombrées d'acajou, au cœur et anthères jaunes.
Fructification : –
Rusticité : – 20 °C.
Sol : léger, fertile, bien drainé.
Exposition : ombre légère.
Plantation : au printemps (mars, avril) ou en automne (octobre, novembre).
Entretien : apport annuel de fumier (plante particulièrement gourmande) et de guano pour le potassium.
Point fort : son parfum et son allure.
Point faible : la petite bête rouge vif appelée « criocère », que vous apercevez un beau matin dans vos lis, s'apprête à les dévorer, elle et toute sa progéniture reconnaissable à son aspect noir et gluant (les larves se cachent sous leurs excréments…). Vous pouvez les écraser à la main tous les jours, tenter le marc de café régulièrement au pied de la plante, recourir à un traitement bio à base de *Bacillus thuringiensis*, plus connu sous le terme « Bt », ou encore sacrifier quelques fritillaires (un autre festin pour les criocères), dont la floraison démarre avant celle du lis.
Autre territoire possible : prairie fraîche.
Espèces, variétés et cultivars intéressants : *L. regale* var. *album* (120 x 30 cm), forme blanc pur aux anthères orange.

Lilium regale.

Lonicera fragrantissima
Chèvrefeuille parfumé

J'AIME

Personne ne peut résister à sa floraison hivernale délicieusement parfumée !

Forme : arbuste.
Famille : caprifoliacées.
Origine : zones boisées, taillis ; Chine.
Silhouette : étalée et buissonnante.
Croissance : moyenne.
Taille adulte : 2 x 3 m.
Feuillage : caduc ou semi-persistant ; vert foncé sur le dessus, vert-bleu en dessous, bords piquants.
Floraison : de décembre à mars ; petits bouquets de petites fleurs ivoire parfumées, sur des rameaux plus ou moins dénudés.
Fructification : baies rouge pâle.
Rusticité : – 25 °C.
Sol : bien drainé, profond, humifère, argilo-siliceux (ce chèvrefeuille se débrouille aussi en sol pauvre et calcaire).
Exposition : ombre légère.
Plantation : bouture en été ou en automne.
Entretien : taille d'entretien au printemps, après la floraison ; éliminer les branchages les plus âgés ou trop enchevêtrés en les coupant à la base.
Point fort : ravissant en isolé, en massif, en haie et même palissé !
Point faible : aucun.
Autres territoires possibles : –
Espèces, variétés et cultivars intéressants : 'Spring Purple' (2 x 2 m), aux jeunes pousses et feuillage pourpres.
L. x *purpusii* (1,5 x 1,5 m), arbuste caduc aux petites fleurs blanc vanille, très parfumées, de novembre à mars.

Lonicera fragrantissima.

Lonicera japonica
Chèvrefeuille du Japon

J'AIME

Je le trouve idéal pour fleurir une haie sous un arbre.

Forme : grimpante.
Famille : caprifoliacées.
Origine : zones boisées, taillis ; est de l'Asie.
Silhouette : port grimpant, vigoureux.
Croissance : rapide.
Taille adulte : 10 m.
Feuillage : persistant, semi-persistant ; feuilles ovales, vert foncé.
Floraison : au printemps et en été ; fleurs tubulaires très parfumées, blanches lavées de violet, virant au jaune.
Fructification : baies bleu-noir.
Rusticité : - 25 °C.
Sol : riche, humifère, frais, bien drainé.
Exposition : ombre légère, mi-ombre.
Plantation : au printemps ou en automne.
Entretien : taille d'entretien quand la plante s'épaissit trop en branchages.
Point fort : volubile qui fleurit à l'ombre.
Point faible : repousse sur le bois des années précédentes, donc nécessite une taille sévère tous les deux ou trois ans.
Autres territoires possibles : –
Espèces, variétés et cultivars intéressants : *L. j.* var. *repens*, feuillage teinté de violet, fleurs blanches lavées de rouge-violet.
L. henryi, persistant, feuilles lancéolées, vert foncé, luisantes ; en juin-juillet, minuscules fleurs rouge-violet à cœur jaune.
L. sinensis, floraison blanche et pourpre, de juin à septembre, parfum frais, acidulé, feuillage semi-persistant rouge-pourpre ; peut être utilisé en couvre-sol sur un talus.

Lonicera japonica

Magnolia grandiflora
Magnolia à grandes fleurs

J'AIME

Un arbre splendide que je mène palissé contre un mur exposé au sud-ouest pour qu'il profite de la chaleur tout en ayant le pied à l'ombre.

Forme : arbuste.
Famille : magnioliacées.
Origine : forêts ; sud-est des États-Unis.
Silhouette : pyramidale, ayant tendance à s'élargir avec les années.
Croissance : lente.
Taille adulte : de 10 à 25 m x 10 à 15 m.
Feuillage : persistant ; feuilles rigides et coriaces, de 15 à 20 cm de long, au-dessus vert brillant, au-dessous rouille et feutrées.
Floraison : de mai à août ; fleurs parfumées, en coupe blanche de 15 à 20 cm de large, aux étamines pourpres.
Fructification : cônes ovoïdes de 10 cm de long.
Rusticité : – 14 °C (température limite, supportable par les feuilles) ; de nombreuses variétés sont plus rustiques.
Sol : acide, profond, constamment frais et bien drainé.
Exposition : soleil, ombre légère (chaleur indispensable à la floraison, à placer au sud ou sud-ouest).
Plantation : au printemps.
Entretien : aucun. Si besoin est, le tailler après floraison.
Points forts : splendide en isolé, il réussit également parfaitement en palissage.
Point faible : aucun.
Autres territoires possibles : –
Espèces, variétés et cultivars intéressants : *M. g.* 'Double Nantais' (15 x 6 m), port compact, grandes feuilles vertes vernissées, grandes fleurs estivales doubles, blanches, parfumées, même sur les jeunes sujets.
M. g. 'Exmouth' (16 x 8 m), port pyramidal, feuilles elliptiques vert clair, vernissées, grandes fleurs blanches très parfumées, même sur les jeunes plants.
M. g. 'Galissonnière' (18 x 15 m), splendide sujet, floraison spectaculaire au bout d'une dizaine d'années (cf. « Un peu d'histoire »).
M. g. 'Little Gem' (5 x 3 m), un petit bijou pour petit jardin, à la croissance très lente, très compact, à la floraison parfumée en coupes blanc pur qui dure tout l'été.
Un peu d'histoire : en 1711, le premier magnolia à arriver sur le sol français provient de Louisiane. Il débarque à Nantes et est installé à la Maillardière, la propriété que possède l'armateur passionné de botanique, René Darquistade (1680–1754). À l'époque, il est identifié sous le nom de « laurier tulipier ». À l'abri dans une orangerie, il végète jusqu'au jour où, lassé et déçu par cet arbre qui refuse de fleurir, l'armateur décide de le faire détruire. Il n'en sera rien et il sera replanté en plein air, à l'insu de son propriétaire. Quelques années se passent avant qu'un beau jour de printemps le miracle ait lieu ; d'immenses fleurs crème s'ouvrent et provoquent l'admiration. Ce n'est pas avant 1764 qu'il change de nom pour prendre celui de *Magnolia grandiflora* en hommage à Pierre Magnol (1638–1715), directeur du premier jardin botanique créé en France, à Montpellier. Les semis ne levant pas, c'est par marcottage que la multiplication se fait. L'un des premiers plants ainsi obtenu part pour le Jardin des plantes de Nantes, où il prospère toujours depuis 1806. Endommagé durant la Révolution, le magnolia de la Maillardière finira par s'éteindre en 1849. Un second magnolia est introduit vers 1737 par l'amiral Roland Michel Barin de la Galissonnière (1693–1756), gouverneur de la Nouvelle-France (1747–1749). Sa passion pour la botanique et ses nombreux voyages l'amènent à introduire des végétaux qu'il acclimate dans sa

Magnolia grandiflora.

propriété près de Nantes, dont *Magnolia grandiflora* 'Gallissonnière', une forme particulièrement rustique.
Le magnolia allait donc devenir une plante emblématique de la ville de Nantes, terre d'accueil des espèces exotiques. En effet, une ordonnance royale de 1726 obligeait les capitaines des navires marchands du port de Nantes à rapporter semences et végétaux des îles d'Amérique, selon une liste fournie par les apothicaires. « Réconfortées au *Jardin des apothicaires*, jardin créé en 1688, les plantes remontent la Loire en gabarre pour être, à partir d'Orléans, acheminées vers le Jardin du roi à Paris. »[1]

1. Lire à ce sujet l'article passionnant d'Alain Durnerin, « Les grandes expéditions botaniques du XVIIe au XIXe siècle et le transport des plantes » dans le *2e Cahier du Conseil national des parcs et jardins, consacré au voyage des plantes*, publié en 2008.

Magnolia sieboldii (syn. *M. parviflora*)
Magnolia de Siebold

J'AIME

La fleur, d'une pureté absolue, révèle un parfum exquis évoquant des fruits tropicaux mêlés à une pointe d'épice orientale. Le pépiniériste Philippe Leclercq signale que les racines nues des magnolias exhalent, elles aussi, un parfum délicieux !

Forme : arbuste.
Famille : magnioliacées.
Origine : forêts, buissons, bords des rivières ; Chine, Corée, Japon.
Silhouette : étalée et évasée.
Croissance : modérée.
Taille adulte : 5 x 8 m.
Feuillage : grosses feuilles obovales, gris-vert.
Floraison : boutons floraux en forme d'œuf, corolles pendantes de fleurs blanches parfumées, aux étamines saillantes, pourpres. Les fleurs apparaissent par intermittence dans le feuillage entre mai et août.
Fructification : fruits cramoisis spectaculaires.
Rusticité : - 20 °C. (Les boutons floraux craignent le gel.)
Sol : neutre, frais, humifère.
Exposition : ombre légère.
Plantation : en automne.
Entretien : aucun entretien particulier.
Point fort : sa ravissante floraison.
Point faible : son port étalé ne le destine pas aux petits jardins.
Autres territoires possibles : –
Espèces, variétés et cultivars intéressants : *M.* x *wiesnerii* (6 m), dont les grandes fleurs blanc crème munies d'étamines rose cramoisi, tournées vers le haut, possèdent l'odeur la plus puissante qui soit chez un magnolia.
Un peu d'histoire : introduit en Grande-Bretagne pour la première fois en 1865.

Magnolia sieboldii.

Mahonia x *media* 'Charity'
Mahonia

J'AIME

Un magnifique arbuste dont le feuillage me rappelle celui du houx. Sa floraison jaune éclatant donne un coup de soleil au jardin dès novembre.

Forme : arbuste.
Famille : berbéridacées.
Origine : hybride entre *M. japonica* et *M. lomariifolia*.
Silhouette : érigée.
Croissance : modérée.
Taille adulte : 3 x 2 m.
Feuillage : persistant, grandes feuilles brillantes, vert foncé.
Floraison : de novembre à février ; abondance de grappes compactes de fleurs parfumées jaune vif.
Fructification : petites baies bleu-noir.
Rusticité : – 20 °C.
Sol : de neutre à légèrement acide, humifère.
Exposition : ombre légère, mi-ombre.
Plantation : toute l'année (hors gel).
Entretien : tailler sévèrement au printemps pour provoquer la pousse de jeunes rameaux plus vigoureux.
Point fort : mellifère, il produit du nectar à une période où les abeilles n'ont pas grand-chose à butiner.
Point faible : aucun.
Autres territoires possibles : –
Espèces, variétés et cultivars intéressants : *M. aquifolium* (1 x 1 m) pour les petits jardins, fleurit en grappes jaunes que suivent des petits fruits bleutés (États-Unis).
M. japonica 'Bealei' (2 m x 4 m), un délice pour le gibier ! Foraison fin d'automne ; fructification bleue jusqu'à la fin de l'hiver.

Mahonia x *media* 'Charity'.

Un peu d'histoire : *Mahonia* doit son nom à un horticulteur et pépiniériste de Philadelphie : Bernard M'Mahon (1775–1816).

Myosotis sylvatica
Myosotis

J'AIME

La modestie faite fleur ! Ce qui ne l'empêche pas d'avoir un tempérament colonisateur...

Forme : vivace.
Famille : borraginacées.
Origine : bois, prairies ; zones humides ; Europe.
Silhouette : touffe.
Croissance : rapide.
Taille adulte : 12 x 15 cm.
Feuillage : longues feuilles lancéolées vert-gris.
Floraison : de mars à juin ; cymes compactes de petites fleurs bleues, étoilées, à cœur jaune.
Fructification : –
Rusticité : – 20 °C.
Sol : tout type, bien drainé.
Exposition : du plein soleil à la mi-ombre.
Plantation : en mars ; semis en place.
Entretien : diviser régulièrement en binant pour éviter qu'il ne se propage partout.
Point fort : ravissant couvre-sol.
Point faible : aucun.
Autres territoires possibles : prairie fraîche ; prairie sèche ; montagne et falaise.
Espèces, variétés et cultivars intéressants : *M. alpestris* pour les tonalités bleu vif de ses fleurs.
Un peu d'histoire : soyons « fleur bleue » ! Nous sommes en Allemagne, deux amoureux se promènent sur les bords du Danube. Près de la rive, ils avisent une grande nappe de myosotis. La jeune fille admire des fleurs que son amoureux s'empresse d'aller cueillir. Un pas de trop et il tombe dans l'eau. Il a juste le temps de tendre le bouquet à sa bien-aimée avant d'être emporté par les flots tumultueux et de crier : « *Vergissmeinnicht !* » L'histoire doit être la même sur les bords de la Tamise avec « *Forget me not* » et, pourquoi pas, en France, sur les bords de la Loire peut-être, « Ne m'oubliez pas ! »... De toute manière, impossible d'oublier le myosotis tant il se charge de se rendre inoubliable en se ressemant tout le temps, et partout !

Myosotis sylvatica.

Omphalodes cappadocica
Omphalode de Cappadoce

J'AIME

Un couvre-sol idéal, qui fait penser (en mieux !) à un tapis de myosotis. Son feuillage est lustré, joli, ses fleurs d'un bleu plus soutenu que les myosotis tout en étant très précoces.

Forme : vivace.
Famille : borraginacées.
Origine : Turquie.
Silhouette : arrondie, étalée, tapissante.
Croissance : lente.
Taille adulte : de 20 à 25 x 40 cm.
Feuillage : semi-persistant, feuilles basales poilues, cordées, vert moyen.
Floraison : en mars ; petite fleur bleu myosotis un peu pourprée, à œil blanc.
Fructification : –
Rusticité : – 20 °C.
Sol : léger, frais, même calcaire.
Exposition : mi-ombre.
Plantation : au printemps.
Entretien : supprimer les hampes florales fanées.
Points forts : il tolère la sécheresse. Convient en potée.
Point faible : aucun.
Autres territoires possibles : –
Espèces, variétés et cultivars intéressants : *O. verna* (15 x 40 cm), plus vigoureux que *O. cappadocica*, donne de grandes fleurs de myosotis, bleu pur, de février à mai. Il supporte la concurrence des racines et peut donc être installé au pied des arbustes (caducs de préférence).

Omphalodes cappadocica.

Passiflora caerulea
Passiflore bleue

J'AIME

Généreuse, elle habille d'exotisme les murs, mais aussi le tronc des arbres.

Forme : grimpante.
Famille : passifloracées.
Origine : zones boisées, rochers, prairies ; Amérique du Sud.
Silhouette : port grimpant.
Croissance : très rapide.
Taille adulte : 10 x 10 m.
Feuillage : extrêmement divisé en plusieurs lobes (5 à 9), vert lumineux.
Floraison : de juillet à novembre ; généreuse floraison de fleurs blanches à couronne de filaments bleu, pourpre et blanc.
Fructification : fruits ovoïdes, jaune-orangé, décoratifs, comestibles mais sans intérêt gustatif (à la différence de *P. edulis* qui donne les délicieux fruits de la Passion, les maracujas, mais qui a besoin de vraie chaleur tropicale pour fructifier).
Rusticité : – 8 °C pour les parties aériennes ; – 15 °C, limite à laquelle la plante peut mourir.
Sol : ordinaire, plutôt frais, très bien drainé.
Exposition : ombre légère.
Plantation : au printemps pour que les racines profitent de la chaleur du sol.
Entretien : après la floraison, tailler de moitié les tiges pour limiter le développement ; pailler en hiver. Pour une plantation en pot, veiller à ce que la terre ne soit jamais totalement sèche.
Point fort : sa floraison sophistiquée.
Point faible : sa rusticité.
Autres territoires possibles : prairie sèche ; montagne et falaise.
Espèces, variétés et cultivars intéressants : *P. c.* 'Constance Elliott' pour ses qualités florifères, sa rusticité équivalente à celle du type et, surtout, ses fleurs blanc immaculé, très parfumées.
Un peu d'histoire : un symbole parfait ! En 1609, Jacomo Bosio, moine scolastique à Rome, rédige un traité sur la croix et le calvaire du Christ. En visite à Rome, un moine mexicain, Emmanuel de Villegas, lui montre un dessin représentant une fleur extraordinaire, symbole – au Mexique – de la passion du Christ. Jacomo Bosio se montre plus que sceptique quant à la réalité de la plante, mais un groupe de jésuites arrivant du Mexique lui confirme l'existence de *Passiflora*. Celle-ci illustre magnifiquement la « doctrine des signatures ». Apparue au XVIe siècle, cette doctrine veut établir des correspondances entre le monde sensible et le monde divin. Par exemple, dans le domaine de la médecine, la ressemblance de la pulmonaire avec l'organe poumon accrédite le fait que la plante est censée soigner les maladies respiratoires. Dans le cas de la passiflore, la plante « raconterait » la passion du Christ : la couronne aux soixante-douze filaments représenterait la couronne aux soixante-douze épines ; les trois styles et stigmates symboliseraient les trois clous ; les cinq étamines, les cinq plaies ; même la feuille aiguë n'échappe pas à l'interprétation du moine qui la transforme en lance… La doctrine des signatures n'allait pas tarder à disparaître avec l'apparition des sciences modernes. Quant à la passiflore, elle a su conquérir les simples plaisirs profanes du jardin !

Passiflora caerulea.

Passiflora caerulea.

Persicaria microcephala
Renouée

J'AIME

Elles ont tout pour elles : une belle architecture, un feuillage remarquable, une floraison délicate et, en plus, elles sont extrêmement faciles ! Bon, c'est vrai qu'elles peuvent se montrer un peu envahissantes.

Persicaria microcephala 'Red Dragon'.

Forme : vivace.
Famille : polygonacées.
Origine : variée.
Silhouette : touffe érigée et étalée.
Croissance : rapide.
Taille adulte : 1,1 x 1 m.
Feuillage : caduc ou semi-persistant ; longues feuilles en dégradé allant du vert profond au pourpre violacé avec un motif de « V » plus foncé sur des tiges pourpres.
Floraison : de juillet à septembre ; petits épis de fleurs blanches.
Fructification : –
Rusticité : – 10 °C.
Sol : ordinaire, humifère, frais, pas trop sec.
Exposition : ombre légère, mi-ombre (supporte le soleil).
Plantation : au printemps ou en automne.
Entretien : diviser les touffes au printemps ou en automne, repiquer immédiatement.
Point fort : un remarquable feuillage pour mettre en valeur les zones d'ombre ou de mi-ombre.
Point faible : aucun.
Autre territoire possible : eau.
Espèces, variétés et cultivars intéressants : *P. affinis* 'Superba' (30 x 30 cm), couvre-sol compact, épis fleuris roses devenant rouges, feuillage aux belles teintes automnales.
P. campanulata (90 x 90 cm) forme un tapis d'où émergent, de juillet à septembre, des épis fleuris, roses ou blancs. *P. m.* 'Red Dragon' (80 x 100 cm), pour son splendide feuillage pourpre violacé et sa floraison blanche aérienne.
P. virginiana 'Painter's Palette' (60 x 60 cm), la bien nommée avec ses feuilles panachées vert et jaune, marquées d'un « V » brun et lavées de rose, la floraison est insignifiante.

Page de droite
Persicaria campanulata.

Primula
Primevère

J'AIME

Je les adore ! Peut-être parce que, avec la délicatesse de leurs teintes, elles évoquent les jardins de grand-mères. Simples et parfois sophistiquées, elles enchantent autant les talus du bocage que tous les coins du jardin d'où elles pointent leurs jolies têtes en joyeuses ponctuations. En raison de leur petite taille, je les place toujours pour les avoir « sous les yeux ». Parmi les 500 espèces botaniques recensées et les milliers d'hybrides existants, je craque régulièrement et ne peux m'empêcher d'en planter des nouveaux pieds tous les ans. Je choisis toujours des variétés rustiques parmi les trois sections cultivées au jardin : Auricula, Candelabra *et* Polyanthus *(dont le groupe* Acaulis*).*

Forme : vivace.
Famille : primulacées.
Origine : diverse ; hémisphères nord (en majorité) et sud.
Silhouette : touffe étalée (*Auricula* et *Polyanthus*) ou érigée (*Candelabra*).
Croissance : rapide.
Taille adulte : de 10 à 60 cm.
Feuillage : rosette basale. *Auricula* : persistant, lisse, coriace pouvant être farineux ; *Candelabra* : caduc ; *Polyanthus* : persistant, semi-persistant ou caduc.
Floraison :
– de février à mai : *P. vulgaris* syn. *P. acaulis* (15 cm), fleur jaune pâle et cœur jaune soutenu ; la plus répandue des primevères, elle se ressème volontiers ;
– de mars à avril : *P. denticulata* (30 cm), fleurs roses ou mauves en forme de boule ; *P. eliator* (30 cm), la primevère élevée à la floraison jaune pâle, culminant au sommet de la tige ; *P. auricula* (20 cm), la primevère 'Oreille d'ours' aux ombelles parfumées, jaune foncé ;
– d'avril à mai : *P. sieboldii* (30 cm), fleurs pourpres à œil blanc ; *P. juliae,* fleurs magenta, parfumées, à long pédicule ;
– de mai à juillet : *P. japonica* (50 cm), fleurs pourpres ou blanches ;
– de juin à août : *P. vialii* (30 à 60 cm), floraison détonante avec un incroyable cône rouge qui se couvre de fleurs mauves ;
– de juillet à août : *P. florindae* (70 cm), fleurs jaune pâle poudré de blanc, très parfumées.
Fructification : –
Rusticité : variable selon les espèces.
Sol : très humifère, frais, bien drainé, neutre ou légèrement acide (*P. sieboldii* ne supportera pas la moindre trace de calcaire).
Exposition : mi-ombre, face au nord-est pour profiter du soleil matinal.
Plantation : de septembre à mai, en dehors des périodes de gel.
Entretien : les pailler en hiver pour éviter les dégâts fatals du gel. Diviser les plants tous les deux ou trois ans, surtout ceux des espèces doubles. Barnhaven, le pépiniériste « ès primevères », conseille de leur donner un engrais de « remerciement » lorsque la floraison est terminée (compost, par exemple). Cela vaut surtout pour les doubles qui fleurissent encore plus dans l'espoir – vain – de produire des graines, elles mériteront donc un peu de fumier pour se requinquer.
Point fort : elles peuvent être cultivées en potées ; cela vaut surtout pour les espèces les plus délicates (série Show Auriculas, par exemple).
Point faible : aucun.
Autre territoire possible : eau pour la section Candelabra.
Espèces, variétés et cultivars intéressants : groupe Gold ou Silver Laced, érigée, fleurs en ombelle aplatie, aux pétales bordés d'un filet or ou argent.

Primula vulgaris 'Rosea'.

'Gold laced Scarlet' (20 x 10 cm), très florifère, fleurs rouge garance, œil jaune.
'Silver laced Black' (20 x 10 cm), fleurs presque noires bordées d'argent à œil jaune.
P. auricula 'Gwen' (20 cm), parfaite construction florale violette et jaune, très sophistiquée.
P. xjuliae 'Wanda' (10 cm), à fleur mauve et cœur jaune dès la fin du mois de février.
P. veris 'Sunset Shades' (25 cm), vrai coucou à fleurs orange.
P. vulgaris 'Miss Indigo' (15 cm), à fleur double, bleu foncé marginée d'argent.

Prunus 'Okame'
Cerisier à fleurs

J'AIME

Parmi tous les cerisiers à fleurs, c'est celui qui possède le port le plus libre, le plus adapté à un jardin sauvage, d'autant que sa floraison est une pure merveille de délicatesse.

Forme : arbuste.
Famille : rosacées.
Origine : hybride.
Silhouette : buissonnante.
Croissance : rapide.
Taille adulte : 10 x 8 m.
Feuillage : caduc ; feuilles étroites, ovales, dentées, vert foncé puis prenant de très belles teintes automnales (rouge-orangé).
Floraison : en mars ; fleurs en coupe rose fuchsia avant la feuillaison.
Fructification : –
Rusticité : – 25 °C.
Sol : frais, bien drainé, assez riche.
Exposition : mi-ombre (ombre l'après-midi).
Plantation : en automne.
Entretien : tailler pour laisser pénétrer la lumière et l'air à l'intérieur de l'arbre.
Points forts : il tolère la sécheresse ; peu sensible aux maladies.
Point faible : aucun.
Autres territoires possibles : –
Un peu d'histoire : *Prunus* 'Okame' est l'une des nombreuses obtentions de cerisiers à fleurs que réalise en Grande-Bretagne, au cours des années 1920, le capitaine Collingwood Ingram. *P.* 'Okame' est issu de l'hybridation de *P. campanulata* avec *P. incisa*, deux cerisiers asiatiques, le premier du sud de la Chine et du Japon, le second du sud et du sud-ouest du Japon. L'idée du capitaine est de créer un cerisier qui possède la floraison rouge profond du premier, mais la rusticité et la floribondité du second. En 1947, la Royal Horticultural Society décernera un prix à ce splendide cultivar. En 1932, le capitaine sera également à l'origine de la réintroduction au Japon de *P.* 'Taihaku', un cerisier à fleurs qu'il remarque dans un jardin du Sussex, en 1923, alors qu'il avait disparu de l'archipel nippon.

Prunus 'Okame'.

Pseudowintera colorata (syn. *Drimys colorata*)
Pseudowintera colorata

J'AIME

Je l'apprécie pour ses feuilles au beau revers rose uniforme et lisse, qui se détachent sur le bois très noir.

Forme : arbuste.
Famille : wintéracées.
Origine : forêt ; zones montagneuses ; Nouvelle-Zélande.
Silhouette : buissonnante et étalée.
Croissance : lente.
Taille adulte : 1,5 x 2 m.
Feuillage : persistant ; coloris inhabituel, jaune-vert lavé de rose au-dessus, rose au-dessous ; feuilles aromatiques, ovales, coriaces.
Floraison : en avril ; bouquets de toutes petites fleurs jaune-vert, insignifiantes.
Fructification : fruits rouge foncé et noir si un autre arbuste est à proximité (pollinisation croisée).
Rusticité : – 10 °C.
Sol : de neutre à acide, humifère, bien drainé.
Exposition : mi-ombre (parfait sous un caduc).
Plantation : toute l'année, en dehors des périodes de gel.
Entretien : aucun entretien particulier.
Points forts : facile à vivre ; un arbuste original à découvrir, en particulier pour les petits jardins.
Point faible : aucun.
Autres territoires possibles : –

Pseudowintera colorata.

Page de droite
Clematis jackmanii.

QUAND **ROSIERS** ET **CLÉMATITES** JOUENT LES ACROBATES

Les roses à la conquête du monde

Du *Roman de la rose,* ode à l'amour courtois écrite au XIIIe siècle, aux romans à l'eau de rose, de la rosière – jeune fille pure et vertueuse – au téléphone rose, en passant par la guerre des Deux-Roses qui agita l'Angleterre du XVe siècle, la rose a bien souvent quitté les jardins pour gagner les vastes territoires de l'imaginaire et de la symbolique.

Appréciées pour leur parfum, les roses sous l'Antiquité grecque puis romaine faisaient déjà l'objet de cultures spécialisées. La ville de Paestum, colonie grecque implantée au sud de l'Italie, aurait même été un centre de production consacré à une rose proche de la fameuse rose de Damas, *Rosa* x *damascena.* Premier rosier cultivé en France, *Rosa gallica,* arbuste vigoureux à l'allure de buisson, serait arrivé avec la colonisation romaine. Au cours du Moyen Âge, la rose, associée aux rites et aux représentations du culte de Marie, entre dans l'enceinte des jardins de curés et des monastères. La tradition orale veut que Thibaut IV de Champagne, de retour de croisade en 1240, ait rapporté de Palestine des rosiers extraordinaires. Leur fleur, baptisée rose de Provins, fit la fortune de la ville jusqu'au XVIIIe siècle grâce à l'exploitation de ses vertus médicinales, mais également ornementales. La légende prit fin en 1933, quand le rosiériste Cochet-Cochet démontra que la célèbre rose de Provins étant une rose gallique, *R. gallica officinalis,* elle ne pouvait revendiquer une origine orientale.

À la fin du XVIe siècle, l'histoire des roses se déplace vers les Pays-Bas. À partir de *Rosa* x *centifolia,* une rose chou particulièrement parfumée, appelée également « Provence », les obtenteurs hollandais se lancent dans de nombreuses hybridations connues sous le nom de rosiers « mousseux ».

En France, au tout début du XIXe siècle, Joséphine de Beauharnais (1763-1814), passionnée de bota-

Pittosporum tenuifolium 'Variegata', *Clematis montana* 'Broughton Star', *Digitalis purpurea.*

nique, rassemble à La Malmaison une collection de quelque 250 espèces de roses qu'elle fait planter dans le parc ou dans des pots. « Peintre de fleurs de l'Impératrice », Pierre-Joseph Redouté (1759-1840) qui exécute le portrait des plus belles plantes de La Malmaison publiera, entre 1817 et 1824, les trois tomes de l'ouvrage *Les Roses*[1]. Une mine pour appréhender l'ensemble des roses cultivées dans les jardins européens avant l'arrivée massive des roses de Chine. La découverte de ces dernières donne un formidable élan aux hybridations en France, en Grande-Bretagne, en Allemagne ou encore aux États-Unis. Ainsi, la rose à odeur de thé, *R.* x *odorata,* qui était cultivée dans les jardins chinois, permit d'obtenir des hybrides remontants, dont la race des 'Hybrides de Thé' à très longue floraison. En 1867, le premier d'entre eux, 'La France', est l'œuvre du rosiériste lyonnais Jean-Baptiste André Guillot, dit « Guillot fils ». C'est également lui qui invente le procédé de greffe par écusson sur collet de semis d'églantier, qui sera repris à travers le monde entier.

De Chine et du Japon, les rosiers grimpants

Venus des sous-bois et des lisières de l'ouest de la Chine, les rosiers grimpants font l'objet de multiples créations qui vont inspirer de nombreux jardiniers. Parmi eux, Gertrude Jekyll (1843-1932), Russel Page (1906-1985) mais aussi Claude Monet (1840-1926) dont le rosier favori, 'Mermaid', un hybride du chinois *R. bracteata,* courait le long de sa maison à Giverny, jusqu'à la hauteur de sa chambre au premier étage afin qu'il puisse profiter de son délicieux parfum. Georges Truffaut, invité régulier du maître de Giverny, note en 1924 que « les bords des eaux furent ombragés de Rosiers à très forte végétation ou grimpant le long des arbres déjà existants, et en particulier il utilisa à cet effet une Rose d'une vigueur extraordinaire nommée la Belle Vichyssoise qui pousse jusqu'à une hauteur de 7 à 8 mètres et produit de longues grappes de petites Roses parfumées[2] ». Créé en 1895 par Lévêque, 'La Belle Vichyssoise' est un rosier dit « Noisette », une famille de grimpants apparue aux États-Unis à la suite du croisement du rosier de Chine 'Old Blush' et de *R. moschata.* Le nom de Noisette fait référence à Philippe Noisette, botaniste français, qui avait été nommé à la tête du jardin botanique de Charleston, en Caroline du Sud. Il fit parvenir à son frère, resté en France, des graines de ces premiers rosiers qui donnèrent à leur tour toute une gamme d'obtentions parmi lesquelles 'La Belle Vichyssoise', 'Aimé Vibert', 'Alister Stella Gray' ou encore 'Mme Alfred Carrière'.

Du côté britannique, *R. banksiae* (syn. *R. b.* var. *alba, R. b.* 'Alba Plena'), originaire d'un jardin de Canton (Chine), fut introduit par William Kerr et baptisé en hommage à Lady Banks, l'épouse de Joseph Banks (1743-1820). Mécène de nombreuses expéditions botaniques à travers le monde, celui-ci fut aussi l'un des fondateurs de la *Royal Horticultural Society* et superintendant des jardins botaniques de Kew. Tout un groupe d'hybrides cultivés dans les jardins chinois à partir de *Rosa* x *odorata (R. chinensis* x *R. gigantea)* fut introduit, entre autres, par Robert Fortune en 1845. Parmi les rosiers remarquables créés à partir des découvertes chinoises, *R.* 'Wedding Day', arbuste liane vigoureux créé avant 1950, compte parmi ses parents *R. sinowilsonii* et *R. moyensii,* deux introductions datées de 1904, du célèbre chasseur de plantes britannique, Ernest Wilson (1876-1939).

Quatre rosiers rapportés du sud du Japon marquent également l'histoire des obtentions de rosiers grimpants. Poussant sur les côtes sableuses et rocailleuses des îles de Honshu, Shikoku et Kyushu au sud de l'archipel, ces espèces de sols pauvres vont transmettre à leurs descendants une aptitude à résister à la sécheresse et au climat marin. Décrits par le botaniste suédois C. P. Thunberg (1743-1828) dans sa *Flora japonica,* publiée en 1784, *R. multiflora* et *R. rugosa* allaient participer pleinement aux grandes heures de l'obtention. Ainsi, *R. multiflora* serait à l'origine du magnifique 'Neige d'Avril', une obtention de Robichon en 1908, ou encore de 'Ghislaine de Féligonde', obtenu par Turbat en 1916. À partir de *R. rugosa,* ou rosier rugueux, le rosiériste Cochet-Cochet devait créer, en 1892, une autre star des jardins avec 'Blanc Double de Coubert'. *R. rugosa* s'est naturalisé dans les îles Anglo-Normandes où il

Clematis proteus.

a retrouvé des conditions de vie similaires à celles de ses origines nippones.

R. wichurana est découvert en 1860 par le Dr Wichura, botaniste allemand. Introduit en Europe en 1891, il donne naissance à de nombreux hybrides devenus célèbres, tels que 'Albéric Barbier', 'Albertine', 'Dorothy Perkins'. Enfin, *R. luciae*, souvent confondu avec *R. wichurana*, est décrit en 1871 par les botanistes belges Franchet et Rochebrune et sera à l'origine, entre autres, de 'François Juranville'.

Rosiers sauvages du bocage… et d'ailleurs

Au printemps, il n'est pas rare de distinguer, dans l'épaisseur d'une haie du bocage, la légère floraison blanc-rosé des églantiers. Depuis la nuit des temps, ce rosier sauvage, *Rosa canina*, participe à la vie paysanne en France, mais aussi dans le reste de l'Europe, jusqu'en Afrique du Nord et en Asie Mineure. Accommodés en confiture, les pétales de ses fleurs parfument aussi vins et alcools ; ses fruits – les cynorrhodons – constituent une mine de vitamine C. Utilisés en tisane ou en décoction, ils combattent efficacement la fatigue tout en renforçant les défenses de l'organisme. Enfin, les akènes durs et piquants qu'ils renferment ont toujours croisé la route d'écoliers malicieux en quête de poil à gratter. Cousine arbustive de l'églantier, *Rosa rubiginosa*, l'églantine ou églantier odorant, se mêle volontiers aux autres arbustes de la lisière bocagère. En été, ses petites fleurs rose foncé se détachent sur un feuillage vert-jaune qui, une fois froissé, dégage un parfum de pomme. Les initiés sauront reconnaître un autre habitué des haies, *Rosa arvensis*, surnommé « rosier des champs », aux fleurs blanches et aux tiges traçantes.

Rosa 'Neige d'Avril'.

À propos des rosiers grimpants et des clématites[3] des Jardins de la Maubrairie

J'ai toujours été charmé par les églantines qui poussent librement dans les haies du bocage. Aussi ai-je ressenti une réelle émotion en pénétrant pour la première fois dans les bois du jardin de Kerdalo. Pas un arbre qui ne soit le support d'une grimpante ! Des rosiers, des clématites, ou encore *Hydrangea petiolaris*, l'hydrangea grimpant... Tous couraient en guirlandes fleuries dans les frondaisons sans jamais altérer la silhouette des arbres. Une révélation ! Autant je n'avais jamais éprouvé de passion pour les roses, dont j'estime que bien souvent elles forment l'écran qui cache le jardin et surtout les autres plantes. Autant je fus séduit par le génie du prince Wolkonsky. À mon tour, je me suis lancé sans restriction dans la plantation de grimpantes aux pieds des arbres.

Le fait que la majorité des rosiers grimpants ne soient pas remontants, à l'exception de 'Pierre de Ronsard'® et de 'Souvenir de Malmaison', n'a pas d'importance. Rien ne semble pouvoir porter atteinte à leur vigueur, tant ils apprécient cette situation de lisière. Peu fragiles, ils se font oublier jusqu'au moment où ils parent leurs hôtes de guirlandes fleuries inattendues. L'avantage de cette situation est qu'elle dissimule les feuillages parfois abîmés des rosiers (taches noires, oïdium, larves dévorantes d'othiorhynques, rouille...) dans ceux des arbres. En fait, je ne vois que ce qui est joli, parce que l'arbre fait le gros du travail.

Je me suis également beaucoup inspiré des propositions d'André Ève qui a associé très tôt ses roses non remontantes à des clématites. Le décalage des floraisons prolonge l'intérêt des rosiers, support des clématites, dont les fleurs s'ouvrent plus tard. Une jolie manière d'optimiser la place des uns et des autres au jardin.

À propos des clématites, je pense que le support bois leur convient le mieux. J'avais commencé par les faire courir sur des arches en métal, mais le jour où je leur ai dressé des fagots de branchages, j'ai constaté qu'elles gagnaient en beauté et en naturel. Depuis, elles se partagent la conquête des arbres avec les rosiers grimpants. J'ai tout de même gardé un arc en fer à béton dans le fond du jardin, une forme de démarcation qui s'ouvre sur le bocage, sur lequel j'ai installé le rosier grimpant 'Souvenir de Malmaison' depuis plusieurs années. Comme il s'agit d'un rosier Bourbon, il a davantage besoin de chaleur que les autres et son feuillage peut se couvrir de taches noires ou d'oïdium. J'ai résolu le problème en lui associant une clématite volubile dont le feuillage dissimule ses imperfections.

Patience ! Bien sûr, la plantation du rosier ou de la clématite se fera au pied d'un arbre adulte. Ensuite, dans le cas d'un rosier liane, il faut savoir qu'il ne sera pas intéressant avant trois, voire quatre ans. Ce n'est pas grave, puisqu'il ne s'agit pas d'un lieu « stratégique » comme au milieu d'une terrasse où le résultat visuel doit être quasi immédiat. Ne pas oublier qu'au jardin, les choses se font dès que le jardinier a le dos tourné. Qu'il travaille quelque part pendant qu'ailleurs le jardin continue sa vie !

---

1. *Les Roses*, par P.-J. Redouté, peintre de fleurs. Dessinateur en titre de la classe de physique de l'Institut et du Muséum d'histoire naturelle avec le texte par Cl. Ant. Thory, membre de plusieurs sociétés savantes, Paris, imprimerie de Firmin Didot, 1817 (tome premier), 1821 (tome second), 1824 (tome troisième).

2. Georges Truffaut, « Le jardin de Claude Monet », *Jardinage, Comment on soigne son jardin*, revue mensuelle, Établissements Georges Truffaut, novembre 1924.

3. « Les clématites, toutes élues reines de beauté ! », dans *Silence, ça pousse ! Comprendre son jardin*, éditions du Chêne, 2011, p.140-145.

Quercus robur (syn. *Q. pedunculata*)
Chêne pédonculé

J'AIME

Je l'apprécie pour sa majesté et pour le respect (et l'imaginaire) qu'il suscite, tant il a participé à notre histoire !

Quercus robur.

Forme : arbre.
Famille : fagacées.
Origine : forêts ; hémisphère nord.
Silhouette : étalée sur un tronc court.
Croissance : lente.
Taille adulte : de 25 à 45 m, couronne de 15 à 25 m.
Feuillage : marcescent (les feuilles jaunissent en automne, mais persistent, en partie, jusqu'au printemps), écorce rugueuse, fissurée.
Floraison : chatons mâles, de 2 à 5 cm de long, vert-jaune ; fleurs femelles réunies en épis.
Fructification : glands.
Rusticité : – 25 °C.
Sol : neutre, alcalin ou acide, riche, profond ; frais, même humide.
Exposition : ombre légère, mi-ombre.
Plantation : en automne ou semis en place en hiver.
Entretien : tailler à l'intérieur de l'arbre pour l'aérer et éviter l'enchevêtrement des branches.
Point fort : une présence exceptionnelle à redécouvrir au jardin, aussi belle que celle des érables (d'autant qu'il est moins exigeant quant à la nature du sol !).
Point faible : racine pivotante, problématique dans la transplantation, d'où la nécessité de planter de très jeunes sujets ou de réaliser un semis.
Autre territoire possible : prairie fraîche.
Espèces, variétés et cultivars intéressants : *Q. r.* 'Argenteomarginata' (30 x 25 m) pour son beau feuillage marginé de blanc.
Q. r. 'Concordia' (10 x 8 m) pour son feuillage jaune d'or, à préserver des rayons du soleil.
Q. r. f. *fastigiata* (15 x 10 m) pour son port colonnaire adapté à des jardins de taille moyenne.
Q. r. 'Irtha' (8 x 3 m) très original avec ses petits bouquets de feuilles crispées et repliées, espacés le long des rameaux.
Q. castaneifolia (chêne à feuille de châtaignier ; 25 x 20 m) souvent à plusieurs troncs, feuilles très pointues, luisantes au-dessus, pubescentes au-dessous, belle coloration automnale.
Un peu d'histoire : culte des dieux, justice des rois, symbole de liberté, mais aussi abri des hommes et du bétail, le chêne a été pourvoyeur de nourriture, de bois de chauffage et de construction ; il reste le gardien des plus beaux crus. Partout chez lui en France, il peut atteindre 40 m de haut pour un diamètre compris entre 1,50 m et 2 m. Ce n'est pas avant l'âge de 60 ans qu'il commence à fructifier, ses glandées sont espacées de 3 ans dans l'Ouest et de 10 ans dans l'Est. C'est un champion de longévité que l'on retrouve parmi les arbres remarquables répertoriés en France.

Sambucus nigra
Sureau commun, sureau noir

J'AIME

Longtemps ignorés des jardiniers, les sureaux étaient surtout utilisés dans les haies vives. Pourtant ils comptent parmi les plus beaux arbrisseaux naturels à adopter au jardin ! D'autant qu'ils participent à l'équilibre du jardin en accueillant beaucoup de ses alliés auxquels ils procurent gîte et couvert. Que ce soit dans leur bois creux, où les insectes peuvent pondre, avec leurs fleurs qui attirent les abeilles ou avec leurs fruits appréciés des oiseaux.

Sambucus nigra 'Black Lace'.

Forme : arbuste.
Famille : caprifoliacées.
Origine : forêts, montagnes (1 500 m) ; Europe jusqu'au Caucase, Asie Mineure.
Silhouette : dressée puis étalée, compacte.
Croissance : rapide.
Taille adulte : de 2 à 8 m x 2 à 8 m.
Feuillage : caduc ; longues feuilles (25 cm) divisées, dentées, au-dessus vert intense, au-dessous vert clair.
Floraison : à la fin du printemps, généreuse en grandes ombelles blanches aplaties et parfumées.
Fructification : grappes de drupes noir étincelant.
Rusticité : – 25 °C.
Sol : pauvre, humifère ; frais, même glaiseux ; calcaire, riche en azote – le sureau est un indicateur de sa présence.
Exposition : soleil, ombre légère, mi-ombre.
Plantation : en automne.
Entretien : aucun entretien particulier.
Points forts : les ombelles, parfois recouvertes d'une couche de pollen jaune or parfumée, seront accommodées en beignets, puis les fruits (s'ils n'ont pas été dévorés par les oiseaux), une fois cuits, pourront être dégustés en confiture, en gelée ou en sirop.
Point faible : aucun.
Autres territoires possibles : prairie fraîche ; prairie sèche.
Espèces, variétés et cultivars intéressants : *S. n.* 'Aurea' (4 x 4 m), feuillage doré, fleurs crème (l'installer dans les coins sombres du jardin, qu'il ne manquera pas d'éclairer).
S. n. 'Black Beauty' (4 x 4 m), feuilles pourpres presque noires, fleurs rose pourpré, drupes rouges.
S. n. 'Black Lace' (6 x 6 m), feuilles très découpées, fleurs roses, drupes rouges virant au noir.
S. n. 'Laciniata' (4 x 4 m), feuillage vert découpé comme du persil, fleurs blanc crémeux, drupes rouges virant au noir.
S. hookeri (4 x 4 m), feuillage semi-persistant, floraison durant six mois.
S. racemosa 'Plumosa Aurea' (3 x 3 m), écorce rougeâtre, feuilles finement ciselées, bronze puis dorées, panicules de fleurs étoilées, jaune-vert, drupes rouges.

Schima wallichii
Schima wallichi

J'AIME

Les camélias, aussi ai-je voulu essayer leur cousin, cet arbuste encore assez rare dans nos pépinières.

Forme : arbuste.
Famille : théacées.
Origine : zones boisées ; Chine, Himalaya.
Silhouette : en cône.
Croissance : moyenne.
Taille adulte : 10 x 6 m.
Feuillage : persistant ; feuilles oblongues, elliptiques, luisantes, coriaces, rougeâtres au revers.
Floraison : en automne ; ses boutons rouges s'ouvrent en hiver sur des fleurs solitaires évoquant celles des camélias, parfumées.
Fructification : –
Rusticité : le protéger en cas de fortes gelées (voile d'hivernage).
Sol : de neutre à acide, humifère, frais, bien drainé (déteste le calcaire).
Exposition : ombre légère, mi-ombre ; à l'abri du vent.
Plantation : en automne.
Entretien : l'arroser régulièrement l'année de plantation.
Point fort : sa floraison hivernale.
Point faible : il n'aime pas du tout la neige (voile d'hivernage conseillé).
Autres territoires possibles : –

Schima wallichii.

Scilla siberica
Scille de Sibérie

J'AIME

Plantées en masse ou associées à des primevères, les scilles de Sibérie annoncent le printemps d'une manière éclatante.

Forme : vivace bulbeuse.
Famille : hyacinthacées.
Origine : prairies, sous-bois ; Ukraine, Géorgie, Russie.
Silhouette : buissonnante.
Croissance : rapide.
Taille adulte : de 10 à 20 cm x 5 cm.
Feuillage : caduc, deux à quatre feuilles linéaires et épaisses.
Floraison : fleurs étoilées, bleu intense, cœur proéminent dont la couleur claire se prolonge à l'intérieur des pétales.
Fructification : les laisser monter en graines pour qu'elles se naturalisent.
Rusticité : – 20 °C.
Sol : neutre, léger, humifère, plutôt sec (ne raffole pas du calcaire).
Exposition : ombre légère, mi-ombre.
Plantation : d'août à octobre ; entre 8 à 10 cm de profondeur.
Entretien : aucun entretien particulier.
Points forts : elles se naturalisent facilement ; conviennent à la culture en potée.
Point faible : aucun.
Autres territoires possibles : –

Scilla.

Stewartia pseudocamellia
Stewartia, stuartia, faux-camélia

J'AIME

De petits arbres parfaits toute l'année, qui réunissent au minimum quatre qualités : silhouette aérienne, feuillage et écorce remarquables, exquise floraison.

Stewartia pseudocamellia.

Forme : arbuste.
Famille : théacées.
Origine : sous-bois ; Japon.
Silhouette : dressée avant que la couronne ne s'élargisse.
Croissance : très lente.
Taille adulte : 5 x 6 m.
Feuillage : caduc ; feuilles elliptiques, finement dentées, vert franc au-dessus, vert pâle au-dessous avant de virer au jaune, puis au rouge-orangé et, enfin, au pourpre au cours de l'automne.
Floraison : de juillet à août ; abondantes coupes de fleurs blanches aux pétales soyeux, lavées de rose, solitaires, pourvues d'étamines à filets blancs et anthères orange.
Fructification : –
Rusticité : – 10 °C ; il déteste les longues périodes de gel.
Sol : neutre à acide, humifère, sable, glaise, plutôt humide (sans excès). Parfait en bord de mer, à l'abri du vent.
Exposition : ombre légère, mi-ombre.
Plantation : après les grosses gelées, de fin février à fin mars.
Entretien : pailler pour le protéger du gel et conserver l'humidité au sol ; taille d'entretien pour garder sa silhouette ; éviter de marcher autour sous peine d'écraser ses racines, très fines et étalées tout près de la surface.
Point fort : écorce rouge, dont les exfoliations laissent apparaître des plaques grises, cannelle, jaunes...
Point faible : il déteste être transplanté.
Autres territoires possibles : –
Espèces, variétés et cultivars intéressants : *Stewartia pseudocamellia* var. *koreana* (5 x 6 m). Originaire de Corée, il se distingue du type par des pousses en zigzag.
S. rostrata 'Yoakemae' (5 m) ; Mérite de Courson, printemps 2008. Petit arbre originaire de Chine et du Japon, au port élancé et gracieux. Son nom, *yoakemae*, signifie « matinal » en japonais. Floraison remarquable au début de l'été quand les boutons floraux ornés de bractées roses s'ouvrent sur des fleurs blanches à cœur rose. Feuillage d'automne rouge feu. L'hiver dévoile une écorce grise jaspée de blanc.
Un peu d'histoire : homme politique, John Stuart (1713–1792), troisième comte de Bute, était aussi un passionné de botanique. Il fut d'ailleurs le premier directeur des Kew Gardens. Son nom fut attribué aux *Stewartia* (ou *Stuartia*), et celui de Bute aux *Butea*, papilionacées de l'Asie tropicale. Encore assez rare dans les jardins. *S. pseudocamellia* a été distingué à l'automne 1992 par un Mérite de Courson.

Symphytum
Consoude

J'AIME

La consoude est l'alliée du jardinier. Elle participe à l'amélioration des sols en favorisant leur respiration et en évacuant les multiples pollutions qu'ils ont pu emmagasiner au fil des années. Chez moi, je la récolte dans les chemins en lisière des bois. Je n'attends pas qu'elle soit fleurie pour en couper quelques pieds que je laisse sécher durant 24 heures, à même le sol. Ensuite, je les dispose au fond d'un bac. Je les recouvre d'eau après les avoir coincés avec des pierres pour les empêcher de remonter à la surface. La bonne mesure ? 1 kg de feuilles pour 10 l d'eau. J'attends une dizaine de jours, puis je dilue la décoction pour arroser les pieds de tomates, d'aubergines et de poivrons. Le résultat est spectaculaire quant à la remontée des fleurs en septembre. Autre bienfait non négligeable : pulvérisée sur les feuilles des plantes, la consoude en chasse les pucerons.

Symphytum.

Forme : vivace.
Famille : borraginacées.
Origine : zones fraîches ; sous-bois, taillis ; Europe, Afrique du Nord, ouest de l'Asie.
Silhouette : érigée, puis retombante.
Croissance : rapide.
Taille adulte : de 30 à 60 cm x 30 à 60 cm selon les espèces et variétés.
Feuillage : caduc (sauf pour *S. grandiflorum*) ; souvent gaufré, à long pétiole.
Floraison : printanière.
Fructification : –
Rusticité : – 25 °C.
Sol : frais et humide (la consoude est une plante indicatrice des sols humides), humifère.
Exposition : ombre légère, mi-ombre.
Plantation : d'octobre au printemps, hors périodes de gel.
Entretien : diviser au printemps pour éviter l'envahissement.
Points forts : mellifère et excellent couvre-sol qui arrive à venir à bout des orties, des carottes sauvages, des chardons...
Point faible : le défaut de ses qualités ! Elle a tendance à devenir assez envahissante.
Autre territoire possible : prairie fraîche.

Espèces, variétés et cultivars intéressants : *S. grandiflorum* (30 x 30 cm), touffes vigoureuses, feuillage dense, rugueux ; d'avril à mai, petites fleurs tubulées, crème, marquées de brun.
S. g. 'Hidcote Blue' à fleurs bleu pâle.
S. g. 'Hidcote Pink' (syn. *S.* 'Roseum') à fleurs rose pâle.
S. azureum (40 x 50 cm et plus), couvre-sol conquérant mais bien pratique, aux fleurs bleu minéral.

Thalictrum delavayi
Pigamon

J'AIME

Le pigamon a de nombreux atouts : aérien, exubérant, jouant avec le vent… J'aime la grâce de cette plante aux inflorescences plumeuses et aux feuilles aussi découpées que certaines fougères.

Thalictrum delavayi.

Forme : vivace rhizomateuse.
Famille : renonculacées.
Origine : milieux frais ; Chine.
Silhouette : érigée et arquée.
Croissance : rapide.
Taille adulte : 150 x 60 cm.
Feuillage : caduc ; très découpé, souvent vaporeux, vert franc.
Floraison : en juillet ; petits boutons bleus s'ouvrant en août sur de ravissantes fleurs en étoiles brillantes formant un léger brouillard.
Fructification : –
Rusticité : – 20 °C.
Sol : neutre ou acide, humifère ; frais, voire humide ; bien drainé.
Exposition : d'ensoleillée à mi-ombre ; plutôt à l'est pour profiter du soleil le matin.
Plantation : au printemps ou en automne, hors périodes de gel.
Entretien : diviser tous les trois ans pour redonner de la force à la plante.
Points forts : le pigamon crée un beau contraste avec des vivaces moins légères ou parmi les arbustes de la lisière. Planté en ligne, il constitue un écran transparent qui donne une vraie profondeur à l'arrière-plan.
Point faible : aucun.
Autres territoires possibles : sous-bois et prairie fraîche.

Espèces, variétés et cultivars intéressants : *T. aquilegiifolium* 'Album' (80 x 30 cm), feuillage glauque façon ancolie, petites inflorescences blanc pur.
T. a. 'Purpureum' (90 x 40 cm), juste une foule de pompons composés d'étamines pourpres.
T. delavayi (1,2 x 0,4 m), inflorescences lâches, rose lilas ; blanches pour *T. d.* 'Album' (1,2 x 0,6 m) ; doubles et roses pour *T. d.* 'Hewitt's Double' (1,5 x 0,6 m).
T. 'Elin' (2,5 x 1 m), une superbe variété au feuillage vert bleuté et aux fleurs rose lilas, à placer en fond de massif.
T. kiusianum (10 x 30 cm), une mini-plante aux fleurs rose pourpre pour potées. *T. pubescens* syn. *T. polygamum* (2 x 0,3 m) : Thierry Denis (pépinière du Morvan) parle d'un « nuage de lait » dans son jardin à propos de ce pigamon nord-américain, qu'il cultive en plein soleil et dont le feuillage ressemble à « mille petits écus scintillants ».

Viburnum
Viorne

J'AIME

Voilà des arbustes de rêve ! Généreux, ils proposent une foule de silhouettes, de fleurs, de parfums, de feuillages et de baies multicolores. Beaux, simples, sans exigences particulières, ils participent pleinement au plaisir du jardin et du jardinier.

Viburnum plicatum 'Watanabe'.

Forme : arbuste.
Famille : caprifoliacées.
Origine : taillis, forêts ; hémisphère nord, Asie, Amérique du Sud.
Silhouette : horizontale ou dressée, étalée ou compacte.
Croissance : modérée.
Taille adulte : 3 m x 3 m (en majorité).
Feuillage : persistant ou caduc.
Floraison : au printemps ou en hiver, pouvant être parfumée (surtout pour les floraisons hivernales) ; inflorescences en panicules, corymbes, cymes, bouquets, soit aplaties, soit sphériques.
Fructification : fruits, souvent ovoïdes, roses, rouges, noirs.
Rusticité : de – 15 à – 25 °C.
Sol : neutre, fertile, humifère, frais, bien drainé (*V. plicatum* et ses cultivars détestent le calcaire et demandent un pH légèrement acide).
Exposition : ombre légère, mi-ombre.
Plantation : les caducs de novembre à février ; les persistants d'octobre à mars-avril.
Entretien : aucun entretien particulier.
Point fort : ils ont toutes les qualités !
Point faible : aucun.
Autres territoires possibles : –
Espèces, variétés et cultivars intéressants :

– **Floraisons parfumées hivernales :**
V. x *bodnantense* (3 x 2 m), hybride de *V. farreri* x *V. grandiflorum.* Une pure merveille au port dressé qui fleurit dès novembre jusqu'en février. Les fleurs sont tubulaires, rouge-rosé brillant à blanc-rosé, réunies en bouquets compacts sur le bois nu ; elles sont dotées d'un vrai parfum qui mérite le détour !
V. x *b.* 'Dawn' (3 x 2 m) donne, de décembre à mars, des fleurs rose pâle, groupées en bouquets.

– **Floraisons parfumées printanières :**
V. x *burkwoodii* (2,5 x 2,5 m), hybride de *V. carlesii* x *V. utile.* Bel arbuste semi-persistant, au feuillage luisant vert foncé sur lequel se détachent, en avril, des petits boutons roses s'ouvrant sur de superbes fleurs globuleuses blanches, très parfumées. Quelques feuilles (les plus âgées) se teintent de jaune et de rouge à l'automne.
V. x *b.* 'Anne Russel' (2 x 1,5 m), boutons roses qui s'ouvrent sur des énormes fleurs en boule blanc-rosé, délicieusement parfumées.
V. x *carlcephalum* (3 x 3 m ; *V. carlesii* x *V. macrocephalum*). Splendide arbuste caduc, au port large et régulier,

Viburnum. **Viorne**

portant en avril-mai de grandes ombelles de boutons roses s'ouvrant sur de grosses sphères parfumées d'un blanc très pur, ultra-parfumées.
V. carlesii (1,5 x 1,5 m), arbuste au port trapu, avec de fortes branches ; en avril et mai, fleurs rondes blanc pur à odeur de daphné, sur un petit feuillage caduc, gris duveteux.
V. grandiflorum (2 m x 2 m), pour son parfum et sa petite taille.
– **Floraisons parfumées estivales :**
V. odoratissimum (2 x 3 m). Très vigoureux, persistant, vert foncé luisant, les feuilles les plus âgées virent à l'acajou en automne ; fleurs blanches parfumées en août-septembre, suivies de fruits rouges, puis noirs. Attention, plante un peu frileuse, à protéger du froid et des coups de vent.
– **Feuillages aux teintes de l'automne :**
V. cassinoides (2,5 x 2 m). Arbuste au port rond, dont le feuillage s'enflamme littéralement à l'automne, floraison blanc crème en juin, suivie de fruits rouges, puis bleu métallique, avant de devenir noirs.
V. opulus 'Roseum' (3 x 3 m), arbuste caduc, au port arrondi, très vigoureux ; en mai-juin, abondante floraison en boules blanc crème, rosées en fin de floraison. Feuillage vert franc virant au jaune et au rouge à l'automne.
– **Fructifications hors du commun :**
V. betulifolium (3 x 2,5 m) après sa floraison estivale parfumée, ses branches ploient sous l'abondance des grappes de fruits rouges et translucides, qui demeurent intacts une bonne partie de l'hiver.
V. davidii (1 x 2 m) affiche un port bas, drageonnant, son feuillage persistant est vernissé ; il fleurit en petites inflorescences blanches en juin, suivies de très beaux fruits bleu turquoise qui tiennent tout l'hiver.
V. dentatum 'White and Blue' (3 x 2 m), couleurs d'automne à se pâmer, floraison plus que généreuse en corymbes blancs suivis d'une multitude de fruits bleu sombre.
V. dilatatum (3 x 2 m), feuillage rond, denté, bouquets de fleurs blanches au parfum entêtant en juin, suivis d'une fructification spectaculaire rouge vif, restant sur l'arbre jusqu'en décembre (Mérite de Courson, automne 2001).
V. opulus 'Xanthocarpum' (3 x 3 m), arbuste caduc, au port arrondi, robuste et rustique. Feuillage vert clair devenant jaune en automne ; fleurs plates, blanches au printemps, suivies de fruits jaunes en fin d'été.
V. setigerum (2 x 1,5 m), arbuste caduc remarquable pour ses fruits jaune-orangé, puis orangé-rouge d'août à octobre. Beaux coloris d'automne.
V. x*globosum* 'Jermyns Globe' (1,5 x 1,5 m), arbuste persistant formant un dôme ; feuillage légèrement ondulé, vert foncé ; en mai-juin, floraison en petites ombelles blanches suivies d'une très importante quantité de fruits bleu nuit tenant plusieurs mois ; floraison remontante à l'automne.
V. nudum (5 x 3 m), peut-être le plus spectaculaire, avec une fructification réellement multicolore qui fait cohabiter sur une même grappe des fruits noirs, roses et violets.
– **Silhouettes remarquables :**
C'est l'affaire de l'ensemble des *V. plicatum* à végétation étagée en forme de mille-feuille !
V. p. 'Mariesi' (2 x 1,5 m), l'un des plus beaux cultivars au port à l'horizontale à ramures étagées ; feuillage caduc, fleurs en cyme aplatie blanc crème en mai-juin, puis remontantes à la fin de l'été.
V. p. 'Dart's Red Robin' (1,2 x 2 m), feuillage caduc, jaune-orangé en été, puis rouge-orangé, floraison blanche.
V. p. 'Shasta' (2 x 3 m), une version améliorée de 'Mariesi', à la belle fructification en fin d'été ;

Viburnum opulus 'Roseum'.

- *V. p.* f. *tomentosum* 'Nanum Semperflorens' syn. *V. p.* 'Watanabe' (2 x 1,5 m), exceptionnelle floraison blanche qui dure tout l'été.
Un peu d'histoire : ils sont environ 250 viburnums à avoir été inventoriés à travers le monde, dans les sous-bois et leurs lisières. Trois parmi eux sont de vrais européens : *V. opulus*, *V. lantana* et *V. tinus*. Les premiers « exotiques » sont introduits au cours de la seconde moitié du XVIIIe siècle ; ils arrivent d'Amérique du Nord et sont dotés, pour la plupart, de feuillages remarquables, portés sur des formes gracieuses.
Quatre grands voyageurs, « chasseurs de plantes » – le père jésuite Pierre Nicolas Le Chéron d'Incarville (1706–1757), le naturaliste suédois Carl Peter Thunberg (1743–1828) puis le botaniste écossais Robert Fortune (1812–1880) et le père Armand David (1826–1900) – vont permettre, au gré des voyages qui les mènent en Chine et au Japon, l'introduction en Europe des viburnums parfumés. Depuis, ce petit arbuste a fait sa place au jardin. Particulièrement en vogue entre 1850 et 1950, il manqua de tomber dans l'oubli, avant de réapparaître sur le devant de la scène jardinière depuis les années 1990.

Vitis vinifera
Vigne à raisin

J'AIME

C'est en taillant une aubépine qu'un beau jour j'ai découvert la présence d'un vieux cep de vigne planté là des dizaines d'années plus tôt. S'enroulant autour de son tronc, il avait réussi à envoyer ses lianes à l'intérieur de l'aubépine. Depuis, je taille l'aubépine en forme de parasol de manière à mettre en valeur le feuillage de la vigne qui, en plus, donne de délicieux raisins de chasselas.

La vigne débourre ses feuilles roses dans l'aubépine en fleur.

Forme : grimpante.
Famille : vitacées.
Origine : sous-bois, clairières ; zones tempérées ; hémisphère nord.
Silhouette : port grimpant.
Croissance : rapide.
Taille adulte : 3 à 4 m.
Feuillage : caduc.
Floraison : en été ; petites fleurs vertes insignifiantes.
Fructification : fruits parfois comestibles (raisin).
Rusticité : - 20 °C.
Sol : de neutre à alcalin, humifère, bien drainé.
Exposition : ombre légère, mi-ombre.
Plantation : en automne.
Entretien : taille d'entretien en hiver pour les plus vigoureuses et taille au début de la fructification : couper les tiges au-delà des grappes, conserver une seule feuille (« tire-sève ») au-dessus de chaque grappe de façon à stimuler le trajet de la sève.
Point fort : ses fruits.
Point faible : aucun.
Autres territoires possibles : prairie fraîche ; prairie sèche. Si l'habitat naturel de la vigne est la lisière, les hommes ont bien compris, depuis l'Antiquité, que le soleil stimule la fructification. Plus elle sera à l'ombre, plus elle développera son feuillage. Plus elle sera exposée au soleil, plus elle fructifiera !
Espèces, variétés et cultivars intéressants : *V. v.* 'Chasselas Cioutat' (2,5 à 4 m), vigne à raisin de table, caduc, feuille ravissante évoquant le persil, raisins comestibles en septembre.
V. v. 'Purpurea' (7 m) la « vigne des teinturiers » au feuillage rouge prune, puis pourpre sombre en automne, raisins comestibles en octobre.
V. coignetiae (10 à 15 m), l'une des plus belles vignes ornementales avec d'immenses feuilles gaufrées vert tendre virant au rouge, puis au pourpre à l'automne et de très beaux raisins pourpre noir.

Wisteria
Glycine

J'AIME

J'ai voulu des glycines selon leurs trois origines : W. floribunda *du Japon,* W. sinensis *de Chine et* W. frutescens *d'Amérique du Nord. Certaines sont palissées contre des murs ou grimpent le long des troncs d'arbres ; d'autres, plantées en pleine terre ou en pots, sont taillées en tige ou en parasol, le long d'un tuteur.*

Wisteria floribunda 'Rosea'.

Forme : grimpante.
Famille : papilionacées.
Origine : forêts fraîches, rives ; Chine, Japon, Corée, centre des États-Unis.
Silhouette : port grimpant.
Croissance : rapide une fois installée.
Taille adulte : 10 m pour *W. floribunda* et *W. frutescens*, illimitée pour *W. sinensis*.
Feuillage : caduc.
Floraison : fleurs parfumées, papilionacées, composées de deux parties – l'étendard et la carène. La japonaise, *W. floribunda*, est la seule à ne pas être remontante mais, au printemps, son unique floraison dure deux fois plus longtemps que celle des autres.
Fructification : –
Rusticité : – 25 °C.
Sol : de neutre à acide, pas trop riche (sinon elles ne fleuriront pas avant plusieurs années).
Exposition : ombre légère, situation sud et sud-ouest idéale.
Plantation : en automne.
Entretien : en août, tailler en conservant trois bourgeons sur les tiges pour que la glycine refleurisse de plus belle l'année suivante ; l'idée est de l'obliger à s'économiser en feuilles pour qu'elle concentre son énergie à sa floraison, en gardant les branches dont on veut qu'elles se développent et en supprimant les autres.
Point fort : pour « produire » ses propres plants, marcotter en novembre. Choisir une belle pousse à hauteur du pied, supprimer les autres. Couper l'extrémité libre de la pousse pour qu'elle mesure 60 cm environ ; entre chaque nœud, retirer l'écorce ; creuser une mini-tranchée avec, au fond, un lit de sable et de terreau ; plaquer la pousse dans la tranchée, la maintenir à hauteur de ses « blessures » par des petits cavaliers en fil métallique fichés dans le sol ; huit à neuf mois plus tard, des racines apparaîtront entre les nœuds ; il suffira de détacher la marcotte du pied-mère en coupant les tronçons pour les planter ailleurs.
Point faible : aucun.
Autres territoires possibles : –
Espèces, variétés et cultivars intéressants : *W. floribunda* 'Alba', glycine blanche du Japon, fleurit fin mai en

grappes de 40 à 60 cm de long, blanches avec des nuances de mauve très pâle. Sans doute la plus élégante des variétés blanches !
W. frutescens 'Amethyst Falls', moins vigoureuse que les autres glycines d'origine japonaise ou chinoise, fleurit d'avril à mai, puis est remontante à la fin de l'été et au début de l'automne ; ses grappes lilas sont courtes et compactes, légèrement parfumées.
W. sinensis, glycine de Chine, offre, en mai, une généreuse floraison bleu-violet soutenu, en grappes de 20 à 30 cm de long avant l'apparition du feuillage. Elle refleurit durant l'été. Sa tige terminale s'enroule dans le sens contraire des aiguilles d'une montre.
W. venusta (Mérite de Courson, printemps 1996), glycine possédant les plus grandes fleurs blanches qui soient, dotées d'un remarquable parfum ; petite remontée possible en fin d'été.
Un peu d'histoire : les toutes premières glycines à parvenir en Europe arrivèrent d'Amérique du Nord en 1724. Il fallut attendre presque un siècle avant que les chinoises, en provenance d'un jardin de Canton, soient introduites, en 1816, suivies, quelques années plus tard, en 1830, des glycines japonaises, dont les premières furent expédiées par le célèbre médecin et naturaliste bavarois, Philipp von Siebold (1796–1866).

Wisteria floribunda 'Rosea'.

Stéphane taille *Wisteria floribunda* en colonne.

Être plante dans le territoire
DE LA **PRAIRIE FRAÎCHE**

Moi, plante du territoire de la prairie fraîche, je suis parfois saisie par le vertige de l'espace quand je pense à mes cousines de la Grande Prairie nord-américaine, dont certaines nous ont rejointes. Pas mal d'entre elles se distinguent par des hautes touffes d'herbe, ponctuées d'épis, qui ondulent au moindre courant d'air, accrochent joliment les gouttes de pluie ou encore, le givre au cœur de l'hiver. Les bulbes s'en donnent à cœur joie pour jaillir de la terre en fleurs multicolores quand nous sommes encore endormies, puis ils disparaissent. Alors, du cœur du printemps au milieu de l'automne, nous nous relayons en floraisons successives, attirant une foule d'insectes butineurs. Un coup de vent, la petite faune que nous abritons ou les semelles d'un jardinier viendront disperser nos graines. Puis, nous quittons la scène jusqu'au prochain printemps.

Abutilon pictum (syn. *A. striatum*)
Abutilon

J'AIME

Sa joyeuse et longue floraison d'avril à octobre.

Forme : arbuste.
Famille : malvacées.
Origine : zones tropicales humides ; Amérique du Sud.
Silhouette : arbuste au port érigé puis étalé.
Croissance : rapide.
Taille adulte : 3 m.
Feuillage : semi-persistant ou caduc selon le climat ; palmé à bord dentelé, vert.
Floraison : fleurs pendantes à long pétiole, en forme de clochette, du printemps aux premières gelées.
Fructification : capsules.
Rusticité : 0 °C.
Sol : en pleine terre, neutre à alcalin, humifère, bien drainé ; en pot, dans un mélange de terreau de feuilles, tourbe et sable.
Exposition : ensoleillée, ombre légère, mi-ombre ; à l'abri du vent.
Plantation : au printemps.
Entretien : pailler en hiver ; supprimer le bois mort, les branches poussant à l'intérieur.
Point fort : il peut être cultivé en pot, à l'intérieur de la maison (arrosage très réduit en hiver).
Point faible : il ne supporte pas le gel prolongé.
Autre territoire possible : prairie sèche (talus ensoleillé).
Espèces, variétés et cultivars intéressants : *A.* x *hybridum* (5 m x 2 à 4 m), selon les variétés, floraison blanche, jaune, orange, rose, violette, rouge vif.
A. megapotamicum (2 x 2 m), pour son port rampant ou retombant, grimpant s'il est palissé, aux fleurs rouge (calice) et jaune (corolle) et feuillage panaché vert et jaune.
A. pictum 'Thompsonii' (5 x 2 à 4 m), de mars à octobre, feuillage vert marbré de jaune, fleurs en clochette rose orangé.

Abutilon megapotanicum.

Abutilon pictum

Aster novae-angliae
Aster de Nouvelle-Angleterre, aster d'automne

J'AIME
Leur glorieuse façon d'arriver au jardin à la fin de l'été, quand la majorité des fleurs tirent leur révérence !

Aster novae-angliae.

Forme : vivace rhizomateuse.
Famille : astéracées.
Origine : près des zones marécageuses ; est et centre de l'Amérique du Nord.
Silhouette : touffe vigoureuse aux tiges presque ligneuses.
Croissance : rapide.
Taille adulte : de 70 à 150 cm x 30 à 60 cm selon les cultivars.
Feuillage : abondant, vert moyen, feuilles lancéolées, velues, rugueuses.
Floraison : en septembre-octobre ; larges corymbes terminaux, composés de fleurs violettes à disque jaune.
Fructification : –
Rusticité : – 25 °C.
Sol : riche, frais, humifère même lourd et collant et même argilo-calcaire.
Exposition : ensoleillée, ombre légère.
Plantation : d'octobre à mars (hors gel).
Entretien : rabattage éventuel des tiges à mi-hauteur, fin juin, pour renforcer la stabilité des touffes.
Points forts : floraison abondante, très riche palette de coloris.
Point faible : il craint la concurrence des racines ; les tiges, perdant rapidement leurs feuilles, donnent un aspect peu esthétique à la plante (pour y remédier, les planter derrière d'autres plantes de façon à dissimuler les tiges).
Autres territoires possibles : –
Espèces, variétés et cultivars intéressants : *A. ericoides* (100 x 30 cm), buisson aux tiges fines très ramifiées ; à partir de la mi-septembre, profusion de petites fleurs blanches à cœur jaune ressemblant à des pâquerettes ; préfère une situation ombragée et un sol sec.
A. horizontalis 'Lady in Black' (120 cm), buisson de feuilles tirant sur le noir ; floraison en septembre-octobre en brouillard d'étoiles blanc-rosé ; bonne terre de jardin, même lourde ; soleil ; supra-rustique ; bel effet de mai à octobre ; préfère une situation ombragée et un sol sec.
A. lateriflorus 'Asran', 60 cm, originaire d'Asie, feuilles de chêne, vert bleuté, bouquet rond et dense ; floraison lilas brillant, de fin août à octobre ; ne craint pas l'oïdium.
A. novae-angliae 'Andenken an Alma Pötschke' (100 x 40 cm), précoce ; fleurs rouge rubis virant au rose.
A. n-a. 'Constance' (100 x 40 cm), floraison bleu-violet foncé à cœur jaune.
A. n-a. 'Herbstschnee' (120 x 50 cm), précoce, fleurs blanches.
A. n-a. 'Marina Wolkonsky' (150 x 60 cm), feuillage vert clair duveteux, remarquables fleurs violet foncé brillant.
A. n-a. 'Purple Dome' (70 x 30 cm), en coussin dense, couvert de petites fleurs violet pourpre à cœur jaune.

Astilbe x *arendsii*
Astilbe, groupe Arendsii

J'AIME

Leur côté « girls » des Folies-Bergère !

Astilbe.

Forme : vivace.
Famille : saxifragacées.
Origine : horticole ; Allemagne.
Silhouette : touffe dense, vigoureuse, souple.
Croissance : rapide.
Taille adulte : entre 60 cm et 1 m x entre 30 cm et 50 cm.
Feuillage : caduc ; découpé, luisant, souvent bronze à la naissance, puis vert et, enfin, tons d'automne.
Floraison : de juin à août ; inflorescences plumeuses, surmontant le feuillage, dressées ou retombantes.
Fructification : –
Rusticité : – 18 °C.
Sol : de neutre à légèrement acide, humifère, de frais à humide.
Exposition : ensoleillée (si l'humidité de l'air et du sol est suffisante), ombre légère, mi-ombre.
Plantation : toute l'année ; convient à la culture en pot.
Entretien : apprécie le fumier de cheval (pas celui des bovins) ; supprimer les inflorescences fanées pour mettre en valeur le feuillage ; diviser les touffes en automne.
Point fort : feuillage décoratif avant et après la floraison.
Point faible : aucun.
Autres territoires possibles : eau ; lisière fraîche.
Espèces, variétés et cultivars intéressants : *A.* 'Anita Pfeifer' (80 x 40 cm), floraison rose.
A. 'Bressingham Beauty' (80 x 40 cm), pour sa floraison rose saumon.
A. 'Color Flash' (100 x 40 cm), une obtention récente au feuillage vert puis jaune anisé, floraison mauve sur tige rouge.
A. 'Diamant' (60 x 30 cm), pour sa floraison blanche.
A. 'Fanal' (60 x 30 cm), pour sa floraison rouge vif.
Un peu d'histoire : le terme 'arendsii' fait référence à l'obtenteur et jardinier allemand, Georg Arends (1863-1952). Il remit à l'honneur la culture et les obtentions de vivaces, participant au goût pour le « jardin naturel » tel qu'il apparut en Allemagne au cours de la première moitié du XXe siècle.

Begonia grandis ssp. *evansiana*
Bégonia rustique

J'AIME

Ce bégonia est parfaitement rustique, mais il a une allure tropicale étincelante ! Il pratique à merveille l'art des contrastes avec des étamines jaune mimosa, des fleurs rose pâle, un feuillage jaune doré porté par des pétioles rose indien et des tiges vertes et cramoisies.

Begonia grandis.

Forme : vivace rhizomateuse.
Famille : bégoniacées.
Origine : Japon.
Silhouette : en belle touffe dressée et étalée.
Croissance : lente.
Taille adulte : 60 x 30 cm.
Feuillage : luisant, ample et clair ; grosses feuilles ovales, découpées, vert olive dessus, nervures rouges dessous.
Floraison : de juillet à septembre ; abondante floraison rose, brillante, en cymes retombantes, composées de fleurs parfumées, rose indien, sur de longs pétioles rose indien également.
Fructification : bulbilles.
Rusticité : – 10 °C.
Sol : neutre à légèrement acide, léger, humifère.
Exposition : mi-ombre.
Plantation : au printemps ou en automne.
Entretien : ajouter tous les ans une couche de terreau de feuilles.
Point fort : grâce à ses bulbilles, il se propage en touffes importantes.
Point faible : aucun.
Autres territoires possibles : sous-bois ; lisière.
Espèces, variétés et cultivars intéressants : *B. g.* ssp. *e.* var. *alba*, pour sa floraison blanche.
Un peu d'histoire : le père Charles Plumier (1646-1704), botaniste, nomma certaines plantes en hommage aux personnalités qu'il admirait. Ainsi il baptisa le *Begonia* en hommage à l'intendant de marine Michel Bégon (1638-1710), qui avait favorisé son voyage en Amérique, d'où le père Plumier avait rapporté le fameux bégonia. Michel Bégon passa les vingt dernières années de sa vie à Rochefort. En 1986, la ville de Rochefort accueillait une splendide collection de bégonias, devenue collection nationale.

Bergenia cordifolia
Plante des savetiers

J'AIME

Cette excellente plante pousse partout, en tout sol et sous toute exposition ; en plus, elle donne des fleurs à profusion dès le mois de février et conserve un beau feuillage toute l'année ! Elle doit son surnom d'« oreille d'éléphant » – donné par les Anglais – à la taille et à la forme de ses feuilles.

Forme : vivace rhizomateuse.
Famille : saxifragacées.
Origine : prairies, zones alpines ; Sibérie, Mongolie, Altaï, Himalaya.
Silhouette : tapissante et épaisse.
Croissance : moyenne.
Taille adulte : 60 x 80 cm.
Feuillage : persistant ; ample, grosses feuilles coriaces en forme de cœur qui ont tendance à rougir avec le froid.
Floraison : en février ; cymes formant de gros bouquets roses.
Fructification : –
Rusticité : – 25 °C.
Sol : calcaire, humifère, frais, bien drainé.
Exposition : ensoleillée, ombre légère, mi-ombre.
Plantation : en automne.
Entretien : diviser les rhizomes quand c'est nécessaire ; ôter les feuilles abîmées qui enlaidissent la plante.
Point fort : très bon couvre-sol.
Point faible : refuge des limaces.
Autres territoires possibles : lisière ; montagne et falaise.
Espèces, variétés et cultivars intéressants : *B.* 'Abendglut' (20 x 50 cm), feuillage vert virant au pourpre en automne et floraison rouge foncé en avril.
B. 'Eroica' (40 x 50 cm), feuillage vert à veines roses sur le revers et floraison précoce (février) carmin sur hampe rosée.
B. 'Dark Margin' (40 x 50 cm), feuillage vert marginé de pourpre et floraison précoce (février) rouge pourpre.
B. 'Morgenröte' (40 x 50 cm), feuillage vert virant au pourpre et floraison hivernale (de décembre à avril) rose vif, éventuellement remontante à la fin de l'été.
B. 'Wintermärchen' (40 x 50 cm), feuillage large rougissant et floraison précoce (février) en grappes de fleurs rose foncé.

Bergenia cordifolia.

Camassia leichtlinii
Camassia

J'AIME

Le camassia, avec ses élégants épis aux charmantes fleurs étoilées est un formidable bulbe de printemps. Et tout jardinier devrait vraiment le découvrir !

Camassia leichtlinii.

Forme : vivace bulbeuse.
Famille : hyacinthacées.
Origine : prairies humides ; Amérique du Nord.
Silhouette : touffe dense, érigée.
Croissance : rapide.
Taille adulte : 100 x 10 cm.
Feuillage : caduc, vert-bleuté, longues feuilles dressées, linéaires.
Floraison : d'avril à mai ; longue inflorescence en épis sur tige glabre de fleurs étoilées blanc crème, s'ouvrant progressivement de bas en haut.
Fructification : –
Rusticité : – 10 °C.
Sol : pH indifférent, frais, fertile, humide, argileux.
Exposition : plein soleil.
Plantation : au début de l'automne ; enfouir le bulbe sous 10 cm de terre, tous les 30 cm.
Entretien : pailler avant l'hiver pour éviter que les bulbes ne gèlent.
Point fort : il se ressème partout sans être envahissant.
Point faible : son bulbe est particulièrement apprécié par les rongeurs ; ne pas se fier à son aspect moisi qui ne l'empêchera pas de fleurir !
Autre territoire possible : eau (sur les berges).

Espèces, variétés et cultivars intéressants : *C. l.* 'Alba' (60 à 130 cm x 10 cm), de mai à juin, pour ses épis terminaux de fleurs en étoile blanc crème.
C. l. 'Semiplena' pour ses belles fleurs doubles, blanc crème.
C. l. ssp. *suksdorfii* aux fleurs mauves.
C. l. 'Caerulea' pour sa floraison bleu clair.

Un peu d'histoire : l'espèce doit son nom à un botaniste allemand, Max Leichtlin. Le bulbe des camassias était autrefois consommé par différentes tribus amérindiennes. Difficile à digérer, il nécessitait plusieurs jours de cuisson pour devenir consommable.

Carex comans
Laîche

J'AIME

Leur port retombant qui fait penser à une fontaine. Parmi la multitude des espèces et variétés, il en existe une majorité adaptée au territoire de la prairie fraîche, mais d'autres requièrent les conditions du territoire de la prairie sèche, ou encore celles de la montagne et de la falaise.

Carex comans.

Forme : vivace rhizomateuse.
Famille : cypéracées.
Origine : espaces ouverts et humides ; Nouvelle-Zélande.
Silhouette : touffe étalée.
Croissance : rapide.
Taille adulte : 60 x 60 cm.
Feuillage : persistant ; feuilles fines, souples, bronze, bronze rouge, vert pâle, enroulées, partant d'un « socle » basal un peu comme un balai.
Floraison : de juillet à septembre ; tiges portant les épis floraux, plus hautes que le feuillage.
Fructification : –
Rusticité : – 10 °C.
Sol : frais, riche, meuble, humide, bien drainé.
Exposition : du plein soleil à la mi-ombre.
Plantation : en automne ou au printemps ; diviser les touffes au printemps et repiquer.
Entretien : toilettage au peigne pour retirer les feuilles desséchées.
Points forts : bonne longévité, la laîche résiste au stress hydrique.
Point faible : aucun.
Autre territoire possible : lisière.
Espèces, variétés et cultivars intéressants : *C. c.* 'Frosted Curls' (25 x 45 cm), feuillage vert argent, très retombant, échevelé à l'extrémité, couleurs cuivrées en hiver.
C. elata 'Aurea' (laîche dorée ; 70 x 45 cm), touffe, caduque, aux feuilles arquées, jaunes à liserés verts (un vrai éclat de lumière !) ; épis de mai à juin.
C. morrowii 'Variegata' (40 cm), touffe vigoureuse aux feuilles lumineuses, vert foncé traversé par une nervure blanche.
C. pendula (laîche pendante ; 150 cm), grosse touffe au feuillage persistant, vert glauque dessous, vert-jaune dessus ; épis, entre mai et septembre, retombant gracieusement. Attention, peut être très envahissant et il vaut mieux l'empêcher de se ressemer.
C. 'Ice Dance' (30 x 40 cm), large touffe au feuillage persistant, bordé de crème.
Un peu d'histoire : les carex sont souvent classés avec les graminées alors que leurs morphologies sont différentes (les tiges des premiers sont souvent à section triangulaire et dépourvues d'entre-nœuds à la différence de celles des secondes qui sont cylindriques et possèdent des entre-nœuds ; la plupart des carex possèdent des rhizomes ou des stolons à la différence des graminées).

Colchicum
Colchique

J'AIME

C'est sans doute la chanson… mais je ne peux pas imaginer la fin de l'été sans les colchiques, des bulbes d'automne qui n'ont absolument rien à envier à ceux du printemps.

Colchicum 'Lilac Wonder'.

Forme : vivace à cormus.
Famille : colchicacées.
Origine : prairies alpines, collines rocheuses ; Europe.
Silhouette : dressée, vigoureuse.
Croissance : rapide.
Taille adulte : 10 x 8 cm.
Feuillage : il apparaît au printemps suivant la floraison ; les longues feuilles lancéolées, vert pâle, disparaissent avant la floraison.
Floraison : de septembre à novembre ; six à huit fleurs par bulbe, mauves.
Fructification : –
Rusticité : – 20 °C.
Sol : tout type, humifère, fertile, profond, frais, bien drainé.
Exposition : plein soleil, ensoleillée.
Plantation : en août et en septembre ; planter les bulbes à 15 cm de profondeur tous les 15 cm (en groupe).
Entretien : aucun ; éviter simplement de toucher la plante.
Point fort : sa floraison tardive.
Point faible : attention, elle est très vénéneuse ; elle est surnommée « tue-chien ».
Autres territoires possibles : –
Espèces, variétés et cultivars intéressants : *C. a.* 'Album' (10 x 8 cm), feuillage panaché six mois après la floraison ; floraison en octobre de fleurs blanc pur.
C. speciosum 'Album' (20 x 10 cm), pour ses robustes fleurs blanc pur.
C. 'Lilac Wonder' (15 x 10 cm), dont la floraison a lieu en octobre ; nombreuses (jusqu'à 10) fleurs rose-violet foncé.
C. 'Waterlily' (12 x 10 cm), floraison en octobre ; chaque bulbe produit de trois à cinq grosses fleurs, doubles, rose-violet.
Un peu d'histoire : un alcaloïde, la colchicine, tiré de la colchique fut utilisé en médecine, puis en biologie végétale. Cet alcaloïde permet de doubler le nombre de chromosomes chez des végétaux. Ainsi la dimension de certaines floraisons a-t-elle été augmentée de 30 %. La colchicine a permis également d'intensifier certains rendements, comme celui du seigle ou de la betterave sucrière. (cf. Jean-Baptiste De Vilmorin, Marcel Clébant, *Le Jardin des hommes*, éditions Le Pré aux Clercs, 1996.)

Crocosmia 'Lucifer'
Montbrétia 'Lucifer', Flamme d'enfer

J'AIME

Le feu d'artifice provoqué par ses teintes violentes… à utiliser avec modération !

Forme : vivace à cormus.
Famille : iridacées.
Origine : horticole.
Silhouette : touffe compacte, robuste.
Croissance : rapide.
Taille adulte : 120 x 10 cm.
Feuillage : caduc ; longues feuilles vert franc, lancéolées et arquées.
Floraison : de juillet à septembre ; explosion de fleurs en entonnoir, rouge éclatant et lumineux, érigées vers le ciel et regroupées sur de très longs épis arqués.
Fructification : –
Rusticité : – 10 °C.
Sol : pauvre, humifère, frais, bien drainé.
Exposition : du plein soleil à la mi-ombre.
Plantation : au printemps ; à 10 cm de profondeur tous les 10 cm (en planter suffisamment pour obtenir une belle touffe).
Entretien : protéger la souche en hiver par un paillis ; au printemps, diviser les touffes quand elles sont en surnombre pour renforcer !
Point fort : son éclat.
Point faible : attire les araignées rouges.
Autre territoire possible : eau (berge).

Crocosmia 'Lucifer'.

Dahlia
Dahlia

J'AIME

Le côté échevelé des fleurs des formes cactus mais aussi leur « surdimension » m'amusent beaucoup. Et puis ces couleurs insensées, toujours lumineuses, qui réchauffent les premiers jours de l'automne !

Forme : vivace rhizomateuse.
Famille : astéracées.
Origine : zones montagneuses ; Mexique et Amérique centrale.
Silhouette : touffe dressée, buissonnante.
Croissance : rapide.
Taille adulte : variable selon les variétés.
Feuillage : caduc.
Floraison : de juillet aux premières gelées ; pour obtenir de plus grosses fleurs, supprimer les boutons et les tiges latérales poussant sous le bouton floral terminal ; ôter les fleurs fanées pour favoriser une nouvelle floraison.
Fructification : –
Rusticité : – 8 °C.
Sol : ordinaire, même sableux, meuble, riche, humifère, constamment frais et très bien drainé.
Exposition : plein soleil, ensoleillée ; en milieu très ouvert.
Plantation : avril, après les dernières gelées printanières ; placer les tubercules avec les départs de tiges vers le haut dans un trou de plantation de 40 cm de diamètre et de 10 à 15 cm de profondeur. À côté du tubercule, placer un tuteur pour les grandes variétés ; au fur et à mesure que les tiges grandissent les fixer au tuteur par un brin de raphia ou d'osier ; recouvrir de terre, tasser et arroser. Un tubercule tous les 50 à 80 cm pour les dahlias à grand développement, tous les 30 à 50 cm pour les nains.
Entretien : protéger les jeunes plantations de la voracité des limaces.

Dahlia 'Bath Bonnet'.

Arroser les pieds par temps sec en épargnant le feuillage. Dans une région à hivers relativement doux, un bon paillage protégera les tubercules du froid. Dans les régions à hivers rudes, déterrer les tubercules aux premiers froids et les remiser dans un endroit sec et frais ; séparer les tubercules au printemps, en conservant un bout de collet sur chaque éclat, replanter. Arroser les pieds en été.
Point fort : leur incroyable variété.
Points faibles : le dahlia ne supporte pas le gel ; il est sensible à la pourriture en cas d'humidité stagnante.
Autres territoires possibles : –
Espèces, variétés et cultivars intéressants : avec près de 30 espèces, mais surtout quelque 20 000 cultivars, la famille est si vaste qu'elle a été divisée en 13 « sous-familles » selon la forme de leurs fleurs, dont les cactus, les pompons, les fleurs de pivoine…
Un peu d'histoire : le dahlia est introduit en Europe en 1712, d'abord comme plante potagère puisque, dans son pays d'origine, les Aztèques mangeaient les tubercules, à la façon des pommes de terre. Mais leur goût n'a pas convaincu… Aussi est-il passé aux jardins ornementaux.
Octave Mirbeau à propos des dahlias de Claude Monet dans les jardins de Giverny : « À la féerie des pavots succède la féerie des fastueux dahlias ; collerettes tuyautées, précieusement liserées d'or fin, de pourpre saignante, de lilas attendri ; pompons imbriqués de toutes les couleurs vives et de toutes leurs nuances discrètes ; étoiles qui tremblent et scintillent en haut de tiges frêles, ramifiées, charmantes de grâce légère et hardie ; ou bien, découpures de soies anciennes, aux tons atténués, aux broderies fanées délicieusement, ou bien, monstrueux panaches dont les pétales laciniés s'effilent, s'épandent, se tordent en crinières écarlates. » (Octave Mirbeau, « Claude Monet » dans *L'Art dans les Deux Mondes*, Paris, 7 mars 1891, nº 16, p. 183-185.)

Eucomis
Fleur ananas

J'AIME

La fleur ananas est étrange et « humoristique » avec son drôle de toupet sur la tête.

Forme : vivace bulbeuse.
Famille : hyacinthacées.
Origine : zones pierreuses, prairies humides ; Afrique méridionale (tropicale) et Afrique du Sud.
Silhouette : dressée.
Croissance : modérée (le temps que le bulbe et ses très nombreuses racines trouvent leur place).
Taille adulte : 60 x 40 cm.
Feuillage : caduc ; rosettes de longues feuilles basales rubanées, d'où émerge en été un épi fleuri compact, surmonté par un plumet de feuilles rappelant l'allure d'un petit ananas.
Floraison : de juillet à octobre ; fleurs vert pâle à liseré rose clair, portées par un épi sur une tige mouchetée de brun rouge ; chaque bulbe produit une seule inflorescence.
Fructification : les fruits s'ouvrent sur de belles graines, remplacent les fleurs au fur et à mesure qu'elles fanent.
Rusticité : – 10 °C.
Sol : tout type (très peu calcaire), ordinaire, bien drainé.
Exposition : du plein soleil à la mi-ombre.
Plantation : printemps, à 15 cm de profondeur.
Entretien : pailler en hiver pour protéger le bulbe du froid.
Point fort : son originalité.
Point faible : les limaces apprécient le jeune feuillage.
Autres territoires possibles : prairie sèche ; montagne et falaise.
Espèces, variétés et cultivars intéressants : *E. autumnalis* (30 x 15 cm), aux épis blanc-vert.
E. comosa 'Sparkling Burgundy' (60 x 30 cm), hampes florales dressées, roses, feuillage pourpre foncé.

Eucomis comosa 'Sparkling Burgundy'.

Fritillaria meleagris
Œuf-de-pintade

J'AIME
C'est de l'art cinétique au jardin !

Forme : vivace bulbeuse.
Famille : liliacées.
Origine : prairies, sous-bois ; centre de l'Europe.
Silhouette : dressée et arquée.
Croissance : lente (floraison au bout de deux ans après la plantation).
Taille adulte : de 30 à 40 cm x 8 cm.
Feuillage : il apparaît à la fin de l'automne avant la floraison printanière.
Floraison : en mars ; corolle en forme de clochette, pourpre et lilas, à motif de damier.
Fructification : capsules.
Rusticité : – 20 °C.
Sol : acide, humifère, léger, frais, bien drainé (déteste les sols lourds et le calcaire).
Exposition : du plein soleil à la mi-ombre.
Plantation : en automne (avant les gelées), enterrer les bulbes à 10 cm de profondeur tous les 5 cm.
Entretien : laisser en place après la floraison.
Point fort : il se ressème naturellement.
Points faibles : il n'aime pas la concurrence des racines ; peut attirer les limaces.
Autres territoires possibles : –
Espèces, variétés et cultivars intéressants : *F. imperialis* (Couronne impériale ; 120 x 25 cm), juin, ombelles de fleurs pendantes jaune-orangé tirant sur le rouge.
F. i. 'Lutea' (90 x 30 cm), floraison jaune.
F. i. 'Rubra' (90 x 30 cm), floraison rouge.
Un peu d'histoire : *fritillaria* vient du latin *fritillus* qui signifie « cornet à jeter les dés » alors que *meleagris*, d'origine grecque, se réfère au plumage moucheté de la pintade. *Fritillaria meleagris* existe encore à l'état naturel, le long de la Loire (Loire-Atlantique).

Fritillaria meleagris.

Galanthus nivalis
Perce-neige

J'AIME
L'hiver est encore là, mais la fraîcheur et la distinction de leurs fleurs blanches joliment marquées de vert accompagnent les premiers frémissements du printemps.

Forme : vivace bulbeuse.
Famille : amaryllidacées.
Origine : zones boisées et rocheuses ; des Pyrénées à l'Ukraine.
Silhouette : petite touffe.
Croissance : rapide.
Taille adulte : 10 x 10 cm.
Feuillage : caduc ; les feuilles vert foncé, lancéolées et semi-dressées apparaissent en même temps que la floraison.
Floraison : en février et mars ; chaque bulbe donne une fleur unique, aux légers arômes de miel ; fleur en forme de clochette pendante, blanche, avec une marque verte en forme de « V » sur chaque tépale.
Fructification : –
Rusticité : – 20 °C.
Sol : humifère, frais et drainé, ne séchant pas en été.
Exposition : ombre légère, mi-ombre (parfait sous les caducs).
Plantation : en automne ; à 3 cm de profondeur en groupe pour avoir un effet de masse.
Entretien : aucun entretien particulier.

Galanthus nivalis.

Galanthus nivalis.

Point fort : sa ravissante et abondante floraison, qui fait partie des premières que l'on voit apparaître au jardin.
Point faible : la mouche du narcisse et la pourriture grise peuvent endommager les perce-neige.
Autre territoire possible : montagne et falaise.
Espèces, variétés et cultivars intéressants : *G. caucasicus* (10 x 10 cm), floraison en janvier.
G. 'John Gray' (15 x 10 cm), robuste, qui fleurit en janvier.
G. elwesii (15 x 10 cm), robuste, qui fleurit en février.
G. fosteri (8 à 15 cm x 5 cm), gracieux, qui fleurit en février.
G. gracilis (10 à 15 cm x 5 cm), très élégant aux deux marques vertes sur les tépales ; fleurit en février.
G. 'Ophelia' (15 x 10 cm), pour sa floraison double en février.
G. 'Straffan' (12 à 15 cm x 10 cm), très vigoureux, sa floraison débute à la fin du mois de mars.
G. n. 'Viridapice' (15 x 10 cm), blanc-vert ; floraison de février à mars.

Galtonia candicans
Jacinthe du Cap

J'AIME

La jacinthe du Cap est une grande élégante, super rustique, qui s'installe au jardin sans tambour ni trompette.

Forme : vivace bulbeuse.
Famille : hyacinthacées.
Origine : prairies fraîches ; Afrique du Sud.
Silhouette : touffe dressée.
Croissance : rapide.
Taille adulte : de 100 à 120 x 10 cm.
Feuillage : caduc ; rosette de longues feuilles, vert pâle, lancéolées, charnues.
Floraison : mi-août ; tige florale glabre, portant de nombreux boutons verts striés de blanc, s'ouvrant sur des fleurs en clochette pendante, blanc lavé de vert frais, légèrement parfumées.
Fructification : –
Rusticité : – 15 °C.
Sol : tout type, riche, constamment frais, bien drainé.
Exposition : plein soleil, ensoleillée, ombre légère.
Plantation : au début du printemps ; installer les bulbes à 15 cm de profondeur tous les 30 cm.
Entretien : supprimer les fleurs fanées.
Point fort : elle fleurit quand beaucoup d'autres fleurs du jardin disparaissent en plein été, durant le trou de floraison.
Point faible : aucun.
Autres territoires possibles : –
Espèces, variétés et cultivars intéressants : *G. viridiflora* (100 x 10 cm), en septembre fleurissent des fleurs en trompette vert tendre ; moins rustique (– 8 °C) que *G. candicans.*
Un peu d'histoire : *Galtonia* est dédiée au savant britannique Francis Galton (1822-1911), qui n'est autre que le cousin de Charles Darwin. Il explora l'Afrique tropicale. Après avoir mené diverses recherches se rapportant aux phénomènes météorologiques et biologiques, à la géographie également, il étudia leurs influences sur les comportements des êtres humains et sur leur hérédité. Il posa alors les bases de la psychologie différentielle, reposant sur des études statistiques. Sa théorie est à l'origine de l'eugénisme et de ses lois (stérilisation contrainte, limitation de l'immigration…) qui furent appliquées par de nombreux régimes totalitaires comme celui de l'Allemagne nazie.

Les hampes florales de *Galtonia candicans* au premier plan.

Gunnera manicata
Gunnéra

J'AIME

La démesure et l'extravagance de cette plante ! Les brumes et les brouillards du Cotentin lui réussissent particulièrement bien.

Forme : vivace rhizomateuse.
Famille : gunnéracées.
Origine : marécages et forêts humides des Andes ; Brésil, Chili, Colombie.
Silhouette : très grande touffe étalée.
Croissance : rapide.
Taille adulte : de 2 à 3 m x 3 à 3,50 m.
Feuillage : caduc ; luxuriant ; immenses feuilles crénelées, lobées au bout de longs pétioles épineux.
Floraison : à partir du mois de mai, apparition d'inflorescences en grands épis (de 80 à 120 cm) composés de minuscules fleurs vert-rouge. Les épis se développent lentement jusqu'à l'automne.
Fructification : –
Rusticité : – 10 °C.
Sol : légèrement acide, profond, constamment frais, très humifère.
Exposition : ensoleillée, de préférence soleil du matin ; ombre légère ; toujours à l'abri du vent.
Plantation : au printemps.
Entretien : avant l'hiver, recouvrir la souche avec ses propres feuilles coupées, pour la protéger des gels prolongés (ne pas oublier qu'elle est originaire de montagnes où la température descend fréquemment à – 10 °C).
Point fort : elle est très facile à cultiver pourvu qu'elle soit en sol frais, dans une atmosphère humide.
Point faible : –
Autre territoire possible : eau (berge).
Espèces, variétés et cultivars intéressants : *G. magellanica* (15 x 30 cm), à défaut d'avoir la place pour planter *G. manicata*

Gunnera manicata.

Un peu d'histoire : en 1825, le *Dictionnaire classique d'histoire naturelle* (tome 7) signale à propos de Gunnera : « Elle croît au Chili et au Pérou dans les lieux humides. Le Père Feuillée […] l'a décrite et figurée sous le nom de Panke qu'il porte dans le pays. La décoction de ses feuilles est rafraîchissante, et ses pétioles se mangent crus et dépouillés de leur écorce. Les racines sont très riches en principe astringent, car les teinturiers s'en servent souvent pour teindre en noir, et les tanneurs préparent leurs peaux en les faisant bouillir avec cette racine qui augmente considérablement le gonflement et par suite l'épaisseur des cuirs. » Et plus loin, à propos de *G. magellanica* : « Enfin le genre Misandra de Commerson ou Disomene de Banks et Solander, a été réuni au Gunnera par Lamarck […] qui a décrit l'espèce sous le nom de G. magellanica, changé depuis inutilement en celui de G. plicata par Vahl […]. Cette plante croît au détroit de Magellan. »

Iris japonica
Iris japonais

J'AIME

La délicatesse de la floraison comme un léger nuage bleuté.

Forme : vivace rhizomateuse.
Famille : iridacées.
Origine : sous-bois frais ; centre de la Chine, Japon.
Silhouette : touffe dressée, vigoureuse.
Croissance : rapide.
Taille adulte : 60 x 60 cm.
Feuillage : semi-persistant, vert foncé brillant.
Floraison : en avril-mai, petites fleurs blanches infusées de bleu, aux bords finement découpés et à crête jaune-orangé sur les sépales.
Fructification : –
Rusticité : – 10 °C.
Sol : de neutre à acide, léger, frais, très humifère.
Exposition : mi-ombre, ombre ; parfait sous les caducs dont les feuilles tombées le protégeront des gelées.
Plantation : hors périodes de gel ; à 2 cm de profondeur, en groupe pour former une touffe, quelques cailloux posés sur la plantation l'aideront à se stabiliser le temps que les racines se développent ; il convient parfaitement à la culture en pot.
Entretien : pailler en hiver pour le protéger des longues périodes de gel ; supprimer les tiges florales fanées.
Point fort : il se multiplie facilement par ses longs et fins rhizomes qui courent, superficiellement, dans le sol.
Point faible : aucun.
Autre territoire possible : lisière.

Iris japonica.

Espèces, variétés et cultivars intéressants : *I. j.* 'Variegata' pour son feuillage vert brillant, panaché de blanc, fleurs moins nombreuses que sur le type, blanc et bleu pâle, crête jaune.

Lamium maculatum
Ortie rouge

J'AIME

Une ortie qui ne pique pas et dont le feuillage décoratif joue les couvre-sol.

Forme : vivace rhizomateuse.
Famille : lamiacées.
Origine : zones de taillis ensoleillées, zones boisées humides ; Europe, Bassin méditerranéen, Asie.
Silhouette : touffe étalée, rampante.
Croissance : modérée.
Taille adulte : de 20 à 40 cm x 100 cm.
Feuillage : caduc ; feuilles triangulaires, vert-gris marquées de blanc.
Floraison : de mars à juin puis de septembre à octobre ; petites fleurs en épis rose foncé, parfois blancs.
Fructification : –
Rusticité : – 20 °C.
Sol : tout type, ordinaire, humifère, frais, bien drainé.
Exposition : du plein soleil à l'ombre.
Plantation : tous les 40 cm.
Entretien : rabattre au pied après la floraison pour la production d'un nouveau feuillage.
Points forts : elle supporte la concurrence des racines, couvre-sol efficace dans les endroits difficiles d'accès ; elle est facile à contenir, un coup de bêche suffit à arrêter son expansion.
Point faible : tendance à l'envahissement.
Autres territoires possibles : sous-bois ; lisière.
Espèces, variétés et cultivars intéressants : *L. galeobdolon* 'Silberteppich' (20 cm x illimité), moins envahissant que le type, son feuillage décline l'argent pur.

Lamium maculatum (rose).

L. maculatum 'Beacon Silver' (20 x 100 cm), feuillage argenté, floraison rose pâle.
L. m. 'White Nancy' (15 x 100 cm), feuilles marbrées de blanc, fleurs blanches.

Leucojum aestivum
Nivéole d'été

J'AIME

Elle est toujours fidèle au poste pour fêter le printemps !

Forme : vivace bulbeuse.
Famille : amaryllidacées.
Origine : bois, sous-bois, prairies fraîches ; Europe (nord-ouest, centre, est), Turquie.
Silhouette : touffe érigée.
Croissance : modérée.
Taille adulte : 60 x 10 cm.
Feuillage : caduc ; longues feuilles lancéolées, vert foncé, brillantes.
Floraison : fin mars ; tiges glabres portant de quatre à huit fleurs, pendantes, chacun des six pétales portant une petite tache verte sur son extrémité supérieure.
Fructification : –
Rusticité : – 20 °C.
Sol : tout type, riche, humifère, frais, bien drainé.
Exposition : ombre légère, mi-ombre.
Plantation : en automne ; planter les bulbes à 8 cm de profondeur, en groupe, pour obtenir des touffes fournies.
Entretien : aucun entretien particulier.
Point fort : la légèreté de sa floraison.
Point faible : les limaces !
Autre territoire possible : montagne et falaise.
Espèces, variétés et cultivars intéressants : *L. a.* 'Gravetye Giant' (90 x 10 cm), pour sa robustesse et ses longues tiges fleuries.
L. vernum (20 x 10 cm) fleurit un peu plus tôt que *L. aestivum* ; convient aussi en rocaille.

Leucojum aestivum.

Lupinus Hybride de Russel
Lupin

J'AIME

Le lupin a un côté désuet qui n'est pas dénué de charme. Il ne faut vraiment pas se priver de le redécouvrir.

Forme : vivace.
Famille : papilionacées.
Origine : horticole.
Silhouette : érigée.
Croissance : rapide.
Taille adulte : 80 x 60 cm.
Feuillage : caduc.
Floraison : de mai à août ; couleurs variées selon les cultivars (bicolores ou unicolores : blanc, rose, rouge, violet, bleu, jaune...).
Fructification : –
Rusticité : – 20 °C.
Sol : de neutre à légèrement acide, léger, sableux en conditions idéales mais le lupin supporte un sol lourd et argileux s'il est bien drainé.
Exposition : plein soleil, ensoleillée.
Plantation : tout le temps, hors périodes de gel.
Entretien : ôter les fleurs fanées pour encourager de nouvelles floraisons.
Point fort : la générosité de ses fleurs.
Point faible : le lupin ne supporte pas les sols calcaires.
Autres territoires possibles : –

Lupinus Hybride de Russel.

GRAMINÉES & VIVACES EN BONNE INTELLIGENCE

Cultiver le naturel

L'entrée des graminées dans le jardin suscite toujours une émotion particulière. Évocation de la Grande Prairie d'Amérique du Nord, d'espace, de nature, ces herbes hautes proposent un autre regard sur les plantes. Elles ont ouvert le vocabulaire jardinier aux termes de graphisme, de légèreté, de mouvement, de lumière. Et surtout, leurs effets ornementaux longue durée et leur frugalité répondent parfaitement aux critères du jardinage contemporain. Associées à des vivaces dans une plate-bande ou un massif, elles créent une scène du jardin qui, en ville, introduit l'idée de naturel et, à la campagne, établit une transition entre l'enclos du jardin et le paysage alentour. Les floraisons y seront considérées comme un événement parmi d'autres, dont le bourgeonnement, les différentes feuillaisons, les fructifications, les couleurs d'automne, l'architecture des tiges dénudées en hiver.

Une plate-bande ou un massif dédiés aux seules graminées et vivaces donnent l'illusion du naturel, alors qu'ils requièrent une approche des plus réfléchies de la part du jardinier. Où son art relève de l'observation, de la connaissance et, plus que partout ailleurs au jardin, de la façon de planter. En outre, chacune des plantes qui y est installée doit posséder une forte personnalité pour tirer son épingle du jeu. Pour être vue et appréciée.

Structures, mouvements et lumière

Bien choisies, les différentes espèces de vivaces et de graminées établiront un dialogue très particulier. Aux feuillages linéaires des graminées répondront ceux, plus diversifiés, des vivaces ; aux épis bruns ou dorés des premières, les floraisons colorées des secondes. À la verticalité des graminées, le répertoire floral des vivaces répliquera par une même verticalité (*Digitalis*) ou en contraste avec l'horizontalité des ombelles (*Achillea*, *Foeniculum vulgare*, *Phlox paniculata*, *Sedum*), des têtes rondes (*Allium*) ou encore par des inflorescences plumeuses (*Rodgersia*, *Thalictrum*). Tout un vocabulaire graphique s'installe entre plantes qui partagent le même esprit, issues d'obtentions qui n'ont pas altéré le caractère « naturel » de

Floraisons des vivaces de printemps dans les graminées qui démarrent.

leurs parents. Une autre dimension, sensuelle, se lit à travers les différentes textures des feuillages, entre les brillances et l'éclat des graminées et le velouté, la matité, le duveteux de certaines vivaces (*Aster*, *Verbascum*). La souplesse de la plupart des graminées leur permet de « jouer » avec le vent, de vibrer au moindre courant d'air. Un peu comme le roseau de la fable, elles plient mais ne rompent pas. Qu'un rayon de soleil se glisse dans leurs jeux avec le vent et elles se drapent d'éclats de lumière étincelants (*Miscanthus sinensis*, *Molinia*, *Panicum virgatum*, *Stipa gigantea*).

Douze mois sur douze

Les différentes floraisons des vivaces peuvent se succéder du début du printemps jusqu'au cœur de l'automne, l'époque des graminées débutant à la fin du printemps pour se poursuivre jusqu'à la fin de l'hiver. Subtil, l'art du jardinier sera de faire se succéder les floraisons des vivaces et celles des graminées, d'anticiper l'envergure des unes et des autres, de connaître aussi leurs différentes vitesses de croissance. Une fois les vivaces fanées, elles seront rabattues pour céder leur place aux graminées. Entre la fin du mois d'août et celle du mois de septembre, le plus beau spectacle est donné par les vivaces à floraison tardive (*Aster*, *Rudbeckia*) associées aux graminées en plein dynamisme. L'hiver approchant, les vivaces disparaissent et laissent aux seules graminées le soin d'animer la plantation par les tons bruns, dorés, parfois rosés, de leurs feuillages et par l'architecture de leurs silhouettes. Une fois fauchées à la fin de l'hiver, les graminées

Page de gauche
Allium nigrum.

laissent le champ libre à une foule de bulbes dont les floraisons joueront les animatrices avant la réapparition des vivaces.

L'association graminées / vivaces dans les Jardins de La Maubrairie

Avant d'associer graminées et vivaces en plate-bande, j'ai dû penser à une gestion cohérente adaptée à des plantes qui n'ont pas forcément les mêmes besoins. Les graminées demandent de l'azote et se plaisent dans des sols relativement pauvres quand les vivaces sont exigeantes en compost et nutriments dans le sol. Trop de nourriture accélère la croissance des graminées, les fragilise avant de les condamner à l'effondrement.
On a tendance à penser que les graminées ne sont que des plantes de fin d'été et de début d'automne. C'est vrai pour l'ensemble de *Miscanthus*. Mais dès le mois de juin certaines d'entre elles, comme *Stipa* ou *Molinia*, commencent à apporter de la légèreté à la plate-bande avant d'être rejointes par *Pennisetum* au mois d'août. Toutes proposent des types de silhouettes bien différentes : verticales rigides ou souples, formes rondes aussi (*Carex*). L'allure extrêmement naturelle, la verticalité et la spontanéité des digitales s'intègrent parfaitement aux graminées. J'adore *Digitalis purpurea* 'Alba', même s'il s'agit d'une bisannuelle demandant davantage d'interventions qu'une vivace traditionnelle, puisqu'il faut la replanter régulièrement. Je ne sème que cette variété blanche mais comme les roses dominent dans la campagne alentour, je suis obligé de sélectionner les plants. Dès le débourrement des feuilles, si j'en vois dont les nervures sont rouges, je les arrache car elles fleuriront rose. Comme elles se ressèment spontanément, en masse et au même endroit, je dois les diviser et les répartir sur la plate-bande dès le mois de septembre. J'aime aussi *Digitalis ferruginea*, la digitale ferreuse, une vivace parfois bisannuelle aux longs épis de fleurs jaune pourpré à veines rouge-brun à l'intérieur. Pourtant, c'est une plante que j'ai détestée quand j'étais petit, mon cousin s'étant empoisonné avec.
Dans le Jardin du Soir, la plate-bande des graminées et des vivaces me surprend toujours par son dynamisme. Les plantes y changent de formes et de couleurs au fil des saisons. Elles ont l'art de cultiver le contraste et la tension mais aussi l'harmonie tout en sollicitant d'un bout de l'année à l'autre l'esprit et l'œil.

Papaver orientalis 'Cedric Morris'.

Lychnis coronaria
Coquelourde des jardins

J'AIME

Son élégance ; elle apparaît là où on ne l'attend pas, la tonicité de sa couleur est extraordinaire, à peine estompée par le gris velouté du feuillage.

Lychnis coronaria 'Alba'.

Forme : vivace.
Famille : caryophyllacées.
Origine : forêts, prairies ; zones humides ; sud-est de l'Europe.
Silhouette : touffe dressée, compacte et ramifiée.
Croissance : rapide.
Taille adulte : 80 x 45 cm.
Feuillage : semi-persistant ; il disparaît avec le gel ; gris argenté, velouté, aromatique.
Floraison : de mai à août ; petites fleurs rouge carmin, très lumineux.
Fructification : –
Rusticité : – 20 °C.
Sol : de neutre à calcaire, plutôt pauvre, bien drainé.
Exposition : plein soleil, ensoleillée, ombre légère.
Plantation : en automne ou au printemps, en dehors des périodes de gel.
Entretien : couper les tiges florales fanées.
Point fort : très facile, elle se ressème spontanément (il suffit de garder quelques tiges fanées sur pied).
Point faible : aucun.
Autre territoire possible : prairie sèche.
Espèces, variétés et cultivars intéressants : *L. alpina* (10 x 10 cm) fleurit d'avril à juin, en cymes compactes de fleurs rose pourpre.
L. chalcedonica 'Alba' (90 x 45 cm), de juin à août, floraison en boules composées de petites fleurs blanches en étoile.
L. coronaria 'Atrosanguinea' (80 x 45 cm), feuillage encore plus gris et fleurs encore plus rouges que le type.
L. c. 'Alba' (80 x 45 cm), feuillage gris et bouquets de fleurs blanches.
L. flos-coculi (75 x 80 cm), de mai à juillet, fleurs en épis roses d'une grâce invraisemblable (parfaite en bordure d'eau).
L. viscaria 'Splendens Plena' (45 x 45 cm), de mai à juillet, floraison double, magenta très prononcé.

Miscanthus sinensis
Eulalie

J'AIME

Sa vraie présence hivernale qui anime le jardin quand beaucoup de plantes ornementales ont disparu.

Miscanthus sinensis.

Forme : graminée.
Famille : poacées.
Origine : habitats ouverts, prairies humides des zones montagneuses ; Japon, Corée, Chine.
Silhouette : haute, touffue et hérissée.
Croissance : rapide.
Taille adulte : de 1 à 2,50 m x 1 à 2 m (selon les variétés).
Feuillage : caduc ; longues feuilles vert foncé à nervure centrale blanche, aux coloris d'automne variés.
Floraison : du milieu de l'été jusqu'en automne ; exceptionnelles inflorescences devenant plumeuses, aux tons rouges, rosés puis blanc argenté.
Fructification : –
Rusticité : – 15 °C.
Sol : tout type, ordinaire, frais, des sols légers (sableux) aux sols lourds (argileux).
Exposition : plein soleil, ensoleillée.
Plantation : au printemps ou en début d'été ; choisir de jeunes plants qui s'implanteront mieux que des plants adultes ; bien démêler les racines avant de les planter ; arroser copieusement jusqu'à la reprise de végétation.
Entretien : paillage organique ou minéral pour limiter la venue d'indésirables et conserver au sol sa fraîcheur ; à la fin de l'hiver ou au début du printemps, rabattre l'ensemble de la graminée par une fauche ; diviser la touffe tous les cinq ans.
Point fort : s'agissant d'une graminée en touffe, *Miscanthus sinensis* reste en place sans envoyer de rejets, sans risque d'envahissement.
Points faibles : si le sol est trop riche et/ou trop arrosé, le port de la plante perd en tenue et a tendance à devenir lâche et mou. Attention aux bords tranchants des feuilles, extrêmement coupants !
Espèces, variétés et cultivars intéressants : *M.* x*giganteus* (2,50 x 2 m), très vigoureux, aux feuilles larges, arquées, vert pâle et aux inflorescences roses puis argentées.
M. s. 'Emmanuel Lepage' (1,50 x 1,50 m), feuillage persistant, très souple, dense, inflorescences d'août à décembre.
M. s. 'Strictus' (2 x 1,50 m), très érigé, stries jaunes en travers du feuillage, très décoratif.
M. s. 'Zebrinus' (1,50 x 1,50 m), feuillage régulièrement marqué de bandes jaune clair disposées en travers des feuilles.
Un peu d'histoire : *Miscanthus sinensis* symbolise l'automne au Japon. Si le type n'est plus vraiment cultivé dans les jardins, c'est que depuis plus d'un siècle, il a été à l'origine de très nombreuses obtentions aux feuillages et floraisons recherchés. Non envahissantes dans les régions tempérées ou froides, les variétés de *M. sinensis* peuvent révéler un vrai tempérament dominant dans les régions chaudes et humides du globe.

Narcissus
Narcisse

J'AIME
Un printemps sans narcisse ? Jamais !

Forme : vivace bulbeuse.
Famille : amaryllidacées.
Origine : prairies, zones boisées, zones rocailleuses ; Europe, Afrique du Nord.
Silhouette : touffe érigée.
Croissance : rapide.
Taille adulte : de 10 à 40 cm x 8 à 15 cm (selon les variétés).
Feuillage : caduc ; feuilles longues, étroites, vert foncé.
Floraison : de février à mai ; environ 15 jours de floraison, nombreuses formes de fleurs selon les variétés (entonnoir, trompette, à couronne, à collerette, à fleurs doubles...) pouvant être parfumées.
Fructification : –
Rusticité : – 20 °C.
Sol : tout type, ordinaire, léger, frais, bien drainé.
Exposition : d'ensoleillée à la mi-ombre (ombre des caducs).
Plantation : de septembre à octobre ; planter plusieurs bulbes (8 à 10) dans le même trou pour avoir des touffes fleuries, à une profondeur d'environ trois fois la hauteur des bulbes pour les protéger des gelées, tous les 5 cm.
Entretien : couper les feuilles une fois qu'elles ont jauni (pas avant pour laisser au bulbe le temps d'accumuler de nouvelles réserves pour le printemps suivant).
Points forts : convient à la culture en pot (dans un lit de terreau, placer de deux à quatre bulbes, laisser la pointe sortir, laisser le pot dans un endroit frais, quand les feuilles sortent, placer le pot dans la maison) ; ne redoute pas les rongeurs.
Point faible : aucun.
Autres territoires possibles : sous-bois (caduc) ; lisière ; prairie sèche ; montagne et falaise.

Narcissus.

Espèces, variétés et cultivars intéressants : *N. bulbocodium* (10 à 15 cm x 8 à 15 cm), en avril, fleurs en entonnoir jaune franc ; il se naturalise facilement.
N. cyclamineus (15 à 20 cm x 8 à 15 cm), très robuste ; en mars apparaissent des fleurs solitaires jaune d'or.
N. jonquilla (Petite jonquille ; 15 cm x 15 cm) ; en mai, floraison qui apparaît comme un extrait de parfum en jaune d'or.
N. poeticus (Narcisse des poètes ; 25 à 50 cm x 15 cm) floraison en mai avec des fleurs solitaires parfumées.
N. pseudonarcissus (Jonquille ;15 à 30 cm x 15 cm) ; en mars apparaissent des fleurs arquées en trompette, jaunes ; il se naturalise facilement.
N. 'Rip van Winkle' (15 x 15 cm) ; en mars apparaissent des fleurs doubles jaune franc.
N. tazetta (syn. *N.* 'Soleil d'Or' ; 20 à 50 cm x 15 cm) ; floraison à la mi-février, les tiges portant de dix à vingt fleurs parfumées, moins rustiques que les autres (– 8 °C).
N. 'Tête à tête' (15 x 15 cm) ; en mars apparaissent des fleurs jaune d'or.
N. 'Thalia' (35 x 15 cm) ; floraison en avril, la tige portant deux fleurs, blanc crème.

Nectaroscordum siculum (syn. *Allium siculum*)
Nectaroscordum

J'AIME
Dans une plate-bande, sa présence florale ne nuira jamais aux autres plantes.

Forme : vivace bulbeuse.
Famille : alliacées.
Origine : sous-bois frais, ombragés, zones rocailleuses ; France, Italie.
Silhouette : érigée.
Croissance : rapide.
Taille adulte : 80 x 10 cm.
Feuillage : caduc ; longues feuilles basales, linéaires, vert glauque.
Floraison : en juin ; fortes tiges portant des ombelles composées de nombreuses fleurs en clochette pendante, blanc cassé, teintées de rose à la base.
Fructification : capsules dressées.
Rusticité : – 20 °C.
Sol : tout type, ordinaire, frais, bien drainé.
Exposition : du plein soleil à la mi-ombre.
Plantation : en automne ou au printemps.
Entretien : division éventuelle des bulbes (caïeux) en été.
Point fort : l'originalité de sa fleur.
Point faible : aucun.
Autres territoires possibles : lisière ; prairie sèche ; montagne et falaise.
Espèces, variétés et cultivars intéressants : *N. s.* ssp. *bulgaricum* (ail de Bulgarie) presque semblable au type.

Nectaroscordum siculum.

Oxalis tetraphylla (syn. *O. deppei*)
Oxalis

J'AIME
Cueillir (sans le chercher) un vrai trèfle à quatre feuilles !

Forme : bulbe.
Famille : oxalidacées.
Origine : zones ouvertes, friches ; Mexique.
Silhouette : touffue et tapissante.
Croissance : modérée.
Taille adulte : 20 x 15 cm.
Feuillage : caduc ; quatre feuilles vert franc à macule pourpre à la base.
Floraison : de juillet à août ; cymes de plusieurs fleurs rose pourpre à gorge jaune, disposées en ombelles.
Rusticité : – 10 °C.
Sol : de neutre à légèrement acide, fertile, humifère, frais, bien drainé.
Exposition : du plein soleil à l'ombre légère.
Plantation : au printemps.
Entretien : aucun entretien particulier.
Point fort : sans problème.
Point faible : aucun.
Autre territoire possible : montagne et falaise (rocaille).
Espèces, variétés et cultivars intéressants : *O. t.* 'Iron Cross' pour ses feuilles portant un « V » violet à leur base.

Oxalis tetraphylla.

Paeonia
Pivoine herbacée

J'AIME
Tellement évocatrices avec leur parfum de jardin d'enfance !

Forme : vivace.
Famille : paéoniacées.
Origine : prairies, zones rocailleuses ; hémisphère nord (de l'Afrique du Nord au Japon, de la Chine au Caucase, de la Turquie au Bassin méditerranéen jusqu'à l'Asie Mineure).
Silhouette : touffue.
Croissance : lente.
Taille adulte : variable selon les espèces et variétés.
Feuillage : caduc.
Floraison : de début avril à fin mai au sud de la Loire ; de début mai à fin juin au nord.
Fructification : –
Rusticité : – 20 °C. (la neige favorise de belles floraisons !)
Sol : tout type, même calcaire, riche, profond, frais, très bien drainé (elle déteste l'eau stagnante).
Exposition : plein soleil, ensoleillée ; à l'abri du vent.
Plantation : en automne (la plante se repose et rien ne peut la perturber !), dans un trou suffisamment spacieux (environ 0,80 m^2 x 40 cm de profondeur) pour que les racines s'étalent à leur aise. Les bourgeons visibles sur la racine seront enterrés à 3 cm environ de la surface du sol ; la terre sera parfaitement ameublie pour empêcher toute formation de poche d'air. Arroser copieusement, puis oublier le plant… et patienter jusqu'à la future floraison (l'engrais est inutile).
Entretien : un tuteurage peut se révéler nécessaire pour les variétés à grosses fleurs. Ôter les fleurs fanées et rabattre l'ensemble de la plante à 10 cm du sol à la fin de l'été quand le feuillage est desséché. Diviser en septembre en prélevant des éclats (bouts de racine) le plus à l'extérieur du cœur de la racine, replanter immédiatement.

Paeonia.

Points forts : magnifiques fleurs à couper (laisser toujours deux ou trois feuilles à la base de chaque tige pour ne pas gêner le cycle végétatif de la plante) ; parfaite sous climats contrastés.
Points faibles : la pivoine n'aime pas la concurrence des racines autres que les siennes et demande un sol excessivement bien drainé. Elle supporte difficilement d'être déplacée et le montre en refusant de fleurir parfois durant plusieurs années.
Autres territoires possibles : –

Espèces, variétés et cultivars intéressants : leur nombre est infini ! Parmi mes préférées : *P.* 'Albert Crousse' (1 x 1 m), gros boutons s'ouvrant sur des fleurs doubles, très denses, rose tendre (obtention d'Albert Crousse en 1893).
P. 'Adolphe Rousseau' (1 x 1 m), fleurs rouge cramoisi, légères traces blanches sur le bord des pétales, feuillage pourpré (obtention de Dessert et Méchin en 1890).
P. 'Duchesse de Nemours' (1,10 x 1,10 m), l'une des premières variétés cultivées en Europe, fleurs doubles, en coupe, blanches,

parfumées (obtention de Calot en 1856).
P. 'Louise Lossing' (90 x 90 cm), fleurs doubles, épais pétales blanc ivoire, très parfumées (obtention de Lossing en 1943).
P. 'Rosa Plena' (50 x 50 cm), fleurs doubles, non parfumées, rose vif carmin, feuillage clair et arrondi, un grand classique des jardins d'antan.
P. 'Sarah Bernhardt' (95 x 95 cm), fleurs doubles, parfumées, grands pétales roses à reflets argentés sur le bord, magnifiques fleurs à couper (obtention de Lemoine en 1906).
Pour les amateurs et les collectionneurs, les pépiniéristes spécialisés proposent des espèces botaniques issues de leurs propres semis. Il faut cependant signaler que leurs floraisons sont très éphémères (1 semaine).

Un peu d'histoire : c'est d'abord grâce au souverain des Enfers, Hadès, que Pæon, élève d'Asclépios, le dieu grec de la médecine connut une belle notoriété. Hadès ne fit que deux sorties hors de son territoire, la première pour enlever Perséphone, la seconde pour aller se faire soigner par Pæon, Héraclès ayant eu la malencontreuse idée de lui plonger une flèche dans l'épaule. Quand, par la suite, Pæon soigna et guérit également Arès, le dieu de la guerre, Asclépios conçut une telle colère à l'encontre de son élève qu'il décida de le faire tuer. Mais Arès, reconnaissant, le transforma aussitôt en fleur exquise qui prit le nom de Paeonia.
Paeonia officinalis est la première pivoine herbacée à avoir été cultivée en Europe. Elle est passée des jardins monastiques du Moyen Âge, où elle était utilisée à des fins médicinales, aux jardins ornementaux.
Grâce aux expéditions botaniques menées en Chine et aussi à l'ouverture du Japon en 1867, la pivoine devait devenir une fleur emblématique du dernier quart du XIXe siècle. Prisée par les artistes de l'Art nouveau, elle fera l'objet de célèbres obtentions réalisées par Victor Lemoine, l'horticulteur de l'École de Nancy.
Depuis cette époque, les très nombreuses obtentions réalisées rivalisent de beauté et offrent au jardinier un large choix de couleurs, de parfums, mais aussi de fleurs dont les formes vont des fleurs simples à celles en forme d'anémone, des formes doubles ou semi-doubles s'ouvrant sur des bouquets d'étamines très diversifiés.

Paeonia lactiflora 'Insigny'.

Panicum virgatum
Panic érigé

J'AIME

Une herbe dont les belles inflorescences forment un nuage si léger qu'elles semblent dématérialiser la plate-bande.

Panicum virgatum.

Forme : graminée.
Famille : poacées.
Origine : prairies, milieux ouverts, bois clairs, marécages ; Amérique du Nord, Mexique, Antilles.
Silhouette : touffes dressées, minces et droites.
Croissance : moyenne (démarre sa végétation plus tard que les autres graminées).
Taille adulte : 100 x 75 cm.
Feuillage : couleurs lumineuses vert clair en été, puis virant du jaune d'or au brun à l'automne, bel effet en hiver quand il fixe le givre !
Floraison : à partir d'août ; épis formant des panicules aériennes, souvent teintées de rose ou de rouge au début de la floraison.
Fructification : –
Rusticité : – 25 °C.
Sol : tout type même calcaire ; s'adapte aux sols lourds, argileux et fertiles, mais aussi aux sols caillouteux, pourvu qu'ils soient frais.
Exposition : du plein soleil à l'ombre légère.
Plantation : toute l'année, en dehors des périodes de gel.
Entretien : rabattre l'ensemble de la plante en mars.
Point fort : sa facilité d'entretien.
Point faible : il peut devenir envahissant dans un sol frais et ouvert, dans lequel ses rhizomes ne demanderont qu'à gagner du terrain.
Autres territoires possibles : –
Espèces, variétés et cultivars intéressants : *P. v.* 'Cloud Nine' (100 x 50 cm), feuillage bleuté très décoratif, inflorescences jaune d'or devenant beiges comme le feuillage.
P. v. 'Dallas Blues' (100 x 50 cm), une des meilleures variétés et une des plus originales avec son feuillage bleu acier et ses immenses panicules pourprées.
P. v. 'Heavy Metal' (100 x 50 cm), sans doute la variété qui reste la plus droite parmi les cultivars bleutés ; résiste très bien à la sécheresse mais peut se couvrir de rouille en milieu chaud et humide.
P. v. 'Squaw' (120 x 60 cm), feuillage vert bleuté virant au rouge-brun à l'automne.
P. v. 'Warrior' (150 x 80 cm), le plus grand, son feuillage est vert bleuté virant au brun à l'automne et ses inflorescences sont roses.

Pennisetum alopecuroides
Herbe aux écouvillons

J'AIME

J'ai ressenti un véritable choc en découvrant cette graminée. Tant de légèreté et tant de force ! Elle domine donc la plate-bande associant graminées et vivaces. J'adore l'allure de fontaine que prennent ses inflorescences jaillissant de la touffe basale des feuilles.

Pennisetum alopecuroides.

Forme : graminée.
Famille : poacées.
Origine : milieux ouverts, ensoleillés, prairies ; Japon, Asie du Sud-Est.
Silhouette : évasée et arrondie.
Croissance : modérée.
Taille adulte : 1 x 1 m.
Feuillage : caduc ; vert en été, virant au jaune argenté en automne.
Floraison : fin de l'été ; grappes en épis, denses, cylindriques, ressemblant à des queues de renard aux coloris allant du pourpre au blanc crème selon les variétés.
Fructification : –
Rusticité : – 15 °C.
Sol : tout type, frais, drainé.
Exposition : du plein soleil à la mi-ombre.
Plantation : au printemps.
Entretien : si nécessaire, diviser les touffes au printemps.
Point fort : sa rusticité, à la différence de la majorité des *Pennisetum*.
Point faible : au bout de 3 à 4 ans, en sol riche, les pieds deviennent si volumineux qu'il est alors nécessaire de les diviser.
Autres territoires possibles : –
Espèces, variétés et cultivars intéressants : *P. a.* 'Géant d'Argoat' (1 x 1 m), une obtention des pépinières Lepage, belle stature, florifère aux longs épis sombres de juillet à novembre.
P. a. 'Hameln' (60 x 60 cm), vigoureuse, plus compacte, elle produit une abondante floraison en épis ; bel effet en automne.
P. a. 'Little Bunny' (30 x 30 cm), variété naine pouvant être cultivée en potée ou en rocaille.
P. a. 'Moudry' (80 x 80 cm), feuillage large, vert foncé, très brillant ; d'août à décembre, fleurs en épis volumineux, pourpre foncé.
P. incomptum (1,20 x 1 m), touffes de fins épis blonds, permet de stabiliser les talus et résiste au froid (– 5 °C.).
P. orientale (80 x 80 cm), hampes arquées portant de fins épis teintés de rose ; résiste au froid (– 15 °C.).

Persicaria campanulata (syn. *Polygonum campanulatum*)
Renouée à fleurs de campanule

J'AIME
La force de sa simplicité et son effet « jardin naturel ».

Forme : vivace.
Famille : polygonacées.
Origine : divers territoires ; le nord de l'Inde et le nord de la Birmanie, le sud-ouest de la Chine.
Silhouette : touffe buissonnante et tapissante.
Croissance : rapide.
Taille adulte : 90 x 90 cm.
Feuillage : caduc (semi-persistant en régions plus chaudes) ; feuilles ovales, au-dessus vert moyen, au-dessous tirant sur le brun, feutrées, très nervurées.
Floraison : de juillet aux gelées ; très nombreuses tiges florales portant des fleurs campanulées roses ou blanches, parfumées.
Fructification : –
Rusticité : – 20 °C.
Sol : ordinaire, humifère, frais.
Exposition : plein soleil, ensoleillée.
Plantation : au printemps ou en automne ; diviser les touffes devenues trop importantes pour les repiquer plus loin.
Entretien : supprimer les tiges florales, une fois fanées, pour éviter la dispersion des graines.
Point fort : forme un couvre-sol fleuri.
Point faible : envahissante, à réserver aux grands jardins ; appréciée des limaces.
Autres territoires possibles : –
Espèces, variétés et cultivars intéressants : *P. amplexicaulis* 'Alba' (1 x 1 m), à partir de juillet, très nombreux épis portant des petites fleurs blanches ressortant sur un beau feuillage vert franc, aux feuilles en forme de cœur.
P. a. 'Blackfiield'® (1,30 x 1 m), splendide obtention aux fleurs rouge sombre.

Persicaria campanulata.

Phlox paniculata
Phlox paniculé

J'AIME
Une floraison exceptionnelle pour la mi-ombre et un parfum sublime !

Forme : vivace.
Famille : polémoniacées.
Origine : est des États-Unis.
Silhouette : érigée.
Croissance : rapide.
Taille adulte : 90 à 120 cm x 60 à 100 cm.
Feuillage : caduc ; feuilles simples.
Floraison : à partir de juin ou de juillet selon les variétés ; petites fleurs parfumées portées par des cymes paniculés violettes, rouges ou blanches.
Fructification : –
Rusticité : – 25 °C.
Sol : de neutre à légèrement acide, même argileux, humifère, frais à humide.
Exposition : plein soleil, ensoleillé (le matin).
Plantation : toute l'année, en dehors des périodes de gel.
Entretien : supprimer les fleurs fanées pour que d'autres prennent le relais.
Points forts : grand choix de tailles, de coloris, parmi les très nombreuses variétés proposées par les pépinières.
Points faibles : les escargots et les limaces raffolent de ses jeunes pousses ; il n'aime pas la concurrence des racines.
Autres territoires possibles : –
Espèces, variétés et cultivars intéressants : *P. p.* 'Alba' (90 x 70 cm), floraison blanc pur.
P. p. 'Amethyst' (90 x 60 cm), floraison violette.
P. p. 'Fujiyama' (90 x 60 cm), fleurs blanc pur, parfumées.
P. p. 'Pink Flame' (40 x 40 cm), parfait en bordure, fleurs roses à centre rouge.
P. amplifolia dont Thierry Denis (Jardin du Morvan) signale qu'il s'agit « du top du top des Phlox » (70 x 60 cm), fleurs rose foncé et parfumées.

Phlox paniculata.

Pulmonaria saccharata
Pulmonaire

J'AIME
Leur joyeuse floraison sur un feuillage ravissant qu'elles montrent dès le mois de février !

Forme : vivace rhizomateuse.
Famille : borraginacées.
Origine : zones fraîches ; France, Italie.
Silhouette : touffe.
Croissance : rapide.
Taille adulte : 30 x 60 cm.
Feuillage : persistant ; longues feuilles vert lumineux, tachées de blanc.
Floraison : à partir de février et jusqu'en mai ; fleurs en entonnoir, rouges ou violettes.
Fructification : –
Rusticité : – 20 °C.
Sol : riche, humifère, frais, drainé.
Exposition : de la mi-ombre à l'ombre dense.
Plantation : diviser les touffes en automne et repiquer immédiatement.
Entretien : supprimer les feuilles abîmées en fin de floraison.
Points forts : elle forme de fabuleux couvre-sol ; attire les abeilles.
Points faibles : oïdium dans une atmosphère trop sèche ; délices des escargots et des limaces.
Autres territoires possibles : –
Espèces, variétés et cultivars intéressants : *P. s.* 'Dora Bielefeld' (30 x 60 cm), bien vigoureuse, feuillage vert clair lavé de blanc, floraison rose. *P. s.* 'Mrs Moon' (25 x 50 cm), feuillage vert à macules argent, boutons rouges s'ouvrant sur des fleurs violettes virant au bleu.

Pulmonaria saccharata.

Rosa
Rosier arbustif

J'AIME

Je les installe à des endroits « stratégiques », près d'une allée pour profiter de leur parfum (le délice de la rose ancienne 'Cuisse de Nymphe Émue') ou d'une couleur exceptionnelle (je pense aux roses presque noires de R. 'Louis XIV') ; dans les haies aussi, mélangées à d'autres arbustes, où elles tirent leur épingle du jeu le temps de leur floraison, surtout quand elle est remontante (la splendide et vigoureuse 'Heritage', par exemple) ; en bordure, je place les plus petites qui doivent impérativement posséder un beau feuillage et une floraison hors du commun (c'est le cas de R. x odorata 'Mutabilis' au jeune feuillage cuivré, aux boutons orange et aux fleurs carmin de juin à octobre, ou encore de la très généreuse 'Little White Pet' au feuillage vert soutenu, d'où se détachent de juin à octobre des fleurs très doubles, blanc pur).

Rosa.

Forme : arbuste.
Famille : rosacées.
Origine : Europe, Asie, Afrique du Nord, Amérique du Nord.
Silhouette : dressée ou étalée.
Croissance : rapide.
Taille adulte : variable de 45 cm de haut à 1,50 m.
Feuillage : du vert soutenu au vert pâle.
Floraison :
– une seule floraison ou deux dans le cas des rosiers dits « remontants ».
– fleur : simple (de cinq à huit pétales) ; semi-double (de huit à vingt pétales) ; double (de vingt à trente pétales) ; très double (plus de trente pétales).
– plusieurs formes de fleur : aplatie, en coupe, ronde, à cœur très serré (turbiné), aux pétales incurvés vers le cœur (urcéolée), en quartier (l'arrangement des pétales semble être divisé en quart) ; en pompon (petits bouquets de fleurs sphériques très doubles) ; en rosette (fleurs aplaties, doubles ou très doubles, aux pétales très serrés).
Fructification : cynorrhodons après la floraison, souvent décoratifs, toujours appréciés des oiseaux.
Rusticité : entre – 10 °C et – 20 °C, selon les cultivars (vérifier sur l'emballage).
Sol : humifère, frais, bien drainé, sans calcaire actif (le sous-sol, s'il n'est pas en contact avec les racines, peut être calcaire, c'est le cas des sols argilo-calcaires, par exemple).
Exposition : ombre légère aux heures les plus chaudes.
Plantation : toute l'année, en dehors des périodes de gel pour les rosiers vendus en conteneur ; de janvier à mars pour les rosiers à racines nues.
Entretien : la plupart des variétés vendues dans le commerce sont issues de greffages. Dès que des tiges différentes, généralement très vigoureuses, apparaissent, les supprimer au point précis d'où elles sortent. Il s'agit de « gourmands », émanations du porte-greffe. Supprimer les fleurs fanées pour les rosiers remontants. Taille d'entretien surtout pour les plus vigoureux, après la floraison. En hiver, rabattre les tiges de 1/3 à 2/3, éliminer les rameaux morts,

mal orientés ou trop maigres.
Point fort : un choix illimité de variété.
Point faible : un feuillage plus sensible aux parasites qu'il n'y paraît.
Autres territoires possibles : –
Espèces, variétés et cultivars intéressants :
R. 'Cardinal de Richelieu' (100 x 120 cm), rosier issu de *R. gallica,* obtenu en France en 1847 par Parmentier ; son feuillage est lisse, vert foncé, ses tiges sont quasiment inermes (sans épine), sa floraison, très parfumée, très généreuse, très double, s'ouvre pourpre violacé avant de virer au parme.
R. 'Cuisse de Nymphe Émue' (120 x 80 cm), une vraie rose ancienne obtenue en France en 1802 par un certain Dumont à partir de *Rosa alba.* Végétation assez basse, feuillage décoratif et fleurs doubles rose soutenu. André Eve, immense rosiériste français spécialiste de roses anciennes, précise que ce rose est la couleur de référence du champagne rosé.
R. 'The Fairy' (80 x 60 cm), un rosier *polyantha* nain créé en 1932. De juin à octobre, fleurs doubles en grappes rose clair, parfumées sur un beau feuillage brillant, vert franc.
R. 'Heritage' (120 x 120 cm), l'une des plus belles obtentions de David Austin, LE créateur des roses anglaises. Très vigoureux, il fleurit de juin à octobre, en bouquets amples de grosses fleurs, très doubles, rose clair, dont les pétales sont repliés vers le cœur et au parfum citronné.
R. 'Little White Pet' (45 x 55 cm), un vigoureux *polyantha* très ramifié ; de juin à octobre, bouquets compacts de fleurs en rosette, très doubles, blanc pur ; mérite une taille sévère pour le ramener régulièrement à la raison.
R. 'Louis XIV' (60 x 50 cm), un rosier à la fleur presque noire ! Obtenu par Guillot en 1859, ce *chinensis* aux fleurs doubles, se développe lentement et à l'abri du froid.
R. 'Marie Pavie' (60 x 50 cm, mais ces mesures peuvent doubler dans le sud de la France !), un *polyantha* très compact obtenu en 1888 par Allégatière ; sa floraison commence au début de l'été pour se poursuivre jusqu'à la fin de l'automne. Les petites fleurs doubles, blanches au cœur rose pâle, sont disposées en bouquets et les tiges dépourvues d'épines.
R. x *odorata* 'Mutabilis' (syn. *R. chinensis* 'Mutabilis' ; 150 x 150 cm), obtention inconnue, il séduit par son port léger et compact à la fois, par sa floraison estivale, simple, s'ouvrant jaune chamois puis virant au rose cuivré. Il sera planté à l'abri, car il craint les grands froids et surtout, il ne sera jamais taillé !
R. 'William Shakespeare' (100 x 80 cm), une obtention de l'an 2000, signée « David Austin » ; fleurit de juin à octobre, débute rouge cramoisi puis vire au pourpre ; floraison parfumée.

Rosa.

Salix
Saule

Salix viminalis.

J'AIME

Les saules sont chez eux dans mes jardins puisqu'ils appartiennent au paysage du Cotentin. Leur présence au bord de la mer, dans le marais ou dans les haies bocagères, atteste leur parfaite adaptation au sol constamment frais et à l'hygrométrie élevée de ce climat océanique. Et quels alliés pour le jardinier ! En février, je coupe les rameaux rouge-orangé de Salix viminalis *(l'« osier des vanniers »), que je fais tremper dans de l'eau pour que la sève s'y mélange ; deux mois plus tard, je fais tremper les boutures dans cette décoction pendant quelques heures pour favoriser leur enracinement. Dès que j'ai besoin d'un lien pour attacher une plante à un tuteur, je me sers directement sur un saule (il y en a toujours un, presque à portée de main). Je m'inspire de ce que j'ai toujours vu faire. Avec l'osier, je tresse des fascines pour retenir la terre de certaines plates-bandes, des paravents pour protéger le potager des coups de vent. Quand l'inspiration et le temps sont là, j'assemble des rameaux en cloche pour protéger les salades de la voracité des lapins, ou en âne – autre « figure » du bocage.*

Forme : arbre.
Famille : salicacées.
Origine : lieux ouverts et frais, bords de l'eau ; hémisphère nord.
Silhouette : à force d'avoir leurs jeunes branchages coupés (*S. viminalis*, mais aussi *S. alba*), beaucoup de saules finissent par prendre une silhouette bien reconnaissable, pourvue d'un tronc râblé surmonté par une grosse tête en boule à laquelle ils doivent leur surnom de « têtard ». Christophe Drénou, dans son ouvrage *Face aux arbres* (cf. « Bibliographie »), rappelle que ces arbres « têtards » sont régulièrement taillés afin de produire du bois de chauffe ; il signale aussi que « l'intérieur de leurs troncs se décompose et se retrouve rapidement colonisé par des racines » ! En haie, la structure enchevêtrée de *S. caprea* (saule marsault), avec ses branchages dressés et ses rameaux pendants, oppose une vraie défense aux vents.
Croissance : très rapide. Comme les aubépines, les saules sont des plantes post-pionnières, ayant peu de besoins ; ils laissent courir leurs racines étalées, très ramifiées sur des sols dénudés (après les lichens, les mousses…) qu'ils occupent le temps de constituer suffisamment d'humus et d'intégrer au sol des micro-organismes pour que des plantes plus exigeantes puissent prendre leur relais.
Taille adulte : *S. alba* peut atteindre 25 m de haut pour une couronne de 15 m de large ; *S. viminalis* et *S. caprea* culminent à 8 m pour une cime de 3 à 6 m de large.
Feuillage : caduc ; *S. alba* : fines feuilles lancéolées, gris-vert brillant, à poils argentés ; *S. caprea* : feuilles elliptiques, vert mat au-dessus, gris et tomenteux (duveteux) au-dessous ; *S. viminalis* : feuilles étroites, lancéolées, dont le bord s'enroule vers le bas, vert mat au-dessus, couvertes de petits poils soyeux au-dessous.
Floraison : chatons verts en mars pour *S. caprea*, jaunes en avril et mai pour *S. alba* et *S. viminalis*.
Fructification : –

Rusticité : – 25 °C..
Sol : tout type avec une préférence pour un sol calcaire, profond, riche (il s'en portera mieux !), très frais, voire constamment humide mais bien drainé.
Exposition : plein soleil, ensoleillée.
Plantation : très simple ; à la fin de l'hiver, avant la feuillaison, il suffit de planter une bouture (aux deux tiers de sa hauteur) directement dans le sol pour qu'elle reparte.
Entretien : aucun entretien particulier.
Point fort : le nombre de cultivars tous plus attractifs les uns des autres et qui se plaisent dans les mêmes conditions que les trois espèces citées.
Point faible : aucun.
Autre territoire possible : lisière.
Espèces, variétés et cultivars intéressants : *S. acutifolia* (10 x 12 m) forme un gros buisson évasé, aux longs rameaux pourpres, recouverts de pruine blanche, à feuilles retombantes qui suivent l'apparition des chatons.
S. acutifolia 'Pendulifolia' (1,50 x 3 m), aux rameaux bleus recouverts de pruine blanche.
S. alba 'Aurea' (3 x 3 m), pour ses branches vert-jaune et son feuillage doré qui réveillent les coins d'ombre.
S. alba 'Tristis' (syn. *S.* x *sepulcralis* 'Chrysocoma' ; 15 x 15 m), port étalé et pleureur, rameaux souples dorés retombant jusqu'à terre, feuilles étroites, lancéolées, effilées, vert vif, flottant au vent. Au printemps, en même temps que les feuilles, chatons retombants de 3 à 4 cm.
S. babylonica 'Crispa' (10 x 8 m), à la silhouette tourmentée, dont les feuilles sont en spirale.
S. daphnoides (10 x 4 m), aux pousses rouge profond, recouvertes de pruine blanche à reflets bleus.
S. exigua (4 x 5 m mininum), un bijou argenté ! Port érigé pourvu d'un ravissant feuillage argenté, long et étroit ; traçant, il forme rapidement un buisson touffu.
S. integra 'Hakuro-Nishiki', saule crevette sur tige (1 x 1,50 m), un mini-saule particulièrement lumineux à cultiver en bac. Gracieuses, ses feuilles passent du rose saumon au blanc éclaboussé de vert, puis au vert tacheté de blanc.
S. nana 'Gracilis' (1 x 1,50 m), un saule nain aux rameaux teintés de rouge, aux chatons vert argenté à reflets pourpres, parfait en haie basse et utilisé sur des tranchées drainantes pour filtrer l'eau.
S. triandra (6 x 4 m), au port buissonnant, utilisé en vannerie.
S. udensis 'Sekka' (5 x 10 m), si exotique avec ses rameaux tortueux, ses feuilles vert chartreuse et ses gros chatons argentés.
Un peu d'histoire : rue des Saussaies, les Saussaies… ces noms reviennent souvent dans nos géographies urbaines et désignent des lieux où étaient plantés des saules.

Salix viminalis.

Schizostylis coccinea
Lis des Cafres

J'AIME

La profusion et l'éclat de ses fleurs rouge vif qui apparaissent en septembre et qui durent une bonne partie de l'automne.

Forme : vivace rhizomateuse.
Famille : iridacées.
Origine : prairies humides, rives de cours d'eau ; Afrique du Sud.
Silhouette : touffe érigée, vigoureuse.
Croissance : rapide.
Taille adulte : 60 x 30 cm.
Feuillage : semi-persistant ; longues feuilles étroites, lancéolées, vert franc.
Floraison : à partir de septembre jusqu'en novembre ; épis composés de nombreuses fleurs en étoile écarlates, rouges ou roses (selon les cultivars).
Fructification : –
Rusticité : – 10 °C.
Sol : tout type, constamment frais et bien drainé.
Exposition : plein soleil, ensoleillée ; à l'abri du vent.
Plantation : toute l'année, hors périodes de gel ; convient à la culture en pot.
Entretien : pailler en hiver pour protéger les rhizomes du gel.
Point fort : sa ravissante floraison tardive.
Point faible : aucun.
Autre territoire possible : eau (berge).
Espèces, variétés et cultivars intéressants : *S. c.* 'Alba' pour sa floraison blanche.
S. c. 'Major' pour sa floraison rouge écarlate.

Schizostylis coccinea.

Stipa tenuifolia
Cheveux d'ange

J'AIME

Comment mieux incarner la légèreté ? Le moindre souffle d'air la fait onduler gracieusement.

Forme : graminée.
Famille : poacées.
Origine : milieux ouverts, ensoleillés et secs de climats froids ; hémisphères nord et sud.
Silhouette : touffe érigée.
Croissance : rapide.
Taille adulte : 50 x 25 cm.
Feuillage : longues et fines feuilles cylindriques, vert intense.
Floraison : à partir d'août ; inflorescences en épis à barbe soyeuse, blondes, brillant tout l'automne.
Fructification : –
Rusticité : – 15 °C.
Sol : tout type, ordinaire, bien drainé.
Exposition : plein soleil ; ensoleillée.
Plantation : printemps (repiquer les semis spontanés ou diviser les touffes pour les replanter).
Entretien : très prolifique ; pour la ramener à la raison, il suffit d'un coup de bêche. À la fin de l'hiver, peigner et épiler les parties sèches.
Point fort : cette graminée se ressème spontanément sans être envahissante.
Point faible : aucun.
Autre territoire possible : prairie sèche.
Espèces, variétés et cultivars intéressants : *S. barbata* (40 x 30 cm), pour ses inflorescences en forme de plume blanc argent.
S. calamagrostis (1 x 1,20 m), pour son port gracieux et ses épis beiges.
S. gigantea (1,80 x 1 m), pour son remarquable spectacle de la fin du printemps à l'hiver, avec son feuillage vert franc brillant et ses épis aériens si légers.

Stipa tenuifolia ci-dessus et à droite.

Être plante dans le territoire DE LA **PRAIRIE SÈCHE**

Moi, plante du territoire de la prairie sèche, j'adore le soleil et la chaleur de l'été. De tempérament frugal, je me contente de quelques gouttes d'eau et je fuis les régimes hypercaloriques. Je voyage léger, sans m'encombrer de racines superflues. Quelques cailloux pour les abriter et éviter qu'elles ne se dessèchent, et je m'installe en compagnie des lézards. Même mes cousines à bulbes font dans le petit bagage. Beaucoup d'entre nous viennent de très loin. D'Australie ou d'Afrique du Sud, de l'autre côté de la Méditerranée aussi, de Californie et du Mexique, et même du Caucase. Certaines sont revêtues d'un feuillage blanc ou gris, un peu épais, qui renvoie les rayons du soleil tout en les empêchant de transpirer. D'autres distillent des parfums comme des extraits. Dès que les jours rallongent, nous accueillons cigales et sauterelles pour leur concert estival.

Acacia dealbata
Mimosa argenté, mimosa d'hiver

J'AIME
Sa floraison époustouflante, parfumée, sa belle ramure et l'ombre filtrée par son feuillage !

Acacia dealbata.

Forme : arbre.
Famille : léguminosacées.
Origine : sud-est de l'Australie, Tasmanie.
Silhouette : ample.
Croissance : rapide (30 à 60 cm par an).
Taille adulte : de 8 à 12 m x 8 à 12 m.
Feuillage : persistant ; très découpé, vert glauque tirant sur l'argenté.
Floraison : de février à avril ; groupée en glomérules jaune vif, très parfumés.
Fructification : gousses.
Rusticité : – 10 °C.
Sol : argilo-siliceux (craint le calcaire).
Exposition : plein soleil, ensoleillée ; abritée.
Plantation : au printemps dans les régions sujettes aux gelées tardives, sinon à l'automne.
Entretien : dans les petits jardins, rabattre les rameaux ayant fleuri pour éviter la propagation des graines et parer à un envahissement possible. Tailler les branches mal orientées pour équilibrer sa silhouette.
Points forts : c'est la variété la plus résistante au froid ; elle convient à la plantation en bac ou en grand pot.
Points faibles : sans arrêt, l'arbre laisse tomber au sol des feuilles, des fleurs, de la poussière de pollen, des petites brindilles. Un conseil : sur une terrasse, ne jamais le planter à l'aplomb d'une table pour éviter de « manger » du mimosa.
Autres territoires possibles : –
Espèces, variétés et cultivars intéressants : *A. baileyana* 'Purpurea' (4 x 4 m), splendide feuillage bleu-gris, jeunes pousses printanières pourpres ; floraison jaune vif et parfumée, moins généreuse que l'espèce ; pleine terre ou pot.
A. x *hanburyana* (3 x 3 m), originaire du Bassin méditerranéen, très décoratif ; feuillage bleuté, velouté, très complexe ; généreuse floraison jaune vif et parfumée.
Un peu d'histoire : le mimosa a été introduit en France, sur la Côte d'Azur, en 1820.

Achillea. **Achillée**
A. 'Fanal'

J'AIME

L'achillée est parfaite en couvre-sol, mais elle peut également être cultivée en potée.

Forme : vivace.
Famille : astéracées.
Origine : zones tempérées ; hémisphère nord.
Silhouette : tapissante.
Croissance : rapide.
Taille adulte : 80 x 40 cm.
Feuillage : semi-persistant ; large, grisâtre.
Floraison : en été, corymbes de fleurs plates rouge cramoisi, à disque jaune.
Fructification : –
Rusticité : – 23 °C.
Sol : ordinaire, pauvre, drainé.
Exposition : plein soleil.
Plantation : au printemps.
Entretien : rabattre après floraison.
Points forts : plante aromatique ; les fleurs séchées forment de beaux bouquets d'hiver.
Point faible : aucun.
Autre territoire possible : montagne et falaise.
Espèces, variétés et cultivars intéressants : *A. millefolium* (60 x 50 cm), feuillage persistant, vert foncé, découpé, floraison blanche ou blanc rosé ; idéal en couvre-sol, même en terrain calcaire. Il existe une foule de cultivars proposant toutes sortes de teintes : rouge vif pour 'Red Beauty', rouge cerise pour 'Cerise Queen', saumon pour 'Lachsschönheit'…
Un peu d'histoire : la plante d'Achille, le héros grec. Il l'aurait utilisée sur les conseils de son mentor, le centaure Chiron, pour soigner les blessures de ses guerriers.

Achillea 'Fanal'.

Agapanthus
Agapanthe

J'AIME
Leur allure très élégante, ainsi que leurs incroyables coloris dans la gamme des bleus. Je redouble d'attention en automne et en hiver afin de ne pas déterrer leurs souches ; pour signaler leur présence, je laisse en place quelques tiges florales.

Agapanthus intermedius.

Forme : vivace.
Famille : alliacées.
Origine : Afrique du Sud.
Silhouette : touffe dressée.
Croissance : modérée ; la plante fleurira l'année de la plantation, mais elle aura besoin de trois années minimum pour s'épaissir.
Taille adulte : de 60 à 100 cm x 50 cm.
Feuillage : persistant ; longues feuilles rubanées apparaissant en avril (plus ou moins tôt selon la région).
Floraison : en été, fleurs en trompette bleu foncé, rassemblées en ombelles sphériques (de 15 à 30 cm de diamètre).
Fructification : –
Rusticité : – 15 °C pour les caduques ; – 1 °C pour les persistantes.
Sol : tout type même calcaire, riche et frais, très bien drainé.
Exposition : plein soleil, ensoleillée, ombre légère.
Plantation : au printemps.
Entretien : pailler en hiver ; arroser au début de la plantation (jamais en hiver) ; rempoter celles qui menacent de sortir du pot en les enfonçant dans la terre jusqu'aux premières feuilles.
Points forts: les persistantes réussissent bien en pots qui seront mis à l'abri en hiver ; en pleine terre, le feuillage des caduques risque d'être brûlé lors de gelées prolongées, mais la plante a de fortes chances de repartir de la souche.
Point faible : les feuilles sont un festin pour les escargots et les limaces.
Autre territoire possible : montagne et falaise (rocaille) pour les variétés naines.
Espèces, variétés et cultivars intéressants : *A. africanus* 'Albus' à floraison blanche.
A. a. 'Black Pantha'® à floraison presque noire.
A. a. 'Cobalt Blue', forme presque naine, à la floraison bleu marine.
A. a. 'Intermedius' aux tiges presque noires.
A. a. 'Thumbelina', forme naine, particulièrement florifère et à la bonne rusticité.
A. 'Liliput', cultivar nain, ombelles rondes bleu foncé, bonne rusticité.
A. campanulatus pour sa floraison précoce (fin du printemps) et ses fleurs en ombelles denses, bleues à stries foncées.
Un peu d'histoire : dans son passionnant ouvrage *Pour un jardin sans arrosage*, Olivier Filippi (cf. « Bibliographie ») signale que les agapanthes des jardins, désignées par la nomenclature *Agapanthus africanus* ou *A. umbellatus*, seraient en réalité des cultivars issus d'*A. praecox*. La véritable *A. africanus* étant une espèce non cultivée en raison de son petit développement et de sa quasi-absence de floraison (déclenchée par le passage du feu).

Ajuga reptans
Bugle rampante

J'AIME

La palette chromatique de leurs feuillages est étonnante, tout comme leur facilité à croître sur des supports minéraux.

Forme : vivace.
Famille : lamiacées.
Origine : Europe, Caucase, Iran.
Silhouette : tapissante.
Croissance : la plante s'étale rapidement par les stolons.
Taille adulte : 15 cm et au-delà.
Feuillage : persistant ; en rosette, vert sombre.
Floraison : de mai à août, fleurs bleues.
Fructification : –
Rusticité : – 15 °C.
Sol : humifère, frais (jamais sec).
Exposition : ensoleillée, ombre légère, mi-ombre.
Entretien : supprimer les fleurs fanées (et les feuilles abîmées) pour prolonger la floraison ; à la fin de l'hiver, nettoyer la touffe ; l'aider à se bouturer en détachant des stolons pour les installer plus loin.
Point fort : excellent couvre-sol.
Point faible : aucun.
Autres territoires possibles : prairie fraîche ; montagne et falaise.
Espèces, variétés et cultivars intéressants : *A. r.* 'Atropurpurea' pour son feuillage pourpre intense.
A. r. 'Catlin's Giant' pour son feuillage très pourpre en début de végétation, puis vert pourpré et son imposante hampe dressée aux fleurs bleu vif.
A. r. 'Multicolor' pour son feuillage vert panaché de rose et de crème, sur lequel ressortent les petits épis bleus.

Ajuga reptans 'Atropurpurea'.

Alcea rosea
Rose trémière

J'AIME

Leur façon de se ressemer au jardin d'une année à l'autre pour s'installer là où je ne les attends pas. Simples et modestes, elles évoquent les jardins champêtres de toujours.

Forme : bisannuelle ou vivace.
Famille : malvacées.
Origine : zones rocailleuses et sèches ; Europe et Asie.
Silhouette : érigée.
Croissance : rapide.
Taille adulte : de 1,50 à 2,50 m x 0,40 m.
Feuillage : caduc ; les feuilles vert pâle, arrondies et poilues, se développent dès l'hiver en petites rosettes à hauteur du sol, avant de s'échelonner en s'élargissant au fur et à mesure de la croissance des hautes tiges.
Floraison : tout l'été ; longues grappes de fleurs terminales, en large coupe veinée, simples, blanches, jaunes, roses, rouges, pourpres…
Fructification : –
Rusticité : – 15 °C.
Sol : tout type, même calcaire ; pauvre, profond pour que le long pivot racinaire puisse s'installer, bien drainé, même sec.
Exposition : plein soleil, ensoleillée.
Plantation : semis en place à l'automne.
Entretien : je les rabats complètement en fin de floraison ; je recueille leurs graines que je sème ailleurs dans le jardin.
Point fort : elles ont une excellente résistance à la sécheresse, mais un sol très sec peut favoriser l'apparition d'oïdium sur le feuillage.
Point faible : en milieu humide, la difficulté d'éviter les taches de rouille.
Autres territoires possibles : –

Alcea rosea.

Espèces, variétés et cultivars intéressants : abondance de cultivars colorés, dont des fleurs noires pour *A. r.* 'Nigra'… ; à noter que ceux à fleurs simples sont plus résistants que ceux à fleurs doubles.

Allium
Ail décoratif

J'AIME
La structure érigée de ces plantes sans problème, aux têtes florales bien rondes qui ressemblent à des petites planètes au-dessus des plates-bandes. Le nombre d'espèces différentes permet de les choisir selon leur taille et leur époque de floraison.

Allium giganteum.

Forme : bulbe.
Famille : alliacées.
Origine : zones sèches et montagneuses ; hémisphère nord.
Silhouette : touffe dressée.
Croissance : de rapide à modérée selon les espèces.
Taille adulte : entre 10 et 200 cm x 5 à 10 cm.
Feuillage : aromatique quand on le froisse ; varié selon les espèces.
Floraison : de mai à septembre (selon les espèces).
Fructification : –
Rusticité : -15 °C et au-delà.
Sol : sol riche, bien drainé.
Exposition : plein soleil, ensoleillée.
Plantation : en automne, pour les bulbes à une profondeur de 5 à 10 cm ; au printemps, pour les rhizomes, juste sous la surface du sol.
Entretien : aucun entretien particulier.
Point fort : leur odeur éloigne de nombreux parasites, qualité dont profitent les plantes voisines (elle éloigne en particulier les pucerons des rosiers).
Point faible : aucun.
Autres territoires possibles : prairie fraîche, montagne et falaise.
Espèces, variétés et cultivars intéressants : le festival commence en février avec le feuillage bleu acier d'*A. karataviense* (10 à 20 cm), relayé par une floraison estivale en ombelles de fleurs étoilées, roses veinées de pourpre. Au début de l'été, c'est au tour du très charmant *A. schubertii* (30 à 60 cm) de s'exprimer en larges ombelles de fleurs en étoile, pourpres, particulièrement décoratives. Juillet est la pleine saison d'*A. cristophii* (Étoile de Perse, 30 à 60 cm) à l'impressionnante floraison en ombelles de fleurs étoilées rose pourpre, d'*A.* x *hollandicum* (1 m) pour les mêmes raisons que le précédent, mais en plus grand ! ou encore d'*A. giganteum* (1,50 à 2 m) aux ombelles comme de grosses sphères roses, composées de plus de 50 fleurs en étoile. Une place à part sera réservée à *A. nigrum* (35 cm) aux ombelles estivales, aplaties, composées d'une trentaine de fleurs en coupe, blanches ou lilas pâle, du milieu desquelles saillit un ovaire curieusement vert et particulièrement décoratif, d'autant qu'en séchant, les ombelles composent des têtes d'épingles extrêmement graphiques. Ne pas oublier les têtes florales des poireaux et de la ciboulette qui s'expriment au mois de juillet !

Amaryllis belladonna
Amaryllis belladone

J'AIME
Où qu'elle soit plantée, son allure « exotique » focalise tous les regards.

Forme : bulbe.
Famille : amaryllidacées.
Origine : Afrique du Sud, région du Cap et sud-ouest.
Silhouette : dressée.
Croissance : lente.
Taille adulte : 70 x 10 cm.
Feuillage : caduc ; rubané, de mars à juin.
Floraison : automne ; grandes fleurs en forme de trompette, roses, parfumées, réunies au sommet d'une hampe nue.
Fructification : –
Rusticité : – 3 °C à – 5 °C.
Sol : ordinaire, plutôt frais, bien drainé, mais aussi sols secs et pauvres.
Exposition : plein soleil, ensoleillée.
Plantation : en pleine terre, en mai, enterrer le bulbe en laissant la pointe affleurer la surface du sol. En pot : graviers au fond pour le drainage, dans un mélange de terre et de compost ; enterrer le bulbe aux deux tiers, arroser, placer le pot dans un endroit frais et peu éclairé ; quand la tige portant les boutons sort, placer le pot à la lumière à une température constante de 20 °C.
Entretien : en hiver, protéger le pied par un paillage ; supprimer les fleurs fanées.
Point fort : bien protégée en hiver, elle refleurira d'une année à l'autre.
Point faible : après la floraison, son feuillage peut sembler sale, mais il faut le laisser en place pour aider le bulbe à se reconstituer.
Autres territoires possibles : –

Amaryllis belladonna.

Artemisia ludoviciana
Armoise blanche

J'AIME
Une impressionnante beauté argentée que j'apprécie pour son incroyable feuillage.

Forme : vivace rhizomateuse.
Famille : astéracées.
Origine : ouest de l'Amérique du Nord jusqu'au Mexique.
Silhouette : touffe buissonnante, érigée puis étalée.
Croissance : rapide.
Taille adulte : 70 cm x 70 cm.
Feuillage : semi-persistant ; gris-blanc, tomenteux, aromatique, étroit et allongé.
Floraison : de l'été à l'automne selon les régions ; longues panicules laineuses blanches surmontées par les boutons des petites fleurs ocre plutôt insignifiantes.
Fructification : akènes orange.
Rusticité : – 20 °C.
Sol : pH indifférent, léger, bien drainé.
Exposition : soleil, ensoleillée, ombre légère.
Plantation : en automne ou au printemps ; elle n'aime pas les racines concurrentes.
Entretien : diviser les touffes au printemps pour les alléger ; couper les inflorescences pour favoriser le développement du feuillage.
Points forts : très joli feuillage aromatique ; elle se bouture aisément en été ; parfait couvre-sol qui étouffe les « mauvaises » herbes.
Point faible : elle peut se révéler envahissante.
Autre territoire possible : montagne et falaise.
Espèces, variétés et cultivars intéressants : *A. l.* 'Silver Queen' (50 x 80 cm) au magnifique feuillage blanc argenté d'avril à octobre.
A. l. 'Valerie Finnis' (50 x 80 cm) presque semblable à la précédente.
A. dracunculus var. *sativa* (100 x 30 cm), il s'agit de l'estragon !

Artemisia ludoviciana.

Butia capitata (syn. *Cocos capitata*)
Palmier abricot, palmier à gelées

J'AIME

Je le cultive en caisse, sur une terrasse, pour profiter de son allure décorative et exotique. Il résiste au froid, mais je le protège en hiver en l'enveloppant d'un voile d'hivernage.

Forme : arbre.
Famille : arécacées.
Origine : savane ; sud du Brésil, Uruguay.
Silhouette : palmier à la couronne marquée par une forte arcure.
Croissance : lente les cinq premières années, puis rapide.
Taille adulte : 6 x 4 m.
Feuillage : persistant ; feuilles pennées, vert bleuté ; chaque feuille et son pétiole peuvent atteindre 3 m de long. La variabilité du feuillage est due à la facilité du butia de s'hybrider à d'autres palmiers.
Floraison : jaune-rouge.
Fructification : importantes grappes de fruits ronds, orange, comestibles, riches en vitamine C, pouvant être consommés frais ou en gelée.
Rusticité : – 12 °C.
Sol : sableux, pauvre.
Exposition : ensoleillée, ombre légère.
Plantation : en automne ; en pleine terre.
Entretien : voile d'hivernage en hiver.
Point fort : c'est l'un des palmiers les plus résistants au froid.
Point faible : sa rusticité.
Autres territoires possibles : –

Butia capitata.

Buxus sempervirens
Buis commun

J'AIME

Il constitue la colonne vertébrale du Jardin du Matin où, en grande haie, il se révèle être un formidable coupe-vent. Je l'utilise également en petites bordures ou en topiaires.

Forme : arbre.
Famille : buxacées.
Origine : collines rocailleuses et forêts ; sud de l'Europe, nord de l'Afrique, ouest de l'Asie, Amérique centrale.
Silhouette : très touffue, dense.
Croissance : lente (un tronc de 5 cm de diamètre signale un arbre âgé d'une centaine d'années).
Taille adulte : de 1 à 2 m x 1 à 2 m (dans les jardins).
Feuillage : persistant, aromatique ; feuilles coriaces, allongées, vert foncé très brillant, atténué en dessous.
Floraison : à la fin du printemps ; insignifiante mais mellifère.
Fructification : petites capsules en automne.
Rusticité : – 25 °C ; les jeunes feuilles peuvent être endommagées par une gelée printanière, mais elles sont vite remplacées.
Sol : tout type même calcaire ; riche, bien drainé, silico-argileux, humifère mais accepte les sols secs à très secs ; dans ce dernier cas, le buis restera petit mais sain.
Exposition : ensoleillée, ombre légère, mi-ombre (le feuillage perdra en densité) ; éviter le plein sud.
Plantation : en automne.
Entretien : taille de maintien avant la fin mai ; éventuellement, taille de rafraîchissement fin septembre.
Points forts : il y en a plusieurs. Il faut souligner sa longévité assurée et son feuillage qui se prête volontiers aux tailles répétées ; la culture en pot convient aux espèces naines.

Buxus sempervirens.

Points faibles : ne choisir que des plants extrêmement sains à l'achat, les placer éventuellement en quarantaine. Deux agents pathogènes, *Cylindrocladium buxicola* et *Volutellan buxi* s'attaquent aux feuilles et aux rameaux des buis ; après formation de taches claires sur les feuilles, celles-ci se dessèchent et tombent, les rameaux dépérissant à leur tour.

Autre territoire possible : montagne et falaise.

Espèces, variétés et cultivars intéressants :

– **Bordures et pots :** *B. s.* 'Faulkner' (50 x 50 cm), croissance moyenne. *B. s.* 'Suffruticosa' (50 x 50 cm), croissance lente ; le « buis de bordure » par excellence, bien adapté à la formation de cordons, de broderies ou pour fractionner l'espace (potager, jardin de salades)… (un bémol : sa sensibilité aux agents pathogènes signalés).

– **Haies et pots :** *B. s.* 'Elegantissima' (1 x 1 m) croissance moyenne, feuillage allongé, vert à marge blanche ; en situation ensoleillée, la partie blanche vire au doré. *B. s.* 'Rotundifolia' (1,50 x 1,50 m), croissance rapide, petites feuilles rondes. *B. balearica* (3 x 3 m), croissance plus rapide, érigé, feuillage clair avec de larges feuilles brillantes.

– **Isolé :**
B. s. 'Graham Blandy' (2 m), croissance rapide, forme colonnaire (rare chez les buis).

Un peu d'histoire : les Romains l'utilisaient déjà dans leurs jardins sous forme d'arbuste taillé. L'Antiquité païenne léguera à la chrétienté l'usage de conserver un rameau de buis dans les maisons. À partir du XVIe siècle, il sera taillé pour constituer les parois des labyrinthes, puis il sera un élément essentiel du jardin à la française sous formes de broderies ou encore de topiaires géométriques. Précieux et prisé, le bois de buis sera également largement utilisé pour la gravure.

Buxus sempervirens, Hydrangea macrophylla.

LE **BLANC** ET L'**ARGENT**

L'eau précieuse

Une majorité de plantes adaptées aux territoires de la « prairie sèche » et de « la montagne et falaise », ont en commun de posséder des feuillages blancs, gris ou argentés à la texture duveteuse, voire poilue. Une valeur esthétique qui leur a ouvert la porte de nombreux jardins. En particulier en Grande-Bretagne où le jardin blanc de Vita Sackville-West à Sissinghurst devait faire de nombreux adeptes.

Ces feuillages ne se limitent pas à leurs seules qualités décoratives. Ils signalent des plantes qui ont mis au point des stratégies particulièrement élaborées pour protéger leur réserve d'eau des effets du soleil. Le blanc, comme le gris ou l'argent, réfléchit la lumière et renvoie la chaleur. Action démultipliée par la présence de poils. C'est le cas du feuillage des cistes (*Cistus albidus*, *C. hirsutus*), du lupin en arbre (*Lupinus arboreus*) et de tant d'autres.

Ces mêmes poils permettent à la feuille de conserver une certaine humidité. Ils captent la rosée du petit matin, profitent de la moindre brume ou brouillard, retiennent les gouttes de pluie plus longtemps que sur une feuille glabre.

D'autres plantes répliquent à la morsure du soleil en diminuant la surface de leurs feuilles. Offrant moins de prise à la chaleur, elles réduisent considérablement leur transpiration appelée « évapotranspiration ». Une défense utilisée par les petites feuilles effilées du thym (*Thymus vulgaris*) et de l'immortelle d'Italie (*Helichrysum italicum*) ou encore par celles, enroulées sur elles-mêmes, du romarin (*Rosmarinus*). Le jardinier pressé devra se souvenir qu'une petite feuille signifie une photosynthèse réduite. Il est donc en présence d'une plante à croissance modérée si ce n'est lente.

Les feuillages blanc argenté se retrouvent également chez de nombreuses plantes originaires des bords de mer où, comme celui de la camomille maritime (*Anthemis maritima*) en coussin gris, ils offrent une parade à l'air et aux embruns chargés de sel. Beaucoup de plantes venant du littoral néo-zélandais et parfaitement adaptées au climat atlantique déclinent ce type de feuillages. Parmi les arbustes, *Pittosporum tenuifolium* offre des petites feuilles vert pâle lavé de blanc ressortant

Ozothamnus rosmarinifolius 'Silver Jubilee' (syn. *Helichrysum rosmarinifolius*)

Helichrysum italicum.

sur le bois noir qui semblent vibrer à la lumière du soleil tout en étant indifférentes à l'air marin comme nombre d'hébés dont *Hebe recurva* au petit feuillage gris argenté.

Et toujours la part du rêve

Toutes ces plantes stratèges répondent au défi d'un nouveau jardinage d'où l'eau sera de plus en plus absente. Bien les connaître, c'est s'offrir un jardin au goût du jour. C'est cultiver, aussi et surtout, le plaisir d'agir avec les plantes. Pour la part du rêve, pourquoi ne pas imaginer un « jardin de lune » ? La nuit, quand les plantes les plus colorées le jour s'éteignent et laissent aux seules floraisons et feuillages blancs et argentés, le soin d'animer, sous un rayon de lune, plates-bandes et massifs.

Centaurea montana
Bleuet des montagnes

J'AIME

Le bleu exceptionnel de ses fleurs ressort beaucoup mieux sur les talus que dans les plates-bandes.

Forme : vivace rhizomateuse.
Famille : astéracées.
Origine : forêts sèches, pentes rocailleuses, dunes ; de l'ouest de l'Europe aux Balkans.
Silhouette : étalée, tapissante.
Croissance : rapide.
Taille adulte : 45 x 60 cm.
Feuillage : caduc ; feuilles lancéolées, vert moyen, duveteuses au-dessous.
Floraison : de mai à août ; petites fleurs sphériques, hérissées, bleu-violacé et pourpre.
Fructification : –
Rusticité : – 20 °C.
Sol : frais, bien drainé.
Exposition : ensoleillée, mi-ombre.
Plantation : en automne ou au printemps.
Entretien : division éventuelle des touffes au printemps ou à l'automne ; rabattre les tiges florales après la floraison pour favoriser leur remontée rapide.
Point fort : elle peut rapidement gagner du terrain et former un couvre-sol attractif.
Point faible : elle peut aussi devenir envahissante.
Autre territoire possible : montagne et falaise.
Espèces, variétés et cultivars intéressants : *C. macrocephala* (1,20 x 0,6 m), touffe vigoureuse aux hampes florales portant des gros pompons jaune vif.
Un peu d'histoire : fleur dédiée au centaure Chiron, précepteur et éducateur de nombreux héros de la mythologie grecque, dont Achille.

Centaurea montana.

Cistus
Ciste

J'AIME

Sa forme ronde, son parfum qui évoque la garrigue et ses ravissantes fleurs éphémères. En plus, une fois qu'il est installé, il finit par se former à son pied un tapis de feuilles qui empêche toute percée de plantes indésirables.

Forme : arbuste.
Famille : cistacées.
Origine : sols secs, rocailleux ; sud de l'Europe, Turquie, Afrique du Nord, îles Canaries.
Silhouette : buissonnante, compacte, parfois érigée, parfois arrondie selon les espèces.
Croissance : rapide.
Taille adulte : de 1 à 2 m x de 1 à 2 m.
Feuillage : persistant ; à parfum de résine.
Floraison : en été ; fleurs en coupe, aux pétales chiffonnés, blanches ou roses, qui s'épanouissent le temps d'une journée.
Fructification : en petits fruits ouverts en direction du ciel.
Rusticité : de 8 °C à –12 °C (sauf pour *C. laurifolius* et *C. salvifolius*, les plus rustiques des cistes qui résistent jusqu'à – 20 °C).
Sol : tout type (certaines espèces, comme *C. ladanifer*, ne supportent pas le calcaire), pauvre, très drainé, caillouteux (surtout pas d'eau stagnante ou de sol riche !).
Exposition : plein soleil, ensoleillée.

Cistus salvifolius.

Plantation : au printemps (après les dernières gelées).
Entretien : en automne ; taille pratiquée à l'extrémité des tiges pour conserver au ciste sa silhouette en gros coussin compact.
Point fort : du plus bel effet sur une terrasse, planté dans un pot rempli de terre sableuse placé au soleil.
Point faible : il vieillit à la vitesse grand V dans les sols trop riches ou pas suffisamment secs.
Autres territoires possibles : –
Espèces, variétés et cultivars intéressants : *C. albidus* (1 x 1,50 m), un ciste qui supporte le calcaire, au feuillage duveteux, gris pâle, qui réfléchit la lumière ; floraison rose en mai-juin.
C. hirsutus (1 x 1,50 m), au port parfaitement rond et au feuillage soyeux, vert foncé, recouvert de poils blancs ; en été, groupes de plusieurs fleurs blanches à calice jaune, portés par des cymes.
C. laurifolius (2 x 1 m), érigé ; au milieu de l'été, les boutons floraux rouges s'ouvrent sur des fleurs blanches.
C. monspeliensis (1 x 1 m), au port dressé, très touffu ; en été, petites fleurs blanc pur en coupe.
C. parviflorus (1 x 1,50 m), port compact, floraison estivale en fleurs roses.
C. salvifolius (1 x 1,50 m), port très ramifié en boule, petites feuilles vert-gris, fleurs blanches à cœur jaune en mai-juin.

Cistus parviflorus.

Crocus
Crocus

J'AIME

J'adore les crocus à floraison printanière ; ils devancent le printemps en pointant leurs fleurs dès la fin de l'hiver en une incroyable diversité de couleurs ! Tous les ans, ils ont la gentillesse de gagner tranquillement du terrain.

Crocus.

Forme : vivace à cormus.
Famille : iridacées.
Origine : bois clairs, lisières, prairies ; littoral jusqu'aux zones subalpines ; centre et sud de l'Europe, nord de l'Afrique, Moyen-Orient, Asie centrale, ouest de la Chine.
Silhouette : en forme de coupe resserrée vers le haut.
Croissance : rapide.
Taille adulte : de 5 à 10 cm x 5 cm.
Feuillage : il apparaît en même temps ou juste après la floraison.
Floraison : au printemps ou en automne selon les variétés.
Fructification : –
Rusticité : – 20 °C.
Sol : tout type ; pauvre, éventuellement légèrement humifère, sablonneux, bien drainé.
Exposition : plein soleil, ensoleillée, mi-ombre (sous des caducs pour les floraisons de printemps).
Plantation : en octobre pour les floraisons de printemps ; en août pour celles de l'automne.
Entretien : couper les fleurs fanées en laissant la tige et les feuilles pour que le bulbe puisse reprendre des forces pour le prochain printemps.
Point fort : pour en profiter encore plus tôt, chez soi et bien au chaud, il est possible de les forcer (comme les narcisses et les tulipes botaniques) ; il suffit de les conserver durant deux semaines après l'achat dans le bac à légumes du réfrigérateur, puis de les planter à touche-touche dans un bac, en laissant leur pointe à l'air libre, de les rapporter dans la maison, en pleine clarté et au chaud ; ils sont prêts à fleurir !
Point faible : aucun.
Autres territoires possibles : –
Espèces, variétés et cultivars intéressants : difficile de choisir parmi la centaine d'espèces et leurs très nombreux cultivars ! Pour leur floraison printanière qui me permet de les planter au pied des caducs : *C. biflorus*, en mars, fleurs aux pétales étroits et pointus, bleu-violet à la gorge jaune.
C. chrysanthus, en mars, fleurs parfumées, de jaune pâle à jaune foncé, a donné de très nombreux cultivars blancs, violets…
C. flavus, au début du printemps, fleurs parfumées, jaune d'or.
C. sativus, le safran ! En automne, floraison violette et parfumée, long pistil formé de trois stigmates (récoltés et séchés, ils donnent les fameux filaments de safran).
C. tommasinianus, début mars, fleurs

mauve argenté, pourpres, à l'origine de nombreux cultivars dans les tons bleus, rouges ou pourpres.
Crocus vernus, à partir de mars très longue floraison (parfois jusqu'en mai) de fleurs blanches, mauves ou pourpres, c'est l'un des crocus les plus prolifiques pour se naturaliser.
Un peu d'histoire : « Tu en fais une tête, on dirait que tu as coulé un bateau de safran », une expression un peu désuète qui rappelle les enjeux financiers liés au commerce du safran, ou, pour être plus précis, des stigmates de *Crocus sativus*, un crocus à floraison d'automne. Quand la peste noire décime l'Europe, entre 1347 et 1350, la demande en safran explose, les précieux filaments étant censés posséder des vertus médicinales capables de la soigner. Objets de convoitise, les cargaisons de safran en provenance de Venise et voguant sur la Méditerranée subissent fréquemment des actes de piraterie. Au XIVe siècle, la culture de *Crocus sativus* est pratiquée avec succès en Suisse d'abord, dans la ville de Bâle, puis en Allemagne, en Angleterre et en France (en particulier dans le Vexin). Il franchit l'Atlantique au XVIIIe siècle avec des colons allemands et arrive en Amérique où il suscite la même envolée financière, allant jusqu'à être coté à la Bourse de Philadelphie. Aujourd'hui, les principaux pays producteurs de safran sont le Cachemire et l'Iran, suivis de très loin par l'Espagne et la Grèce. Des petits îlots de production demeurent en Suisse, en Italie ou encore en France. Et le safran atteint toujours des prix prohibitifs ! Heureusement quelques brins suffisent pour parfumer riz et poissons…

Crocus.

Dierama pulcherrimum
Canne à pêche des anges

J'AIME

« Canne à pêche des anges », la poésie de son nom renvoie à celle de cette gracieuse plante qui semble avoir été ciselée par des mains de fée, tant elle est légère.

Forme : vivace à cormus.
Famille : iridacées.
Origine : prairies humides, zones montagneuses ; Zimbabwe, Afrique du Sud.
Silhouette : arquée.
Croissance : lente.
Taille adulte : 1,20 x 0,60 m.
Feuillage : persistant ; en touffes légères, très souples, évoquant des graminées.
Floraison : de juin à août ; fleurs en clochette pendante, magenta.
Fructification : –
Rusticité : – 10 °C.
Sol : tout type sauf calcaire, léger, humifère, frais, bien drainé.
Exposition : plein soleil, ensoleillée ; à l'abri du vent.
Plantation : au printemps ; à 7 cm de profondeur.
Entretien : pailler la souche en hiver en cas de gelées prolongées ; protéger les jeunes plants de la voracité des rongeurs.
Point fort : la grâce de son allure.
Point faible : aucun.
Autres territoires possibles : –

Dierama pulcherrimum.

Eschscholzia californica
Pavot de Californie

J'AIME
C'est l'une des premières vivaces que j'ai installées à La Maubrairie ; depuis, elle s'est ressemée et n'a jamais quitté les jardins.

Forme : vivace.
Famille : papavéracées.
Origine : prairies herbeuses ; sud-ouest de l'Amérique du Nord.
Silhouette : touffe arrondie, tapissante.
Croissance : rapide.
Taille adulte : 35 x 30 cm.
Feuillage : caduc ; gris-vert à reflets bleutés, feuilles fines, très découpées.
Floraison : d'avril à septembre ; fleurs simples, en coupe plate, veloutées, jaunes, jaune-orangé plus foncé à la base ; le soir venu, elles se referment.
Fructification : capsules mûres à la fin de l'été s'ouvrant sur des petites graines noires qui se ressèment facilement.
Rusticité : – 15 °C.
Sol : tout type, pauvre, sec, le pavot adore le sable, déteste l'eau stagnante.
Exposition : plein soleil ; à l'abri du vent.
Plantation : semis en place au printemps.
Entretien : supprimer les fleurs fanées pour encourager la floraison.
Point fort : il convient au bord de mer.
Point faible : il manque de tenue.
Autres territoires possibles : –
Espèces, variétés et cultivars intéressants : *E. c.* 'Apricot Chiffon' aux fleurs doubles, jaunes à cœur corail.
Un peu d'histoire : ce cousin lointain de *Papaver somniferum* (le pavot de l'opium) favoriserait un bon sommeil, combattrait déprime et migraine. Il est également la plante officielle de l'État de Californie depuis le début du XXe siècle.

Eschscholzia californica.

Euphorbia mellifera
Euphorbe

J'AIME
Sa grande silhouette très graphique parle du voyage des plantes. Je l'ai associée à E. cyparissias *qui joue le rôle de couvre-sol à son pied.*

Forme : arbuste.
Famille : euphorbiacées.
Origine : Madère.
Silhouette : vigoureuse et arrondie.
Croissance : modérée.
Taille adulte : 2,50 x 2 m.
Feuillage : persistant ; longues feuilles lancéolées, vert profond.
Floraison : à partir de mai ; cyathes (inflorescences) brunes à parfum de miel, réunies en cymes terminales.
Fructification : fruits ronds.
Rusticité : – 8 °C.
Sol : tout type, même légèrement calcaire, profond, souple, pour que les racines fassent facilement leur chemin, bien drainé.
Exposition : plein soleil.
Plantation : au printemps.
Entretien : aucun entretien particulier.
Point fort : l'euphorbe se plaît aux abords du littoral atlantique.
Point faible : sa faible rusticité.
Autres territoires possibles : –
Espèces, variétés et cultivars intéressants : *E. cyparissias* (25 cm et au-delà), couvre-sol efficace au feuillage caduc très fin, vert tendre ; au printemps, nombreuses inflorescences jaune-vert très lumineuses.

Euphorbia cyparissias sous *Euphorbia mellifera.*

Ficus carica
Figuier commun

J'AIME
Son allure exotique, en particulier en Normandie !

Ficus carica.

Forme : arbre.
Famille : moracées.
Origine : ouest de l'Asie, est du Bassin méditerranéen.
Silhouette : étalée, cime arrondie, très large, très branchue, sur un tronc trapu.
Croissance : lente (le temps de mettre en place son système racinaire, d'aller chercher l'eau très profondément) ; il fructifiera cinq ans après la plantation.
Taille adulte : 3 x 4 m.
Feuillage : caduc ; très grandes feuilles épaisses (10 à 20 cm de long), plus ou moins divisées, rugueuses au-dessus, duveteuses au-dessous.
Floraison/Fructification : les fleurs sont constituées par la figue de couleur verte, puis violet sombre à maturité ; l'arbre peut donner des figues une ou deux fois durant l'année.
Rusticité : –16 °C.
Sol : tout type, même s'il préfère le calcaire, il s'accommode parfaitement d'un sol acide ; humifère, frais (dans un sol argileux les racines prendront plus de temps pour s'installer que dans un sol sableux où elles feront tout de suite leur chemin).
Exposition : plein soleil, ensoleillée, ombre légère ; en zone froide, planter le figuier à l'abri d'un mur ou d'un talus exposés plein sud.
Plantation : de mi-octobre à fin novembre.
Entretien : entre février et avril, tailler le bois mort ou malade ainsi que les branches qui se croisent.
Points forts : culture en pot possible ; parfait en palissage.
Point faible : attention au gel.
Autres territoires possibles : –
Espèces, variétés et cultivars intéressants : au nord de la Loire, deux variétés unifères, dont la seule récolte sera insensible au gel printanier : *Ronde de Bordeaux* au petit fruit, très sucré, et *Pastilière*, au petit fruit très juteux. Parmi les variétés à deux récoltes, dites « bifères », *Dalmatie* et *Madeleine des deux saisons*, aux gros fruits juteux, donneront une première récolte fin juillet-début août (sauf en cas de gelées printanières), suivie d'une seconde, fin septembre. Certaines variétés cultivées se passent de la pollinisation pour fructifier. Au nord de la ligne Bordeaux/Lyon, le blastophage étant absent, choisir une variété autofertile.
Un peu d'histoire : Jean-Pierre Otte, dans son ouvrage *L'Amour au jardin* (Phébus libretto, 1995), raconte les aventures de *Blastophaga*, un insecte microscopique qui pénètre dans la figue. Celle-ci a la forme d'une urne fermée, formée par les fleurs du figuier. Une fois à l'intérieur, il pond ses œufs sur une partie des ovaires tout en déposant du pollen sur les stigmates. Certaines fleurs servent donc de couveuse pendant que les autres ont été fécondées par le pollen. Les œufs éclosent. D'abord, ce sont les mâles, le temps de se développer, et ils retournent sur l'ovaire juste pour y féconder « leurs » femelles encore au stade d'œufs. Ils meurent, alors que les femelles se réveillent, pourvues d'ailes. Elles sortent de l'urne – ou « sycone » en langage botanique – et s'envolent pour aller rejouer l'histoire.

Foeniculum vulgare
Fenouil vivace

J'AIME

Cette grande plante simple apporte de la transparence dans les plates-bandes.

Forme : vivace aromatique.
Famille : apaciées.
Origine : littoral méditerranéen, sud de l'Europe.
Silhouette : touffe dressée, très ramifiée.
Croissance : très rapide.
Taille adulte : 200 x 45 cm.
Feuillage : caduc ; feuilles triangulaires, très découpées, vert pâle, au parfum anisé.
Floraison : d'août à septembre ; grandes ombelles planes, aériennes, constituées de minuscules fleurs jaunes.
Fructification : graines aromatiques.
Rusticité : – 20 °C.
Sol : neutre à légèrement calcaire, ordinaire, profond, sec en hiver (sans eau stagnante).
Exposition : plein soleil.
Plantation : en automne ou au printemps.
Entretien : supprimer les tiges florales une fois fleuries pour éviter les semis spontanés ; au printemps, rabattre l'ensemble de la plante pour qu'elle reparte de la souche.
Point fort : de mars à septembre, l'ensemble de la plante peut accommoder délicieusement les grillades de poisson.
Points faibles : peut se ressemer partout, elle est plus simple à arracher lorsqu'elle est toute jeune.
Autre territoire possible : prairie fraîche.
Espèces, variétés et cultivars intéressants : *F. v.* 'Giant Bronze' (150 x 80 cm), fenouil au feuillage splendide dès le début du printemps, d'abord cuivre puis virant au bronze ; en été, ombelles jaune d'or. Facile, se ressème spontanément ; très décoratif.

Foeniculum vulgare 'Purpureum'.

Gladiolus callianthus (syn. *Acidanthera bicolor* var. *murieliae*)
Glaïeul d'Abyssinie

J'AIME

L'élégance à l'état pur ! Ses fleurs, qui rappellent celles des lis, apparaissent en septembre alors que le jardin commence à s'appauvrir question floraison.

Forme : vivace à cormus.
Famille : iridacées.
Origine : prairies sèches et pentes rocailleuses ; Érythrée, Mozambique.
Silhouette : érigée et arquée.
Croissance : lente (deux à trois ans avant une première floraison).
Taille adulte : 100 x 10 cm.
Feuillage : caduc ; longues feuilles vert pâle, dressées, linéaires, étroites, partant en éventail depuis la base.
Floraison : à partir de septembre ; fleurs blanches, pourprées à la base, en entonnoir, parfumées, portées sur des tiges souples, gracieusement inclinées.
Fructification : capsules de graines.
Rusticité : 0 °C.
Sol : tout type, humifère, bien drainé.
Exposition : ensoleillée, ombre légère.
Plantation : d'avril à juin ; enterrer les cormus à 10 cm de profondeur, à 12 cm de distance les uns des autres, sur une couche de sable.
Entretien : ôter les fleurs fanées ; pailler en hiver pour protéger les cormus du gel ou les déterrer et les conserver au sec et au frais (de 8 à 10 °C).
Point fort : sa ravissante floraison.
Point faible : sa rusticité.
Autre territoire possible : ne pas hésiter à planter un régiment de grands glaïeuls au potager pour les bouquets.
Espèces, variétés et cultivars intéressants : *G. cardinalis* (90 x 7 cm), pour sa floraison estivale rouge vif. *G. communis* ssp. *byzantinus* (100 x 7 cm), au printemps floraison en épis roses ou rouges. *G. papilio* (120 x 10 cm), floraison estivale blanc crème, teintée de mauve avec des taches ocre sur les pétales inférieurs.

Gladiolus callianthus.

Helianthemum
Hélianthème

> J'AIME
> *Ils forment de très jolis couvre-sol aux fleurs chiffonnées ; chez moi, ils vont même se nicher entre les pierres des vieux murs.*

Forme : arbuste.
Famille : cistacées.
Origine : prairies, zones montagneuses ; Amérique du Nord et du Sud, Asie, Europe, Afrique du Nord, Bassin méditerranéen.
Silhouette : étalée.
Croissance : moyenne.
Taille adulte : de 10 à 20 cm.
Feuillage : persistant.
Floraison : les fleurs sont éphémères, mais se renouvellent de mai à août sans discontinuer.
Fructification : –
Rusticité : – 15 °C.
Sol : tout type même calcaire, même caillouteux, drainant, sec.
Exposition : plein soleil.
Plantation : au printemps.
Entretien : après la floraison, raccourcir les tiges.
Point fort : l'hélianthème offre une palette infinie de teintes délicates.
Point faible : aucun.
Autres territoires possibles : –
Espèces, variétés et cultivars intéressants : *H.* 'Rhodanthe Carneum' (30 x 45 cm et plus), étalé, couvre-sol, longue floraison rose tendre sur un feuillage vert-gris bleuté.

Helianthemum.

H. 'Rubra Plena' (20 x 45 cm et plus), pour sa floraison rouge vif et double.
H. 'Wisley Primrose' (15 x 45 cm et plus), pour sa floraison jaune clair à cœur doré.

Helichrysum italicum
Immortelle d'Italie

> J'AIME
> *J'adore son parfum de curry qui me surprend toujours quand je passe à côté de lui.*

Forme : sous-arbrisseau.
Famille : astéracées.
Origine : zones ensoleillées et sèches ; Bassin méditerranéen.
Silhouette : buissonnante, très ramifiée.
Croissance : lente.
Taille adulte : 60 x 100 cm.
Feuillage : persistant ; feuilles étroites, gris argenté au parfum très épicé évoquant le curry.
Floraison : de juin à septembre ; fleurs jaunes dégageant elles aussi des effluves de curry mêlé de miel.
Fructification : –
Rusticité : – 15 °C.
Sol : de neutre à calcaire, sablonneux, même caillouteux, drainant, sec.
Exposition : plein soleil ; à l'abri des vents froids.
Plantation : en automne ou au printemps.
Entretien : en mars-avril, le rabattre après la floraison de la même manière que la lavande, le ramener au plus près du bois, sans quoi il s'ouvre et devient très laid. Couper environ deux tiers des pousses grises de l'année. Comme cela, il se refait joliment chaque année.
Point fort : coupées au stade de boutons, ses fleurs (immortelles) entrent dans la composition des bouquets secs.
Point faible : aucun.
Autre territoire possible : montagne et falaise.
Espèces, variétés et cultivars intéressants : *H. i.* ssp. *serotinum*, feuillage aromatique à odeur de curry.

Helichrysum italicum.

Iris germanica
Iris barbu, iris de jardin

J'AIME

Ils sont tellement sophistiqués… et si simples ! Le choix est illimité entre les différentes couleurs des sépales, des pétales, des motifs ornant les pièces florales.

Iris germanica.

Forme : vivace rhizomateuse.
Famille : iridacées.
Origine : Bassin méditerranéen.
Silhouette : touffe érigée.
Croissance : rapide.
Taille adulte : 100 x 60 cm.
Feuillage : caduc ou semi-persistant ; larges et longues feuilles rubanées, vert pâle.
Floraison : de mai à juin ; hautes hampes florales dont les fleurs, souvent parfumées, se distinguent par une barbe ou bande de poils disposée sur les sépales.
Fructification : capsules contenant les graines.
Rusticité : – 20 °C.
Sol : de neutre à légèrement calcaire, drainé, sec ; apport de sable dans un sol lourd.
Exposition : ensoleillée.
Plantation : de juillet à septembre, pour que les rhizomes ayant fini leur croissance aient le temps de faire des racines avant le printemps suivant. Apport de compost, d'engrais organique, de corne torréfiée. Les rhizomes doivent être plantés de façon à affleurer la surface du sol, les bourgeons et les feuilles tournés vers l'extérieur. Arroser juste après la plantation pour que la terre colle au rhizome et aux racines.
Entretien : une fois la floraison terminée, rabattre les hampes à 10 cm du sol. En automne, ôter les feuilles abîmées. Arrachage et division des rhizomes tous les quatre ans. Le sol s'épuisant, les rhizomes prélevés seront plantés ailleurs, dans un endroit du jardin n'ayant pas vu d'iris depuis un an au moins. Éliminer les herbes concurrentes, car elles maintiennent l'humidité au sol, attirent les limaces et font de l'ombre. Biner délicatement la plantation en évitant d'abîmer les rhizomes.
Points forts : très faciles à cultiver ; en sélectionnant des variétés précoces, puis de mi-saison et, enfin, tardives, le jardinier peut compter sur cinq belles semaines de floraison.
Point faible : aucun.
Autres territoires possibles : –
Espèces, variétés et cultivars intéressants : les catalogues des pépiniéristes spécialisés proposent des centaines de cultivars tous plus beaux les uns que les autres et aux teintes parfois renversantes !

Un peu d'histoire : peu de contrées de l'hémisphère nord ont résisté au charme de l'iris et au mystère de son chiffre « 3 » (trois pétales, trois sépales, trois styles, trois étamines). Flottant sur les étendards à Florence (*I. germanica* var. *florentina* devenu *I.* 'Florentina'), symbole de la ville de Bruxelles *(I. pseudacorus)* et de la province du Québec depuis 1999 *(I. versicolor)*, l'iris est à l'origine d'un grand malentendu qui concerne notre fleur royale : le lis. Lis derrière lequel se cacherait un *I. pseudacorus*, choisi par Clovis pour en faire son emblème après avoir pu traverser la Vienne sur un gué signalé par une colonie de ces iris.

Iris reticulata
Iris reticulata

J'AIME

J'attends avec impatience ce mini-iris ravissant qui ouvre le bal des couleurs du printemps dès le mois de février.

Forme : vivace bulbeuse.
Famille : iridacées.
Origine : prairies sèches ; Caucase, Turquie, nord de l'Iran, Irak.
Silhouette : touffe érigée, évasée.
Croissance : modérée.
Taille adulte : 10 à 20 cm x 10 à 20 cm.
Feuillage : caduc ; il apparaît après la floraison ; feuilles vertes striées d'une ligne blanche longitudinale, fines, vigoureuses.
Floraison : de février à mars ; fleurs solitaires, parfumées, bleu-violet.
Fructification : capsules contenant les graines.
Rusticité : – 20 °C.
Sol : calcaire, sablonneux, bien drainé.
Exposition : ensoleillée.
Plantation : en octobre-novembre, enterrer les bulbes à 5 cm du sol, espacés de 8 cm.
Entretien : diviser les bulbes quand la floraison perd de sa vigueur et les replanter dans un coin du jardin n'ayant pas vu d'iris depuis un an au minimum.
Point fort : une fois sa floraison achevée, l'iris disparaît rapidement pour laisser la place aux autres plantes.
Points faibles : un sol trop humide fait pourrir le bulbe. Les oiseaux se régalent avec les boutons floraux.
Autres territoires possibles : –

Iris reticulata.

Espèces, variétés et cultivars intéressants : à rechercher dans les catalogues des pépiniéristes spécialisés.

Iris unguicularis
Iris d'Alger

J'AIME

C'est toujours un ravissement de voir l'arrivée d'une fleur fragile avec les premiers rayons du soleil, au beau milieu de l'hiver !

Forme : vivace rhizomateuse.
Famille : iridacées.
Origine : bois clairs, collines rocheuses ; Grèce, Turquie, Syrie, Tunisie, Algérie.
Silhouette : touffe dressée, évasée et compacte.
Croissance : modérée (peut prendre deux ans avant de s'installer et de fleurir).
Taille adulte : 30 x 5 cm.
Feuillage : persistant ; longues feuilles vert foncé, lancéolées.
Floraison : très longue, de la mi-novembre à la mi-mars ; fleurs portées sur de courtes tiges (20 cm), solitaires, délicatement parfumées, lilas, mauves ou blanches, avec une longue trace jaune, protégées par les feuilles.
Fructification : capsules contenant les graines.
Rusticité : – 20 °C.
Sol : de neutre à calcaire, ordinaire, sec, très bien drainé.
Exposition : plein soleil, ombre légère.
Plantation : à la fin du printemps.
Entretien : en automne, ôter les feuilles abîmées ; diviser les bulbes quand la floraison s'essouffle, les replanter dans un endroit où il n'y a pas eu de plantation d'iris depuis plus d'un an.
Points forts : idéal sur les vieux murs ; très longue floraison.
Point faible : aucun.
Autre territoire possible : montagne et falaise.

Iris unguicularis.

Espèces, variétés et cultivars intéressants :
I. u. 'Alba' à fleurs blanc crème.
I. u. 'Marginata', fleurs lilas bordées de blanc.
I. u. 'Mary Barnard' à fleurs violet-bleu.
I. u. 'Walter Butt', la floraison la plus précoce, dès novembre, fleurs bleu lavande.

Iris xiphium
Iris de Hollande, iris d'Espagne

J'AIME

Je les ai longtemps négligés, car ils me rappelaient trop les bouquets des fleuristes. Ils sont simplement formidables parmi les herbes folles des talus ou de la « prairie interdite ».

Forme : vivace.
Famille : iridacées.
Origine : sud de l'Europe, nord de l'Afrique.
Silhouette : touffe vigoureuse, dressée et retombante.
Croissance : modérée.
Taille adulte : de 50 à 60 cm x 15 cm.
Feuillage : feuilles vert foncé, lancéolées.
Floraison : mai-juin ; deux fleurs par tige, bleues, blanches ou violettes, avec une trace orange ou jaune sur chaque sépale.
Fructification : capsules de graines.
Rusticité : – 20 °C.
Sol : ordinaire, sec, bien drainé.
Exposition : plein soleil.
Plantation : en octobre-novembre.
Entretien : diviser les bulbes quand la floraison s'essouffle, les replanter dans un endroit où il n'y a pas eu de plantation d'iris depuis plus d'un an.
Point fort : floraison garantie.
Point faible : aucun.
Autres territoires possibles : –

Iris xiphium.

Juglans regia
Noyer commun

J'AIME

Son écorce blanche, ses branches retombantes ; je l'ai conservé quand j'ai repris le terrain qui allait devenir le Jardin du Soir, dont il est devenu l'un des « animateurs » à partir duquel j'ai créé la perspective centrale.

Forme : arbre.
Famille : juglandacées.
Origine : sud-est de l'Europe à l'Himalaya, centre de la Russie, sud-ouest de la Chine.
Silhouette : étalée à grande couronne ronde sur un tronc plutôt court.
Croissance : lente.
Taille adulte : de 15 à 20 m x 15 à 20 m.
Feuillage : caduc, aromatique ; longues feuilles vert sombre, ne prenant pas de teintes automnales.
Floraison : arbre monoïque portant des chatons mâles jaune-vert et des fleurs femelles extrêmement discrètes avant la feuillaison.
Fructification : en automne ; fruits sphériques contenant des noix comestibles.
Rusticité : – 25 °C (jeune plant sensible au gel).
Sol : tout type (de légèrement acide à calcaire), profond (le pivot formé par les racines a besoin d'une grande profondeur), argilo-glaiseux, riche, frais mais bien drainé.
Exposition : plein soleil, ensoleillée, ombre légère.
Plantation : en automne ; préférer un plant issu d'un semis plutôt qu'un sujet greffé (dans ce dernier cas opter pour un jeune plant ne dépassant pas 50 cm de hauteur).
Entretien : tailler si nécessaire à la fin de l'été avant la montée de sève (très précoce).
Point fort : ses noix.
Point faible : son feuillage très opaque qui produit une ombre froide… à attraper la mort !
Autres territoires possibles : –

Juglans regia.

Un peu d'histoire : outre ses noix comestibles, le noyer commun est utilisé pour la partie charnue de ses fruits qui, une fois bouillie, est transformée en brou de noix, une teinture utilisée en ébénisterie et même dans les crèmes autobronzantes. Pressées, les noix donnent une huile de table. Les feuilles du noyer entrent dans la composition du vin de noix.

Lathyrus latifolius
Pois vivace

> J'AIME
> *Le blanc est mon préféré,*
> *il monte à l'assaut de son tipi*
> *de métal, chaque année,*
> *depuis plus de quinze ans.*

Forme : grimpante.
Famille : papilionacées.
Origine : prairies ensoleillées, pentes, friches, cailloux, forêts claires ; zones tempérées ; sud de l'Europe.
Silhouette : grimpante à vrilles.
Croissance : rapide.
Taille adulte : 2 m et plus.
Feuillage : caduc ; vert moyen à reflets bleutés.
Floraison : de juin à octobre ; longue floraison en petits bouquets roses, violets en grappes dressées.
Fructification : pois.
Rusticité : – 20 °C.
Sol : fertile, humifère, bien drainé.
Exposition : plein soleil, ensoleillée, ombre légère.
Plantation : semis sur place en avril pour une première floraison estivale.
Entretien : le faire grimper sur un support, ôter les fleurs fanées, diviser les touffes en mars.
Point fort : sa généreuse floraison.
Point faible : il n'aime pas être ressemé aux mêmes endroits.

Autres territoires possibles : –
Espèces, variétés et cultivars intéressants : *L. l.* 'Perle Blanche' aux fleurs blanc pur.
L. odoratus 'Spencer' (2 m), palette de couleurs illimitée, semis en place de février à avril en poquet de 5 à 6 graines, fleurs parfumées en forme de papillon de juin à août, selon la date des semis ; faire des bouquets aussi souvent que possible pour éviter la formation des graines ; un enchantement au potager !
L. rotondifolius (1 m) sa petite taille le destine aux balcons et terrasses.

Lathyrus latifolius 'Perle Blanche'.

Lavandula x *intermedia*
Lavandin

J'AIME

Je voulais des lavandes, mais le sol de mes jardins en raison de sa fraîcheur ne s'y prête vraiment pas du tout. J'ai réussi à contourner la difficulté en les plantant dans de très hauts pots sans fond où je les ai associées à des osiers en tige. Du coup, les lavandes bénéficient d'un sol toujours sec, que j'ai reconstitué pour qu'il se rapproche le plus possible de leur territoire d'origine.

Forme : arbuste aromatique.
Famille : lamiacées.
Origine : hybridation de *L. angustifolia* x *L. latifolia,* deux espèces de zones sèches, rocailleuses, ensoleillées ; ouest du Bassin méditerranéen.
Silhouette : buissonnante, étalée ou érigée.
Croissance : modérée.
Taille adulte : 80 x 100 cm.
Feuillage : persistant ; du vert au gris, très aromatique.
Floraison : en été ; épis serrés de fleurs violettes.
Fructification : –
Rusticité : – 15 °C.
Sol : calcaire, argilo-calcaire, sec, bien drainé.
Exposition : plein soleil.
Plantation : en automne ou au printemps.
Entretien : à la fin de l'été, elle a besoin d'être taillée, sinon elle s'étiole. Couper environ deux tiers des pousses de l'année pour la régénérer. Rester dans le vert, sinon elle ne redémarrera pas.
Point fort : son parfum.
Point faible : même cultivés dans de bonnes conditions, les plants doivent être renouvelés tous les dix ans (bouture en septembre).
Autre territoire possible : montagne et falaise.

Lavandula angustifolia en pot.

Espèces, variétés et cultivars intéressants : *L. angustifolia* 'Hidcote' (60 x 75 cm), peut-être la plus célèbre des lavandes ! Elle forme un buisson compact aux fleurs violet sombre. *L.* x *i.* 'Grosso', pour la générosité de sa floraison violet foncé et lumineuse.

Un peu d'histoire : outre ses diverses utilisations en parfumerie ou en pharmacopée qui remonteraient à l'Antiquité égyptienne, la lavande participe au début du XVe siècle à une grande page de l'histoire de l'art. L'huile d'aspic *(L. latifolia)* entre dans la composition des peintures à l'huile, inventées et utilisées par les Flamands. Plus tard, en 1832, les inventeurs de la photographie, Nicéphore Niépce (1765-1833) et Louis Daguerre (1787-1851), utilisent comme produit photosensible le résidu de la distillation de l'essence de lavande. Ce procédé leur permet d'obtenir, pour la première fois, une image en moins de huit heures de pose.

Leucanthemum vulgare (syn. *Chrysanthemum leucanthemum*)
Marguerite

J'AIME
Encore une plante des talus qui donne du naturel au jardin !

Forme : vivace rhizomateuse.
Famille : astéracées.
Origine : zones rocheuses, prairies fraîches, friches ; Europe, Asie.
Silhouette : dressée et étalée.
Croissance : rapide.
Taille adulte : 80 x 60 cm.
Feuillage : caduc ; buissonnant.
Floraison : de mai à juillet ; capitules de fleurs blanches à cœur jaune.
Fructification : –
Rusticité : – 20 °C.
Sol : ordinaire, frais, bien drainé.
Exposition : plein soleil, ensoleillée, ombre légère.
Plantation : semis en place au printemps.
Entretien : si nécessaire, diviser les touffes au début de l'automne.
Point fort : son naturel.
Point faible : risque d'envahissement par semis.
Autres territoires possibles : prairie fraîche ; montagne et falaise.

Leucanthemum vulgare.

Libertia grandiflora
Libertia à grandes fleurs

J'AIME
C'est une plante facile à vivre, encore assez rare, à découvrir pour ses qualités graphiques et sa floraison extrêmement élégante.

Forme : vivace rhizomateuse.
Famille : iridacées.
Origine : prairies fraîches ; Nouvelle-Zélande.
Silhouette : touffe compacte, évasée.
Croissance : modérée.
Taille adulte : 90 x 60 cm.
Feuillage : persistant ; coriace, longues feuilles linéaires arquées.
Floraison : en mai-juin ; longues panicules portant des fleurs blanches, groupées par trois, composées de trois tépales extérieurs et de trois tépales intérieurs.
Fructification : fruits marron clair, luisants.
Rusticité : – 8 °C.
Sol : peu fertile, humifère, frais, bien drainé.
Exposition : plein soleil, ensoleillée.
Plantation : en automne ou au printemps.
Entretien : paillage en hiver.
Point fort : son graphisme.
Point faible : aucun.
Autres territoires possibles : –
Espèces, variétés et cultivars intéressants : *L. peregrinans* (50 x 40 cm), magnifique feuillage persistant orangé, petites fleurs blanches étoilées en été.

Libertia grandiflora.

Page de droite
Jardin de graviers.

JARDIN DE **GRAVIERS**

Détourner les contraintes

Que faire si le désir des plantes en plein air taraude le jardinier privé de terre et de jardin ? Un simple balcon, même de taille modeste, suffit parfois pour inventer un petit coin de paradis. Où le spectacle d'une plante fleurissant au milieu du béton, la surprise d'un parfum exquis et inattendu, la douceur d'un feuillage apportent leur lot d'émotions jardinières dans un univers qui, à priori, en est dénué. Dans les situations extrêmes, les plantes bien choisies possèdent des ressources que la raison n'ose ou ne peut imaginer. J'en ai fait l'expérience dans mon jardin le plus récent, celui de l'Après-Midi. La contrainte ? Une terrasse en aplomb de la maison, exposée plein sud, dans le sol de laquelle il m'était impossible d'envisager des plantations profondément enracinées sous peine de menacer un réseau de canalisations souterraines. Comment transformer cette surface nue et ennuyeuse en terrasse accueillante qui ne semble pas artificielle ?

Conjuguer minéral et végétal

J'ai repensé aux différents territoires et, en particulier, à celui de la prairie sèche. Où les plantes, en plein soleil, ont appris à se passer d'eau. Où dans un sol peu profond, les racines courent sous à peine quelques centimètres de terre. J'ai donc tenté l'expérience de recréer ce type de territoire. Un film géotextile fixé à même le sol est venu recouvrir la surface. Je l'ai enseveli sous environ quatre centimètres de terre mélangée à du sable pour favoriser le drainage. Puis j'ai ajouté une couche de trois à quatre centimètres de graviers de bâtiment.

L'histoire des plantations a débuté avec des crocus suivis par toute une collection de petits bulbes, parfaitement à leur aise en plein soleil et dans peu de terre. Des collections de tulipes et d'œillets botaniques réussissent là, mieux que partout ailleurs dans le jardin. C'est aussi le lieu idéal pour installer des plantes originaires des dunes ou du Caucase. En particulier toutes celles qui forment des petits coussins. Toutes sortes de petits sédums ont fini par s'étaler en nappes. Un peu comme si ma terrasse se transformait en toiture végétalisée d'où, en été, émergent de minuscules aulx et de ravissantes tritéléias (*Triteleia laxa*). J'ai même semé des cosmos que je voulais nanifier. La pluie en a décidé autrement. Maintenant, ils dominent de toute leur hauteur ce mini-paysage. À l'exception de ces cosmos, chaque groupe de plantes est assigné à un endroit

Contraste d'échelle : œillets nains et cosmos.

Stéphane coupe les fleurs fanées des œillets.

Jardin de graviers.

déterminé. L'entretien est extrêmement simplifié. Si des mauvaises herbes surgissent, il suffit de tirer dessus pour qu'elles viennent toutes seules.

Afin d'éviter que l'endroit ne flotte, trois grosses pierres jouent le rôle de repères visuels, forts et permanents autour desquels s'articulent ces paysages lilliputiens. L'un des aspects les plus attachants de ce jardin de graviers se révèle dans le rapport d'échelle fluctuant qu'il propose au regard. Passant du plus petit au plus grand. Assis dans l'un des fauteuils de la terrasse, je le découvre comme s'il s'agissait d'un paysage vu d'avion. Sous cet angle, les pierres finissent par évoquer des falaises ou d'énormes rochers dominant la végétation d'une terre aride.

Jardin minimum ?

Créé par obligation, ce jardin de graviers inspiré par le territoire d'une prairie plus que sèche, au sol extrêmement léger et drainé, m'a permis de concevoir un jardin que je ne pouvais pas avoir ailleurs. Où j'ai le plaisir de lire toutes les plantes avec minutie. De constater leurs incroyables stratégies quand elles étalent leurs racines à plusieurs mètres de leur pied pour aller chercher sous les graviers le minimum de fraîcheur et d'humidité dont elles se contentent.

Il m'a aussi initié au « jardin minimum » – le *low garden* cher aux Britanniques. Minimum mais aux possibilités infinies. Sans arrosage, sans entretien, il répond parfaitement aux critères du jardin contemporain, respectueux à la fois des ressources, des plantes et du plaisir qu'il offre au jardinier.

Depuis les trois pas japonais sur lesquels je circule, car il ne saurait être question de marcher sur les racines, j'ai le bonheur d'être toujours surpris et enchanté devant le spectacle et les réactions de mes plantes qui y vivent si bien.

Page de droite
Allium, Sedum, Festuca glauca devant les cosmos.

Lilium candidum
Lis de la Madone

J'AIME
Cette fleur est follement hiératique !

Forme : vivace bulbeuse.
Famille : liliacées.
Origine : zones boisées (calcaires) ; Balkans.
Silhouette : érigée et évasée.
Croissance : rapide.
Taille adulte : 150 x 50 cm.
Feuillage : caduc ; longues feuilles vertes, lancéolées.
Floraison : en juin ; fleurs blanc pur, parfumées, aux anthères et à la base jaunes.
Fructification : –
Rusticité : – 20 °C.
Sol : de neutre à calcaire, riche, très bien drainé.
Exposition : plein soleil, ensoleillée, mi-ombre.
Plantation : à la fin de l'été (il doit avoir le temps de produire sa rosette de feuilles persistantes qui le distingue des autres lis) ; enfouir son bulbe sous 2 cm de terre (pas plus !). Les autres bulbes de lis se plantent au début du printemps.
Entretien : ôter les tiges florales fanées.
Point fort : il résiste parfaitement à la sécheresse.
Point faible : très apprécié des criocères (cf. *Lilium regale*, Territoire de la lisière).
Autres territoires possibles : –
Espèces, variétés et cultivars intéressants : *L. auratum* (150 x 30 cm), aux fleurs dressées ou horizontales, aux bandes dorées sur fond blanc pur et au parfum délicieux rappelant la fleur d'oranger.
L. duchartrei (50 x 30 cm), aux fleurs de type martagon, blanches tachetées de pourpre et ombrées de vert.
L. wallichianum (150 x 50 cm), longues fleurs en trompette blanches aux extrémités vertes, parfum ultrapuissant.

Lilium candidum.

Un peu d'histoire : « Le lis blanc, l'ancolie et l'iris sont les fleurs qui apparaissent le plus souvent dans l'art religieux aux XVe et XVIe siècles. Elles incarnent au mieux les différentes manifestations de la pensée symbolique. Le lis, comme les autres fleurs blanches, est par sa couleur un symbole de pureté. Dans les Annonciations, il devient le parfait symbole de l'Immaculée Conception. Sa corolle en forme de trompette renforce l'idée d'une proclamation. » (Sam Segal, *Symbolique & botanique*, catalogue d'exposition, musée des Beaux-Arts de Caen, 1987, p. 13)

Luma apiculata (syn. *Myrtus luma*)
Luma apiculata

J'AIME
Encore rare dans les jardins, c'est un vrai petit bijou ! Belle écorce, feuillage odorant, floraison parfumée et immaculée !

Forme : arbuste.
Famille : myrtacées.
Origine : forêts ; Chili, Argentine.
Silhouette : érigée, buissonnante.
Croissance : modérée.
Taille adulte : de 4 à 6 m x 3 à 4 m.
Feuillage : persistant, aromatique ; petites feuilles vert sombre, ovales.
Floraison : de la fin de l'été à la mi-automne ; bouquets parfumés de fleurs blanches, groupées en cymes.
Fructification : incertaine, petites baies noires et rouges.
Rusticité : – 15 °C ; apprécie le climat doux du littoral atlantique ou méditerranéen.
Sol : tout type ; tolérant aussi bien un sol léger et sableux que lourd et argileux s'il est bien drainé.
Exposition : plein soleil, ensoleillée, mi-ombre.
Plantation : en septembre.
Entretien : à la fin de l'hiver, taille de formation.
Point fort : très belle écorce lumineuse, couleur cannelle qui, en se desquamant, laisse apparaître des plaques blanches et orange.
Point faible : aucun.
Autres territoires possibles : –
Un peu d'histoire : *Luma* est un mot utilisé par les Indiens mapuche (Chili et Argentine) pour désigner la couleur orange de l'écorce. Cet arbuste a d'abord été cultivé dans les pépinières californiennes, en 1909, avant d'arriver en Europe.

Luma apiculata.

Lupinus arboreus
Lupin en arbre

J'AIME
Son aspect torturé, son feuillage gris, fin et duveteux.

Forme : arbuste.
Famille : papilionacées.
Origine : prairies sèches, collines ; Californie.
Silhouette : vigoureuse, dressée.
Croissance : rapide.
Taille adulte : 2 x 2 m.
Feuillage : plus ou moins persistant selon les régions et la rudesse de l'hiver ; le dessous des feuilles est couvert de poils soyeux.
Floraison : en mai-juin ; grappes érigées couvertes de fleurs délicatement parfumées, jaune soufre, parfois bleues.
Fructification : –
Rusticité : – 10 °C (sensible aux longues périodes de gel).
Sol : de neutre à acide, sableux, pauvre.
Exposition : plein soleil, ensoleillée.
Plantation : au printemps.
Entretien : ôter les fleurs fanées pour stimuler des nouvelles floraisons.
Point fort : il se ressème spontanément.
Point faible : sa rusticité.
Autres territoires possibles : –
Un peu d'histoire : d'abord cultivé dans les pépinières californiennes, le lupin en arbre est arrivé en Europe vers 1800.

Lupinus arboreus.

Malus
Pommier

J'AIME

Les pommiers sont très présents dans les clos du bocage qui entourent La Maubrairie. Pommiers dont la récolte des fruits donne lieu, tous les ans au mois d'octobre, à deux jours de fête. J'ai conservé certains pommiers « traditionnels » dans mes jardins, mais j'ai succombé au plaisir d'introduire des pommiers d'ornement. Si leurs fruits ne sont vraiment pas comestibles, ils enchantent l'automne et l'hiver ; quant aux floraisons, elles s'expriment au printemps en véritables explosions de couleurs. J'ai également installé deux pommiers colonnaires très généreux quant aux pommes comestibles qu'ils produisent.

Malus ' Villandry'®.

Forme : arbuste.
Famille : rosacées.
Origine : forêts, bois ; Europe, Asie, Amérique du Nord.
Silhouette : étalée.
Croissance : modérée.
Taille adulte : de 5 à 8 m x 5 à 10 m
Feuillage : caduc ; vert vif, les feuilles sont composées de trois lobes et ressemblent à celles de l'érable, elles virent au jaune-pourpré à l'automne.
Floraison : en mai ; boutons roses s'ouvrant sur des fleurs blanches, simples.
Fructification : petits fruits jaunes portés par de longs pédicules rouges.
Rusticité : – 20 °C.
Sol : humifère, frais, bien drainé.
Exposition : plein soleil, ensoleillée.
Plantation : toute l'année, en dehors des périodes de gel.
Entretien : aucun, à moins de vouloir rectifier la silhouette en février.
Points forts : floraison époustouflante. Il peut être installé en isolé, en haie libre. La plantation en bac lui convient.
Point faible : aucun.
Autre territoire possible : prairie fraîche.
Espèces, variétés et cultivars intéressants : *M.* 'Perpetu'® 'Evereste' (3 x 2 m), port érigé et arrondi ; d'avril à mai boutons floraux rouges, puis fleurs blanches, simples, avant fruits sphériques et aplatis, rouge-orangé strié de rouge.
M. 'Golden Hornet' (3 x 1 m), port érigé et compact, de mai à juin, boutons roses, puis fleurs blanches, simples, avant de très nombreux fruits jaune d'or ressemblant à des mini-pommes.
M. 'Prairie Fire' (5 à 10 m x 5 à 10 m), port légèrement retombant, feuilles pourpres puis vert-rouge ; de mai à juin, abondance de fleurs roses et rouges, très lumineuses, suivies de petits fruits rouge foncé profond.
M. 'Profusion' (5 à 10 m x 5 à 10 m), port étalé, longues feuilles rouge pourpre puis vert bronze, multitude de fleurs simples, rose-pourpré foncé, suivies de petits

fruits rouges ressemblant à des cerises. Et aussi deux colonnaires pour leurs pommes à croquer ! *M.* 'Versailles'® et *M.* 'Villandry'® (3 à 5 m x 1 m), floraison blanche à la mi-avril, pommes rouges à croquer fin septembre.
Un peu d'histoire : à l'origine de « nos » pommiers, *Malus sieversii*, un arbre fruitier originaire des plateaux d'Asie centrale, du Caucase aux abords de la Chine. Il est probable qu'il a voyagé avec les premiers déplacements humains, puis le long des voies commerciales, comme la route de la Soie. Consommée en Chine 3 000 ans avant notre ère, la pomme gagne la Grèce, puis le monde romain, comme en témoigne la culture de la pomme d'Api par Appius Claudius Caecus au IIIe siècle avant J.-C. Avec les Romains, les pommiers partent à la conquête de la Gaule et des îles Britanniques. Au Moyen Âge, ils trouvent refuge dans les monastères. Les fruits entrent alors dans l'élaboration d'onguents ou « pommades » et les pommiers finissent par intégrer les vergers. Pommes crues, en compote ou en cidre, elles deviennent un fruit de consommation courante à partir du XVIe siècle. Rarement un fruit aura servi autant d'expressions du langage courant : « espèce de pomme », « ma pomme », « tomber dans les pommes », « jeter la pomme de la discorde », « bonne pomme »...

Muscari
Muscari

J'AIME

Peu exigeants, ils ne demandent qu'à se naturaliser pour accompagner le printemps en belles nappes bleues s'étalant au pied des arbres caducs.

Forme : vivace bulbeuse.
Famille : hyacinthacées.
Origine : zones rocheuses, éboulis ; Bassin méditerranéen, Caucase, Asie.
Silhouette : vigoureuse.
Croissance : rapide.
Taille adulte : de 10 à 20 cm x 5 cm (selon les espèces).
Feuillage : caduc ; feuilles souvent linéaires, épaisses, cannelées, vert pâle tirant sur le gris, pouvant être à reflets bleus.
Floraison : échelonnée de mars à juin selon les espèces ; fleurs campanulées ou sphériques en grappes compactes, bleues pour la plupart.
Fructification : –
Rusticité : – 20 °C ; certaines espèces, comme *M. comosum* ou *M. latifolium*, résistent moins bien aux grands froids.
Sol : tout type ; humifère (sous des caducs), plutôt frais, très bien drainé.
Exposition : plein soleil, ensoleillée.
Plantation : en automne pour les floraisons printanières.
Entretien : en été, en périodes de dormance de la plante, diviser les touffes devenues trop compactes.
Point fort : un choix infini de cultivars !
Point faible : aucun.
Autres territoires possibles : –
Espèces, variétés et cultivars intéressants : *M. azureum* (10 x 5 cm), en mars floraison bleu ciel, marquée par une strie plus foncée.
M. armeniacum (20 x 5 cm), les Britanniques le surnomment 'Grape Hyacinths' pour sa ressemblance avec la jacinthe ; ses feuilles apparaissent dès l'hiver, les fleurs en mars-avril.
M. latifolium (20 x 5 cm), il se distingue des autres par une floraison printanière, très sombre, presque noire.
À découvrir : *M. muscarimi* (*M.ambrosiacum* ; 20 x 5 cm), un bulbe trop rare, aux fleurs passant du beige très clair au bleu ciel très pâle au délicieux parfum musqué.

Muscari.

Nepeta sibirica (syn. *Dracocephalum sibiricum, N. macrantha*)
Chataire, menthe des chats

J'AIME
La chataire compte parmi les vivaces les plus florifères et peut former de bons couvre-sol.

Forme : vivace.
Famille : lamiacées.
Origine : est de l'Asie.
Silhouette : touffe érigée.
Croissance : rapide.
Taille adulte : 90 x 50 cm.
Feuillage : caduc ; vert foncé, aromatique, feuilles lancéolées bordées de poils.
Floraison : de mai à septembre ; grappes de fleurs tubulaires, bleu-violet en forme d'épis composés de fleurs.
Fructification : –
Rusticité : – 25 °C.
Sol : de neutre à calcaire, pauvre, sec, pierreux.
Exposition : plein soleil, ensoleillée, ombre légère.
Plantation : de mars à mai ; de septembre à novembre.
Entretien : tailler en fin de floraison pour qu'elle refleurisse à l'automne.
Point fort : excellent couvre-sol.
Point faible : cette vivace déteste la concurrence des racines et ses touffes ont tendance à s'effondrer.
Autres territoires possibles : –
Espèces, variétés et cultivars intéressants : *N.* x*faassenii* 'Six Hills Giant' (90 x 60 cm), de mai à octobre, épis de fleurs bleu-violet ; à utiliser en couvre-sol et en association avec des rosiers.

Nepeta.

Olearia x *scilloniensis*
Oléaria

J'AIME
D'Australie ou de Nouvelle-Zélande, les oléarias sont des petits arbres et arbustes dont le port généralement compact forme un bon écran anti-vent au bord de la mer ; persistants, tous offrent de jolies floraisons printanières, dont le parfum attire papillons et abeilles.

Forme : arbuste.
Famille : astéracées.
Origine : horticole, hybride de *O. lyrata* x *O. phlogopappa*, obtenu par hasard, en 1910, dans le jardin de Tresco, sur l'archipel des îles Scilly (sud-ouest de l'Angleterre).
Silhouette : touffue, arrondie.
Croissance : lente.
Taille adulte : 2 x 2 m.
Feuillage : persistant ; feuilles lancéolées, vert foncé au-dessus, blanches au-dessous, bord ondulé.
Floraison : en mai-juin, très abondante ; petites fleurs blanches réunies en corymbes.
Fructification : akène surmonté d'une aigrette.
Rusticité : – 8 °C (limite de rusticité).
Sol : de neutre à acide, humifère, léger, bien drainé.
Exposition : plein soleil, ensoleillée.
Plantation : de mars à juin ou de septembre à octobre.
Entretien : ôter les fleurs fanées ; taille éventuelle pour maintenir la forme arrondie de l'arbuste ; en limite de rusticité, rabattre en automne l'ensemble de la plante.
Point fort : supporte les embruns salés.
Point faible : faible rusticité.
Autres territoires possibles : –
Espèces, variétés et cultivars intéressants : *O. macrodonta* (6 x 5 m), appelé « houx de Nouvelle-Zélande », affiche un port dressé, un feuillage coriace et des fleurs à l'allure de marguerites.
O. nummulariifolia (2 x 2 m), feuillage vert-gris ; juillet-août, floraison blanche à cœur crème, parfumée.

Olearia x scilloniensis.

Ophiopogon
Herbe aux turquoises

J'AIME
Elle est extrêmement graphique, très résistante, et peut se substituer au gazon dans les régions aux étés secs.

Forme : vivace rhizomateuse.
Famille : convallariacées.
Origine : fourrés ombragés, bois ; Chine, Japon.
Silhouette : touffue et compacte.
Croissance : lente.
Taille adulte : de 20 à 25 cm x 30 à 40 cm.
Feuillage : persistant, effilé.
Floraison : en été ; petites fleurs en grappes.
Fructification : fruits sphériques ou oblongs, bleus ou noirs, brillants.
Rusticité : – 20 °C.
Sol : de neutre à acide, humifère, frais, bien drainé, ne craint pas la sécheresse.
Exposition : ensoleillée (matin), ombre légère, ombre dense.
Plantation : au printemps ou en automne.
Entretien : aucun entretien particulier.
Points forts : elle supporte la concurrence des racines ; peut, donc, être associée à d'autres plantes, dont des arbres et arbustes ; convient à une culture en pot.
Point faible : aucun.
Autres territoires possibles : –
Espèces, variétés et cultivars intéressants :
O. jaburan 'Minor' (25 x 40 cm) ; en été, floraison crème suivie de fruits turquoise restant sur la plante tout l'hiver.
O. planiscapus 'Nigrescens', apparue chez les pépiniéristes au cours des années 1990, cette vivace devait surprendre par son feuillage noir brillant s'étalant en tapis dense, aux fleurs blanc-rosé et aux fruits noirs ; depuis, le goût pour les feuillages et les fleurs tirant sur le noir a gagné d'autres espèces (roses, heuchères…).

Ophiopogon planiscapus 'Nigrescens'.

Papaver orientale
Pavot d'Orient

J'AIME
J'adore la texture et l'intensité lumineuse de leurs fleurs aux pétales de soie chiffonnée. Une fois leur floraison éphémère terminée, ils prennent des poses alanguies, courbant sous le poids de leurs beaux fruits en forme de poivrière. Un conseil, les planter parmi des vivaces plus tardives de façon à combler les vides laissés après leur défloraison.

Forme : vivace.
Famille : papavéracées.
Origine : Caucase, Turquie, nord de l'Iran.
Silhouette : touffue et dressée, puis arquée.
Croissance : rapide.
Taille adulte : 80 x 80 cm.
Feuillage : semi-persistant, vert foncé ; feuilles découpées, dentées sur des tiges couvertes de poils blancs, disparaît après la floraison et repousse en automne.
Floraison : de mai à début juin, grandes fleurs solitaires, orange pour le type marqué de blanc ou de noir à la base ; très nombreux cultivars.
Fructification : capsules.
Rusticité : – 20 °C.
Sol : tout type même calcaire, profond, léger, humifère, frais, bien drainé.
Exposition : plein soleil.
Plantation : de novembre à avril en dehors des périodes de gel.
Entretien : rabattre totalement la plante après la floraison.
Point fort : une fois installés, ils resteront longtemps et se multiplieront facilement.
Point faible : les mulots s'y intéressent surtout lorsqu'ils viennent d'être plantés.
Autre territoire possible : prairie fraîche.

Papaver orientalis 'Patty's Plum'.

Espèces, variétés et cultivars intéressants :
P. o. 'Patty's Plum' (70 x 40 cm), aux fleurs mauve pâle. *P. o.* 'Perry's White' (80 x 40 cm), aux fleurs blanches et au cœur lavé de bordeaux. *P. o.* 'Royal Wedding' (80 x 40 cm), aux fleurs blanches à macule noire.

Papaver rhoeas
Coquelicot

J'AIME
Comment ne pas être ému par le simple et modeste coquelicot ?

Forme : annuelle.
Famille : papavéracées.
Origine : Eurasie, nord de l'Afrique.
Silhouette : dressée.
Croissance : rapide.
Taille adulte : 90 x 30 cm.
Feuillage : caduc ; vert pâle, couvert de poils.
Floraison : de mai à début juin.
Fructification : capsules vertes.
Rusticité : – 20 °C.
Sol : tout type même calcaire, profond (les racines en ont besoin), léger, humifère, frais, bien drainé.
Exposition : plein soleil.
Plantation : semis en place au printemps.
Entretien : aucun entretien particulier.
Point fort : sa poésie.
Point faible : aucun.
Autre territoire possible : prairie fraîche.
Espèces, variétés et cultivars intéressants : *P. r.* de la série Shirley pour la variété de leurs couleurs pastel et leur côté « fleurs des champs ».

Papaver rhoeas.

Papaver somniferum
Pavot somnifère

J'AIME
Splendide et éphémère ; une fois fanée, la fleur cède sa place à une capsule du plus bel effet dans les bouquets séchés.

Forme : annuelle.
Famille : papavéracées.
Origine : inconnue.
Silhouette : érigée.
Croissance : rapide.
Taille adulte : jusqu'à 150 cm x 30 cm.
Feuillage : caduc ; à reflets bleu-vert.
Floraison : fleurs simples ou doubles, lilas, avec une tache pourpre à la base.
Fructification : grandes capsules fragiles, parcheminées, vert-bleuté.
Rusticité : – 20 °C.
Sol : tout type même calcaire, profond (les racines en ont besoin), léger, humifère, frais, bien drainé.
Exposition : plein soleil.
Plantation : semis en place au printemps.
Entretien : rabattre totalement la plante après la floraison.
Point fort : sa floraison.
Point faible : aucun.
Autre territoire possible : prairie fraîche.
Espèces, variétés et cultivars intéressants : *P. s.* 'Fleur de Pivoine' à grandes fleurs doubles.
P. s. 'Hen and Chickens', pour ses énormes fruits.
P. s. 'Pink Chiffon', aux fleurs doubles, rose crème ; très doux (l'un des favoris de Gertrude Jekyll).
Un peu d'histoire : le centaure Chiron l'utilisait dans des baumes soulageant les blessures des héros de l'Antiquité. Son latex est utilisé pour l'élaboration de l'opium, de la morphine et de l'héroïne… Pour revenir sur terre et à de simples plaisirs gustatifs, les fines graines croquantes et parfumées de *P. s.* var. *nigrum*, en forme d'étoile, ont donné à la pâtisserie austro-hongroise l'un de ses chefs-d'œuvre, le *Mohnstrudel*, un délicieux chausson au pavot.

Papaver somniferum.

Pittosporum tenuifolium
Pittosporum à petites feuilles

J'AIME

Bien adapté au climat océanique, il semble « vibrer » à la lumière du soleil, quand son bois noir fait ressortir avec force l'éclat de ses petites feuilles lumineuses, mélange de vert pâle, de crème et de blanc.

Pittosporum tenuifolium.

Forme : arbre, arbuste.
Famille : pittosporacées.
Origine : zones sableuses, forêts du littoral jusqu'à une altitude de 900 m ; Nouvelle-Zélande.
Silhouette : érigée, ample.
Croissance : rapide puis modérée.
Taille adulte : 4 x 2 m.
Feuillage : persistant ; petites feuilles elliptiques, aux bords ondulés, brillantes, vert pâle, souvent marginées de blanc, se détachant sur un bois jeune presque noir.
Floraison : de mai à juin ; petites fleurs, pourpre brun très foncé, peu visibles mais dotées d'un parfum de miel, perceptible en fin de journée.
Fructification : capsule ovoïde à graines rouges ou brunes.
Rusticité : – 10 °C ; cet arbuste n'aime pas les longues périodes de gel.
Sol : de neutre à calcaire, sableux, bien drainé.
Exposition : plein soleil, ensoleillée ; à l'abri des vents froids.
Plantation : de septembre à novembre ou de mars à juin.
Entretien : taille éventuelle.
Points forts : il résiste bien à la sécheresse ; il supporte parfaitement la taille et peut constituer des haies ou être conduit en topiaire.
Point faible : souvent destiné aux petits jardins dans les catalogues de pépiniéristes, ce petit arbre pourra dépasser les 7 m de haut en moins de quinze ans !
Autres territoires possibles : –
Espèces, variétés et cultivars intéressants : *P. t.* 'Irene Paterson' (3 x 1 m), forme buissonnante, croissance lente, feuilles blanches lavées de vert pâle, de plus en plus vertes en vieillissant, puis qui virent au rose ; branchages foncés, rouge-brun, idéal pour éclairer les coins d'ombre.
P. t. 'Variegatum' (3 x 1 m), large silhouette, croissance lente, bois vert-gris, feuilles blanches lavées de vert pâle. Les petits cultivars *P. t.* 'Peter Pan', *P. t.* 'Purpureum', *P. t.* 'Tom Thumb', et *P. t.* 'Pompom' peuvent être cultivés en pot.
Un peu d'histoire : en Nouvelle-Zélande, les Maoris les nomment « kohuhu » ou « kohukohu ».
Au cours des années 1970, *P. t.* 'Irene Paterson' fut découvert près de Christchurch en Nouvelle-Zélande par Grahame Paterson, directeur des parcs à Dunedin. Il baptisa l'arbuste du nom de son épouse.

Salvia sclarea
Sauge sclarée

J'AIME

Elle est belle, dégage une impression de fraîcheur et ses feuilles entrent très souvent dans ma cuisine !

Salvia sclarea.

Forme : vivace.
Famille : lamiacées.
Origine : prairies sèches, rocailles ; Europe, Asie.
Silhouette : dressée.
Croissance : rapide.
Taille adulte : 100 x 30 cm.
Feuillage : semi-persistant, vert clair, longues feuilles oblongues.
Floraison : en printemps et en été ; nombreuses fleurs aux teintes variées selon les cultivars.
Fructification : –
Rusticité : – 20 °C.
Sol : tout type ; léger, très bien drainé, même graviers.
Exposition : plein soleil, ensoleillée, ombre légère.
Plantation : au printemps ou en automne.
Entretien : rabattre toute la plante après la floraison.
Point fort : joint l'utile (saveur) à l'agréable (beauté) !
Point faible : aucun.
Autres territoires possibles : –
Espèces, variétés et cultivars intéressants :
S. nubicola (100 x 80 cm), originale et rare, elle vient de l'Himalaya ; grandes feuilles caduques, triangulaires, vert frais ; en mai-juin, puis en septembre-octobre : fleurs jaunes avec des macules marron sur la lèvre inférieure ; sol frais, soleil.
S. glutinosa (90 x 90 cm), grandes feuilles caduques, triangulaires, vert frais ; en juin, juillet, août : nombreuses inflorescences verticillées portant de grosses fleurs jaunes, marbrées de brun ; très rustique.
S. lavandulifolia (50 x 50 cm), de la fin mai au début août : abondante floraison en épis bleus, le feuillage ressemble à celui de la lavande.
S. nemorosa (45 à 90 x 80 cm), du début au milieu de l'été : fleurs pourpres.
S. n. 'Ostfriesland' (40 x 40 cm) pour ses fleurs violet foncé et ses bractées brun rougeâtre.
S. n. 'Schneehügel' (40 x 40 cm) ; de juin à mi-juillet : première floraison blanc pur ; rabattre pour une seconde floraison qui s'achèvera en septembre.
S. sclarea var. *turkestanica* (70 x 30 cm) ; en juin-juillet puis en septembre-octobre, floraison en grands épis nacre et rose-bleuté ; elle se ressème.

Sedum spectabile
Orpin

Sedum spectabile.

J'AIME

Je découvre l'infinie variété de cette grande famille prompte à s'installer dans les coins les plus arides et les plus ensoleillés de mes jardins. J'ai commencé avec S. spectabile, *puis j'ai continué avec des petites espèces et variétés que j'ai installées dans le jardin de graviers où j'ai le plaisir de découvrir leurs incroyables coloris, surtout quand, au petit matin, ils scintillent grâce à la rosée retenue par leurs cymes fleuries dont le pollen attire les abeilles en grand nombre.*

Forme : vivace.
Famille : crassulacées.
Origine : zones montagneuses ; Chine, Corée.
Silhouette : touffe érigée.
Croissance : rapide.
Taille adulte : 45 x 45 cm.
Feuillage : caduc ; feuilles épaisses, dentées, vertes à reflets gris.
Floraison : en septembre ; fleurs étoilées, roses, portées par de larges cymes, très mellifères.
Fructification : –
Rusticité : – 20 °C.
Sol : tout type ; même calcaire, pauvre, sableux, graviers, bien drainé.
Exposition : plein soleil, ensoleillée.
Plantation : au printemps ou en automne.
Entretien : sans ; taille éventuelle du feuillage en automne pour le renforcer.
Points forts : une plante « dure à cuire » qui supporte la sécheresse, la chaleur, les grands froids ; les sédums sont désormais très utilisés dans les toitures végétalisées pour leurs propriétés d'isolation.
Point faible : aucun.
Autres territoires possibles : –
Espèces, variétés et cultivars intéressants : *S. acre* (10 x 60 cm), en tapis vigoureux, vert clair ; de mai à juillet : floraison jaune brillant.
S. aizoon (40 x 80 cm), feuillage dense en tapis ; de juillet à août : inflorescences dressées, jaune foncé.
S. album (10 x 60 cm), feuillage tapissant, vert intense, se développant rapidement ; juin-juillet : abondante floraison blanche.
S. rupestre 'Glaucum' (15 x 60 cm), au feuillage couché, bleuté virant pourpre en hiver ; de juin à août : floraison jaune.
S. sarmentosum (7 x 60 cm) produit de longues pousses sarmenteuses, tapissantes, vert clair, comme les feuilles, lancéolées ; de juin à août : floraison jaune.
S. sexangulare (5 x 60 cm), tapissant, persistant, feuilles vert bronze, rangées sur six rangs le long des tiges ; de juillet à août : floraison jaune.
S. sieboldii (20 x 70 cm), beau du printemps à novembre, aux très nombreuses fleurs roses ou rouge cuivre.
S. spurium (15 x 70 cm), couvre-sol dense aux feuilles vertes, caduques vers la base des tiges et persistantes vers l'extrémité, prenant des teintes pourpres en automne ; de juin à août : floraison rose à pourpre, en étoiles (très nombreux cultivars).
S. takesimense (30 x 60 cm), beau feuillage toute l'année ; de juin à août : floraison jaune clair, parfumée.
S. telephium ssp. *maximum* 'Atropurpureum' (60 x 100 cm) ; l'ensemble de la plante est pourpre (tiges et feuillage) ; de juin à août : petites cymes de fleurs roses à cœur orange.

Syringa vulgaris
Lilas commun

J'AIME
Un parfum d'enfance inoubliable !

Syringa 'Comtesse d'Harcourt'.

Forme : arbuste.
Famille : oléacées.
Origine : sous-bois, buissons ; du sud-est de l'Europe jusqu'à l'Asie orientale.
Silhouette : dressée et évasée.
Croissance : modérée.
Taille adulte : 2 à 6 m x 2 à 3 m.
Feuillage : caduc ; vert pâle à vert foncé.
Floraison : entre avril et juin (selon la région), inflorescences pyramidales ou thyrses allant du blanc au violet foncé selon les cultivars ; très parfumée.
Fructification : capsules.
Rusticité : – 20 °C ; les gelées tardives peuvent abîmer les jeunes pousses.
Sol : de neutre à légèrement acide, mais supporte le calcaire, ordinaire, profond, plutôt riche, bien drainé.
Exposition : plein soleil, ensoleillée.
Plantation : en automne, pour favoriser l'enracinement.
Entretien : ôter les fleurs fanées avant qu'elles ne fructifient, au-dessus d'une paire de feuilles saines. Supprimer les boutons floraux la première année pour stimuler la floraison suivante. Éliminer le bois mort et les vieilles pousses partant du sol. Ne pratiquer une taille d'entretien qu'en fin de floraison.
Point fort : leur parfum.
Point faible : leur feuillage peut devenir ingrat en cours de saison.
Autres territoires possibles : –
Espèces, variétés et cultivars intéressants : *S.* x *josiflexa* (3 x 2 m), petit arbuste dressé ; en mai-juin : panicules fleuries très lâches, couleur lavande rosé.
S. patula 'Miss Kim' (1,20 x 1,20 m), un mini-lilas au délicieux parfum fleurissant tard et aux feuilles virant au pourpre à l'automne, idéal pour une culture en pot (Mérite de Courson, printemps 1992).
S. reflexa (4 x 4 m), vigoureux arbuste dressé, à fortes pousses ; feuilles de 8 à 10 cm de long, ovales, vert foncé ; en mai : fleurs rose pourpré, en panicules légères, inclinées, de 15 à 20 cm de long.
S. vulgaris 'Andenken an Ludwig Späth', floraison pourpre foncé, lie-de-vin.
S. v. 'Comtesse d'Harcourt' (4 x 4 m), feuillage vert clair, vigoureux ; en avril-mai : grandes fleurs simples, blanc pur.
S. v. 'Prince Wolkonsky' (7 x 7 m), grandes fleurs doubles, rouges.

Un peu d'histoire : originaire du Vieux Continent, le lilas franchit l'océan Atlantique au XVIIe siècle ;
il accoste en Nouvelle-Angleterre, sous forme de graines dissimulées sous les chapeaux de dames de La Rochelle lors de l'émigration huguenote.
En France, à la fin du XIXe siècle, le lilas opère un grand retour au jardin, grâce aux hybridations à fleurs doubles, obtenues à Nancy par les pépinières Lemoine.

Triteleia laxa (syn. *Brodiaea laxa*)
Tritéléia

J'AIME
Idéale dans le jardin de gravier sur lequel ressortent vivement les teintes fortes des floraisons.

Forme : vivace bulbeuse.
Famille : alliacées.
Origine : prairies, maquis ; ouest des États-Unis.
Silhouette : touffe.
Croissance : modérée.
Taille adulte : 60 x 10 cm.
Feuillage : caduc ; feuilles étroites peu rigides.
Floraison : en mai-juin selon les régions ; sur une fine tige, ombelle composée de petites fleurs en clochette étoilée, aux pétales marqués par une nervure plus sombre.
Fructification : –
Rusticité : – 10 °C.
Sol : léger et perméable, très bien drainé (mélanger du sable si nécessaire).
Exposition : ensoleillée.
Plantation : de mars à mai ; à une profondeur de 10 cm, pointe du bulbe vers le haut, à 8 cm d'écart.
Entretien : aucun entretien particulier.
Point fort : fleurs composant de jolis bouquets.
Point faible : aucun.
Autres territoires possibles : –
Espèces, variétés et cultivars intéressants : *T. l.* 'Königin Fabiola' aux fleurs tirant sur le pourpre.

Triteleia laxa.

Tulipa
Tulipes botaniques

J'AIME
Peut-être est-ce en raison de leur petite taille que les mulots ignorent leurs bulbes, préférant ceux, nettement plus gros, des tulipes hybrides. J'aime leur floraison aux teintes magiques et leurs pétales de soie.

Forme : vivace bulbeuse.
Famille : liliacées.
Origine : zones tempérées ; Europe, Méditerranée, Asie centrale.
Silhouette : érigée.
Croissance : rapide.
Taille adulte : de 15 à 30 cm x 10 cm selon les espèces.
Feuillage : caduc ; feuilles (de 2 à 5) linéaires, glauques, de vert à gris-vert.
Floraison : mars-avril ; fleurs de formes variables (en coupe, globuleuse, en gobelet, étoilée…) selon les espèces.
Fructification : les laisser se ressemer.
Rusticité : – 20 °C.
Sol : fertile, léger, très bien drainé.
Exposition : plein soleil, ensoleillée.
Plantation : de septembre à novembre, à 10 cm de profondeur tous les 15 cm.
Entretien : ôter les fleurs fanées.
Point fort : choisir les variétés précoces qui fleurissent avant que la végétation autour ne leur passe par-dessus la tête.
Point faible : aucun.
Autres territoires possibles : –
Espèces, variétés et cultivars intéressants : *T. biflora* (15 x 5 cm), floraison précoce (début mars) blanche bordée de rouge, délicieusement parfumée.
T. clusiana (30 x 7 cm), fleurs s'ouvrant en étoile, de rose à cramoisi.
T. humilis (25 x 5 cm), fleurs étoilées, de rose à magenta.
T. linifolia (15 x 5 cm), fleurs « rouge baiser ».
T. spengeri (40 x 7 cm), rare, floraison plus tardive (mai) en fleurs solitaires, en coupe, rouge grenat.
T. sylvestris (40 x 7 cm), fleurs jaune d'or parfumées ; se naturalise.
T. turkestanica (30 x 5 cm), fleurs blanc ivoire à cœur jaune.
T. violacea pallida (10 x 5 cm), fleurs blanches au cœur… bleu !
T. whittallii (35 cm x 7 cm), multitude de fleurs étoilées jaunes et blanches.

Tulipa dasystemon.

Tulipa
Tulipes hybrides

J'AIME
La voracité des mulots m'a poussé à cultiver la majorité d'entre elles en potées !

Forme : vivace bulbeuse.
Famille : liliacées.
Origine : horticole.
Silhouette : érigée.
Croissance : rapide.
Taille adulte : de 15 à 70 cm x 5 à 10 cm.
Feuillage : caduc ; feuilles (de 2 à 5) linéaires, glauques, de vert à gris-vert.
Floraison : de mars (hâtives) à mai (tardives) ; fleurs de formes variables (en coupe, simple, globuleuse, en gobelet, étoilée...) selon les espèces et variétés.
Fructification : –
Rusticité : – 20 °C.
Sol : fertile, léger, très bien drainé.
Exposition : plein soleil, ensoleillée.
Plantation : de septembre à novembre, à 10-15 cm de profondeur tous les 15 cm.
Entretien : ôter les fleurs fanées afin de ne pas laisser leurs graines se développer.
Point fort : leur variété.
Point faible : aucun.
Autres territoires possibles : –
Espèces, variétés et cultivars intéressants : choix selon les catégories suivantes :
Simples hâtives ; Doubles hâtives ; Triomphe ; Hybrides Darwin ; Simples tardives ; Doubles tardives ; À fleur de lis ; À pétales frangés ; Perroquet et Viridiflora.
Un peu d'histoire : symbole de la Hollande, la tulipe y occasionna une folie spéculative – la tulipomania – au cours du XVIIe siècle, durant lequel ses oignons furent même cotés en Bourse. Nul mystère donc à ce que ce joyau des jardins de Perse, puis de Constantinople, ait fini par élire domicile au plat pays, où sa culture allait inspirer à Claude Monet certains tableaux et peut-être même l'ordonnancement des parterres de Giverny. C'est aussi la fleur de la reconstruction, le triomphe du jardin de pavillon des années 1950 !

Tulipa 'Fleur de Lis'.

Verbascum
Molène, bouillon blanc

J'AIME

Leurs belles verticales qui s'invitent de manière impromptue dans les plates-bandes et, en particulier, le très beau feuillage de V. olympicum, *gris velours.*

Forme : vivace.
Famille : scofulariacées.
Origine : friches, rocailles, sous-bois clairs ; Europe, Afrique du Nord, Asie.
Silhouette : touffe dressée, élancée.
Croissance : rapide.
Taille adulte : entre 25 et 200 cm x 30 à 60 cm (selon les espèces).
Feuillage : caduc ; vert-gris, feuilles duveteuses ; rosette surmontée au bout de deux ans par une tige florale.
Floraison : en été ; petites fleurs étoilées, parfumées portées par des épis denses en forme de cierge.
Fructification : capsules sphériques.
Rusticité : – 20 °C.
Sol : de neutre à calcaire, sol profond, humifère, bien drainé.
Exposition : ensoleillée, ombre légère ; à l'abri des vents froids.
Plantation : en mars-avril ou en septembre-octobre.
Entretien : ôter les fleurs fanées pour prolonger la floraison, rabattre la plante au ras du sol en fin de floraison.
Points forts : ces vivaces se ressèment et se naturalisent facilement.
Point faible : tendance à l'envahissement (limiter leur nombre).
Autre territoire possible : prairie fraîche.
Espèces, variétés et cultivars intéressants : *V. chaixii* 'Album' (100 x 45 cm), feuillage vert-gris, duveteux ; hampe florale portant des fleurs blanches à cœur mauve.
V. olympicum (180 x 60 cm), bisannuelle au feuillage laineux, gris-blanc ; de juin à août, dense floraison jaune d'or le long de la hampe.

Verbascum 'Helen Johnson'.

V. olympicum.

Être plante dans le territoire DE LA **MONTAGNE** ET DES **FALAISES**

Moi, plante du territoire de la montagne et de la falaise, je fais preuve d'un sacré tempérament pour résister aux grands froids ou aux embruns salés et toujours au vent ! En plus, je pousse dans trois fois rien. Un peu d'humus, parfois acide ou un peu de terre dans une poche à l'abri des courants d'air et je prends place. Toutes, hormis les bulbeuses, nous possédons de très fines racines. Certaines les étalent à la surface du sol si la roche est compacte. D'autres les envoient se frayer un chemin dans les interstices ouverts par l'eau de ruissellement. Les montagnardes ont fait de la neige leur alliée qui les protège du gel, quand les maritimes opposent au sel un feuillage au derme épais. Le vent nous sculpte en petits coussins sur lesquels il ne peut que glisser ou en gros buissons dont les nombreuses branches enchevêtrées ralentissent la course.

Anthemis maritima
Camomille maritime

J'AIME

Elle m'impressionne toujours quand, au printemps, sur son mur sec, elle se transforme en un coussin gris velours, recouvert de marguerites compactes.

Forme : vivace.
Famille : astéracées.
Origine : prairies sèches et dunes ; Méditerranée occidentale, littoral atlantique.
Silhouette : tapissante, en touffes étalées.
Croissance : rapide.
Taille adulte : de 20 à 50 cm x 50 cm.
Feuillage : persistant ; argenté, épais, découpé, denté.
Floraison : d'avril à octobre ; nombreuses fleurs blanches à cœur jaune citron, odorantes.
Fructification : –
Rusticité : – 12 °C à – 7 °C.
Sol : pH indifférent, sablonneux.
Exposition : plein soleil.
Plantation : au printemps.
Entretien : couper les fleurs fanées pour favoriser une remontée florale en fin d'été.
Point fort : elle s'adapte aux situations les plus arides sans demander de soins.
Point faible : aucun.
Autre territoire possible : prairie sèche.

Anthemis maritima.

Armeria maritima
Gazon d'Espagne

J'AIME

Ces petits coussins de feuilles compactes d'où émergent des glomérules de fleurs dans le jardin de gravier.

Forme : vivace.
Famille : plumbaginacées.
Origine : montagnes et littoral ; hémisphère nord.
Silhouette : touffue.
Croissance : modérée.
Taille adulte : 20 x 30 cm.
Feuillage : persistant ; feuilles simples, allongées.
Floraison : d'avril à juin ; fleurs roses groupées en pompons.
Fructification : –
Rusticité : – 25 °C.
Sol : pH indifférent, drainé, de fertile à pauvre, même caillouteux.
Exposition : plein soleil, ensoleillée, ombre légère.
Plantation : au printemps.
Entretien : couper les fleurs fanées pour encourager de nouvelles floraisons.
Point fort : cette vivace supporte le vent et les embruns.
Point faible : aucun.
Autre territoire possible : prairie sèche.
Espèces, variétés et cultivars intéressants : *A. m.* 'Alba' (20 x 30 cm), feuillage bleu-vert ; à partir de juin, petites fleurs blanches.
A. m. 'Splendens Perfecta' (20 x 30 cm), feuillage bleu-vert ; à partir de juin, fleurs rose carmin.

Armeria maritima 'Alba'.

Asphodeline lutea
Asphodèle, bâton de Jacob

J'AIME
Asphodèle était le surnom d'une amie étudiante ; elle disait que ces fleurs poussaient sur les tombes dans les cimetières en Corse.

Forme : vivace tubéreuse.
Famille : asphodélacées.
Origine : Méditerranée, sud de l'Europe.
Silhouette : touffe érigée.
Croissance : rapide.
Taille adulte : 80 x 60 cm.
Feuillage : caduc ; gris-bleu à longues feuilles lancéolées.
Floraison : en mai ; fleurs jaunes, étoilées, un peu parfumées, regroupées au sommet de la hampe florale.
Fructification : fruits verts, sphériques après la floraison.
Rusticité : – 25 °C.
Sol : tout type même calcaire, pauvre, bien drainé.
Exposition : plein soleil, ensoleillée.
Plantation : semis au printemps ou division et plantation des touffes en août-septembre.
Entretien : aucun entretien particulier.
Point fort : cette plante est magnifique en isolé pour profiter de sa superbe floraison et de son feuillage attractif.
Point faible : aucun.
Autre territoire possible : prairie sèche.

Asphodeline lutea.

Astrantia major
Grande astrance

J'AIME
Elles forment des massifs d'où émane une vraie fraîcheur transmise par leur longue floraison estivale, blanc-vert.

Forme : vivace.
Famille : apiacées.
Origine : bois et prairies, zones alpines ; Europe, Caucase.
Silhouette : touffe érigée.
Croissance : rapide.
Taille adulte : 80 x 50 cm.
Feuillage : vert foncé, grandes feuilles lobées ; luxuriant sur sol alcalin et frais.
Floraison : de juin à septembre ; floraison en pompons blanc nacré lavé de vert et de rose sur des hampes dressées ; floraison précoce si plantée au soleil.
Fructification : –
Rusticité : – 25 °C.
Sol : ordinaire, humifère, frais.
Exposition : ensoleillée (matin), ombre légère, mi-ombre.
Plantation : en automne ou au printemps.
Entretien : il lui faut un peu d'arrosage si elle est plantée aux pieds d'arbres et d'arbustes, quelques gouttes au pied d'un mur ; il faut la rabattre pour assurer une seconde floraison remontante.
Point fort : elle est parfaite pour les jardins ombragés.
Point faible : aucun.
Autres territoires possibles : lisière, prairie fraîche.
Espèces, variétés et cultivars intéressants : *A. m.* 'Sunningale Variegated' (60 x 40 cm), floraison de mai à août ; joli feuillage or, vert clair au printemps, vert frais de l'été aux premières gelées.
A. m. 'Ruby Star'® (80 x 50 cm), floraison de juin à septembre, ombelles en pompons carmin, variété très florifère et vigoureuse.

Astrantia major.

Aubrieta x *cultorum*
Aubriète (hybrides)

J'AIME

Souvenir attendri des rocailles de grand-mère.

Forme : vivace.
Famille : brassicacées.
Origine : rochers, éboulis, forêts de conifères ; Europe, centre de l'Asie.
Silhouette : compacte, tapissante.
Croissance : rapide.
Taille adulte : de 10 à 15 cm x 50 cm selon les variétés.
Feuillage : persistant vert grisâtre.
Floraison : d'avril à juin, floraisons étoilées bleues, lilas, violettes ; les rouges et les roses sont moins vigoureuses et moins longues que les autres.
Fructification : –
Rusticité : – 25 °C.
Sol : de neutre à calcaire, moyennement riche, bien drainé.
Exposition : plein soleil, ensoleillée, ombre légère ; parfaite en bordure de mer.
Plantation : au printemps ou en automne ; convient à la culture en potées.
Entretien : rabattre après la floraison ; diviser tous les trois ans.
Points forts : elle s'installe facilement dans les fissures ou sur le haut des murets.
Point faible : aucun.
Autres territoires possibles : –
Espèces, variétés et cultivars intéressants : *A.* x *c.* 'Argenteovariegata' aux fleurs bleu violacé de mars à mai.
A. x *c.* 'Blaumeise' (10 x 60 cm), particulièrement compacte aux fleurs violet brillant très lumineux.
A. x *c.* 'Hürth' (10 x 60 cm), aux fleurs bleu-mauve.
A. x *c.* 'Silberrand' (10 x 60 cm), au feuillage lavé de blanc.
A. x *c.* 'Snow Maiden' (5 x 60 cm), floraison blanc pur.
Un peu d'histoire : *Aubrieta* a été dédiée par Adanson, botaniste français, à Claude Aubriet (1665-1742), peintre horticole qui accompagna, de 1700 à 1702, Joseph Pitton de Tournefort (1656-1708) dans son exploration du Levant d'où furent rapportées plus d'un millier d'espèces, dont les anémones doubles ou encore le marronnier d'Inde.

Aubrieta.

Calluna vulgaris (syn. *Erica vulgaris*) **Bruyère commune, brande**

J'AIME

Long et magnifique effet quand des variétés aux couleurs différentes et aux floraisons échelonnées sont plantées en masse sur un endroit en pente. À associer également avec sa cousine Erica.

Forme : arbuste.
Famille : éricacées.
Origine : landes, bois clairs au sol acide ; Europe, Sibérie, Maroc, Açores.
Silhouette : prostrée ou érigée.
Croissance : lente.
Taille adulte : de 20 à 70 cm x 70 cm (selon les variétés).
Feuillage : persistant ; feuilles vertes ou vert grisâtre, charnues, se chevauchant, vert foncé virant au pourpre en hiver.
Floraison : du début de l'été à la fin de l'automne ; épis compacts de fleurs campanulées, rose-violet pour le type, très variées pour les cultivars, les épis raccourcissent avec les années.
Fructification : –
Rusticité : – 25 °C.
Sol : acide, sableux, humifère, bien drainé, un apport de tourbe peut être utile en sol très pauvre.
Exposition : plein soleil, ensoleillée.
Plantation : en automne ou au printemps.
Entretien : taille pour régénérer et entretenir une forme buissonnante.
Points forts : il existe des centaines de variétés différentes à associer selon leurs couleurs, leurs tailles ou encore leurs feuillages. Certaines démarrent leur floraison en juillet, d'autres un peu plus tard, en août, voire en septembre. Elles achèvent la floraison en général deux mois plus tard ; l'intérêt des floraisons étant alors relayé par celui des feuillages dont certains peuvent prendre des jolies teintes rouges, dorées ou bronze en hiver.
Point faible : elle est intransigeante quant aux conditions de plantation.
Autres territoires possibles : –

Calluna vulgaris (jaune).

Campanula
Campanule

J'AIME

Elles ne demandent qu'à entrer dans le jardin ! Longue et généreuse floraison qui accompagne les beaux jours, une allure 100 % naturelle, aucune exigence particulière… Que demander de plus ?

Campanula persicifolia.

Forme : vivace.
Famille : campanulacées.
Origine : haute montagne (fissures), landes, prairies ; sud de l'Europe, Turquie.
Silhouette : du couvre-sol compact à la belle touffe épanouie.
Croissance : rapide.
Taille adulte : très variable selon les espèces et variétés ; pour la hauteur de 5 à 200 cm, pour l'étalement de 20 à 100 cm.
Feuillage : caduc ou semi-persistant ; les feuilles sont toujours simples, alternes de formes diversifiées : cordiformes (en forme de cœur), dentées, parfois duveteuses, de vert franc à vert lavé de blanc ou de pourpre.
Floraison : longue (de la fin du printemps à la fin de l'été) ; les fleurs peuvent prendre différentes formes : le plus souvent en clochette ou en entonnoir (campanulées), mais aussi en tube, en étoile ou en coupe.
Fructification : –
Rusticité : – 25 °C (sauf pour *C. isophylla* ou *C. pyramidalis,* toutes deux originaires du nord de l'Italie).
Sol : tout type, même calcaire, humifère, frais, bien drainé.
Exposition : plein soleil.
Plantation : automne.
Entretien : rabattre les tiges florales fanées autant pour favoriser une nouvelle floraison que pour éviter la dissémination des milliers de petites graines qui ne demandent qu'à germer.
Point fort : une fois installée, cette vivace est là pour longtemps.
Point faible : difficile à installer !
Autres territoires possibles : –
Espèces, variétés et cultivars intéressants : *C. carpatica* (Campanule naine des Carpates ; 20 x 60 cm), coussins étalés ; profusion de grosses fleurs bleues de juin à août.
C. cochleariifolia (Campanule fluette ; 10 x 30 cm), rampante, généreuse floraison bleue en petites clochettes.
C. garganica (10 x 30 cm), coussin au feuillage vert clair ; de juillet à septembre, floraison bleu clair étoilée.
C. persicifolia (80 x 70 cm), généreuse floraison remontante, très nombreux cultivars.
C. portenschlagiana (15 x 50 cm), tapis vigoureux, généreuse floraison de petites fleurs bleu-violet.
C. porscharskyana (15 x 60 cm), coussin formé par le feuillage, abondante floraison de petites fleurs bleu-violet.

Centranthus ruber
Valériane rouge

J'AIME
La grande liberté qu'elle prend au jardin !

Forme : vivace.
Famille : valérianacées.
Origine : versant sec, ensoleillé des collines ; Bassin méditerranéen.
Silhouette : touffue, arrondie.
Croissance : très rapide.
Taille adulte : 60 x 60 cm.
Feuillage : caduc ; feuilles lancéolées, vert pâle.
Floraison : de mai à septembre, très abondante floraison en cymes composées de fleurs en entonnoir, odorantes.
Fructification : –
Rusticité : – 20 °C.
Sol : tout type, ordinaire, sec, aime le calcaire.
Exposition : plein soleil.
Plantation : en automne ou au printemps.
Entretien : rabattre en fin de floraison pour favoriser une remontée en septembre.
Points forts : mellifère ; elle se ressème abondamment ; très facile ; ses fleurs sont ravissantes en bouquets.
Point faible : aucun.
Autres territoires possibles : –
Espèces, variétés et cultivars intéressants : *C. r.* 'Albus' (60 x 60 cm), floraison blanc pur.
C. r. 'Coccineus' (60 x 60 cm), floraison rose carmin.

Centranthus ruber.

Cerinthus major 'Purpurascens'
Grand mélinet pourpre

J'AIME
Le grand mélinet pourpre est une plante tout à fait étonnante avec ses ravissantes couleurs bleutées ou pourpres. Il mérite d'être davantage connu et utilisé dans les jardins ou en potée.

Forme : annuelle ou bisannuelle.
Famille : borraginacées.
Origine : espaces rocailleux ou sableux ; Bassin méditerranéen, Portugal.
Silhouette : dressée, ramifiée.
Croissance : rapide.
Taille adulte : de 30 à 50 cm x 50 cm.
Feuillage : caduc ; feuilles arrondies, charnues, vertes à reflets bleus.
Floraison : à partir de mai ; fleurs tubulaires pourpre bleu, entourées de bractées bleu-violet.
Fructification : –
Rusticité : – 5 °C.
Sol : ordinaire, sableux, très bien drainé.
Exposition : ensoleillé, ombre légère.
Plantation : en avril, semis en place (peut être semé en septembre mais attention au gel !) ; convient à une plantation en pot.
Entretien : une fois levés, il faut absolument éclaircir les plants.
Point fort : ses couleurs !
Points faibles : les escargots et les limaces aiment bien s'attaquer aux jeunes plants ; sa rusticité est peu élevée.
Autres territoires possibles : –
Espèces, variétés et cultivars intéressants : il s'agit de la seule variété vraiment intéressante au jardin ! Le type possède des fleurs jaunâtres assez peu esthétiques.

Cerinthus major 'Purpurascens'.

Cotinus coggygria (syn. *Rhus cotinus*)
Arbre à perruque

J'AIME
Le feuillage rouge de la variété 'Royal Purple' qui resplendit et fait vibrer la haie au-dessus de la Prairie interdite et dont les inflorescences plumeuses évoquent des perruques.

Forme : arbre, arbuste.
Famille : anacardiacées.
Origine : rocaille ; Europe centrale.
Silhouette : buisson dense.
Croissance : très rapide.
Taille adulte : 5 x 5 m.
Feuillage : caduc ; feuilles rondes, vertes virant au jaune puis au cuivre rouge en automne.
Floraison : en juin ; panicules de petites fleurs jaune-vert qui disparaissent tandis que leurs pédicelles s'allongent, se couvrent de poils soyeux et se transforment en plumets rose pâle, particulièrement décoratifs, jusqu'en novembre.
Fructification : –
Rusticité : – 10 °C.
Sol : tout type, même calcaire.
Exposition : plein soleil, ensoleillée.
Plantation : en automne, dans une fosse de plantation de 80 cm de largeur et 80 cm de hauteur, avec un tuteur pour éviter que le jeune plant ne se casse.
Entretien : en février, le rabattre à la moitié dans les petits jardins.
Point fort : il est parfait en haie libre.
Point faible : aucun.
Autres territoires possibles : –
Espèces, variétés et cultivars intéressants : *C. coggygria* 'Royal Purple' pour son feuillage rouge virant à l'écarlate en automne.

Cotinus coggygria 'Royal Purple'.

Cotula hispida
Cotule hérissée

J'AIME
Une plante toute douce qui accroche la rosée, aux petites têtes rondes, jaune vif.

Forme : vivace rhizomateuse.
Famille : astéracées.
Origine : zones humides ; Afrique de l'Est.
Silhouette : tapissante.
Croissance : de modérée à rapide.
Taille adulte : 15 x 30 cm.
Feuillage : persistant ; très fin, feuilles vert argenté, très découpées et soyeuses.
Floraison : de juin à septembre ; petits pompons jaune vif à l'extrémité d'une tige très fine et soyeuse.
Fructification : –
Rusticité : – 10 °C.
Sol : de neutre à acide, frais, jamais gorgé d'eau.
Exposition : plein soleil.
Plantation : mars ; prévoir une couche de graviers pour assurer un bon drainage.
Entretien : paillis pour la protéger d'un gel prolongé ; division du pied (et repiquage immédiat) en mars pour éviter qu'elle se dégarnisse au centre.
Point fort : ravissant couvre-sol quand elle se couvre de pompons jaunes.
Point faible : cette vivace n'aime pas la concurrence d'autres racines.
Autres territoires possibles : –

Cotula hispida.

Cyclamen graecum
Cyclamen de Grèce

J'AIME

Un vrai petit bijou pour la rocaille ! Pour moi, il évoque le joli souvenir d'une excursion dans les montagnes du Péloponèse. En redescendant vers Sparte, j'en ai découvert des quantités qui poussaient dans les moindres failles des rochers du paysage. J'ai redécouvert ce cyclamen aujourd'hui protégé, chez un pépiniériste collectionneur.

Cyclamen graecum.

Forme : vivace tubéreuse.
Famille : primulacées.
Origine : maquis, sols sableux ; Grèce, Turquie, Chypre.
Silhouette : étalée, tapissante.
Croissance : modérée.
Taille adulte : 10 x 15 cm.
Feuillage : persistant en hiver, disparaissant en été ; feuilles cordiformes (en forme de cœur), vert franc marbré de gris argenté au-dessus, unies au-dessous.
Floraison : en automne, avant l'apparition des feuilles, grandes fleurs roses ou rouges.
Fructification : capsules.
Rusticité : –8 °C.
Sol : neutre, un peu riche, humifère, bien drainé.
Exposition : ombre légère.
Plantation : en octobre, dans un mélange de sable (pour drainer), de terreau et de compost ; en groupes de trois, distants de 15 à 25 cm, à 5 cm de profondeur ; convient à la culture en pot (ne jamais trop arroser sous peine de noyer le plant et de pourrir les tubercules ; le mieux est de placer une coupelle avec de l'eau sous le pot ; une fois que le fond est humide, vider l'eau de la coupelle).
Entretien : ôter les fleurs fanées et les feuilles jaunissantes ou abîmées.
Point fort : son originalité.
Point faible : sa rusticité.
Autres territoires possibles : –
Espèces, variétés et cultivars intéressants : *C. g.* f. *album* (10 x 15 cm) pour sa floraison blanc pur.
C. libanoticum (20 x 15cm), de février à mars, floraison rose très pâle ; à protéger du gel (Liban).
C. pseudibericum (20 x 15 cm), à partir de mars grandes fleurs carmin (Turquie).
Et les très nombreuses variétés proposées par les pépiniéristes spécialisés.

Un peu d'histoire : cf. *Cyclamen hederifolium*.

Cyclamen hederifolium (syn. *C. neapolitanum*)
Cyclamen à feuille de lierre, cyclamen de Naples

J'AIME

J'ai longtemps cru que les cyclamens étaient trop frileux pour aller au jardin, jusqu'au jour où j'ai découvert les espèces rustiques. Depuis, je guette leurs floraisons automnales. Certains sont installés sous le couvert d'arbres où ils développent leurs feuilles dès que les arbres commencent à perdre les leurs, puis ils fleurissent et captent la lumière qui leur permet de constituer leurs réserves avant les gels hivernaux ; d'autres, plus petits et à floraison printanière, se plaisent dans la rocaille. Tous se ressèment d'une année à l'autre.

Cyclamen hederifolium.

Forme : vivace tubéreuse.
Famille : primulacées.
Origine : bois, forêts humides, sables, maquis, flancs des montagnes ; Bassin méditerranéen (de l'Italie à la Turquie).
Silhouette : étalée, tapissante.
Croissance : modérée.
Taille adulte : 15 x 15 cm.
Feuillage : persistant jusqu'au printemps avant de disparaître en été ; feuilles épaisses, cordiformes, au bord denté, vertes aux nervures et macules blanc argenté au-dessus, vert ou rouge pourpré uni au-dessous.
Floraison : à partir de septembre jusqu'à la fin octobre ; petites fleurs aux tons rosés marqués de pourpre à la base, parfumées parfois, pétales retournés vers le haut en forme de large spirale ondulée, la corolle en tube étant ouverte vers le sol (pour déposer idéalement les graines contenues dans la capsule).
Fructification : capsules.
Rusticité : – 20 °C.
Sol : neutre, léger, humifère, bien drainé.
Exposition : d'ensoleillée à la mi-ombre (ombre des caducs).
Plantation : en printemps.
Entretien : aucun entretien particulier.
Points forts : ils peuvent constituer un couvre-sol ; se naturalisent facilement.
Point faible : aucun.
Autre territoire possible : lisière.
Espèces, variétés et cultivars intéressants : *C. coum* (10 x 10 cm), de décembre à mars, floraison rose pourpré (Caucase).
C. coum 'Album' (10 x 10 cm), de décembre à mars, fleurs blanches à cœur magenta.
Un peu d'histoire : qui, de la France ou de l'Angleterre, eut le privilège de l'introduire pour la première fois ? Il semble que ce soit à la cour d'Élizabeth Ire qu'il fut expédié depuis Constantinople vers 1575. Mais sa grande vogue apparaît en 1863 avec une foule de coloris inédits. La voie était ouverte à la création de nouvelles variétés aux fleurs toujours plus grosses, plus vives, aux floraisons décalées qui allaient contribuer au succès jamais démenti de cette plante dont on oublie qu'elle peut sortir des intérieurs pour s'intégrer parfaitement au jardin.

Dianthus plumarius
Œillet mignardise

J'AIME

Son charme absolu, son parfum sans rival… Il est si évident au jardin !

Dianthus plumarius.

Forme : vivace.
Famille : caryophyllacées.
Origine : prairies et zones montagneuses ; Europe, Afrique du Sud.
Silhouette : touffe retombante, arrondie.
Croissance : rapide.
Taille adulte : 25 x 30 cm.
Feuillage : persistant ; décoratif, vert bleuté, feuilles étroites.
Floraison : de mai à juillet ; parfumée, coloris selon la variété, pétales laciniés.
Fructification : –
Rusticité : – 20 °C.
Sol : tout type, poreux, même caillouteux, léger, bien drainé.
Exposition : plein soleil.
Plantation : de février à mai ou de septembre à décembre (hors gel) ; convient à une culture en pot et jardinière.
Entretien : ôter les fleurs fanées, ébourgeonner les boutons en périphérie ; bouturer les plants tous les trois ans pour les régénérer.
Point fort : culture ultra-simple.
Point faible : aucun.
Autres territoires possibles : –
Espèces, variétés et cultivars intéressants :
D. p. 'Alice' (25 x 30 cm), « bicolore », floraison blanche au centre pourpre.
D. p. 'Diana' (25 x 30 cm), « unicolore », fleurs semi-doubles, rose brillant.
D. p. 'Doris' (25 x 30 cm), « bicolore », fleurs doubles délicieusement parfumées, rose pâle avec un œil rose foncé.
D. p. 'Mrs Sikkin', « unicolore », fleurs blanches aux pétales extrêmement laciniés. Et tant d'autres à découvrir !
Un peu d'histoire : l'origine du mot *Dianthus (Dios* « Jupiter », *anthus* « fleur ») témoigne du goût des Grecs pour l'œillet ; tressé, il devient une couronne posée sur la tête des athlètes vainqueurs. Au Moyen Âge, il intègre le vocabulaire pictural des enluminures avant de faire la conquête des jardins de la Corne d'Or. Il devient un thème ornemental privilégié des céramiques et des riches tissus de l'Empire ottoman. Sur certains tableaux de la Renaissance, un homme tenant un œillet à la main faisait part de ses fiançailles. Messager des amours, il se pare de rouge pour déclarer la passion et de blanc pour jurer fidélité. Blanc aussi, l'œillet qui rallie les royalistes et rouge celui des révolutionnaires, comme au Portugal en 1974 lors de la révolution des Œillets. Pour s'y reconnaître dans cette immense famille (300 000 individus issus d'environ 300 espèces), plusieurs groupes ont été établis. Depuis le XVIIIe siècle sont apparus les fruits de multiples obtentions : les « bizarres » à trois ou quatre couleurs, puis les « fantaisies » aux pétales striés ou mouchetés, les « nuancés » au centre et aux marges contrastant avec la couleur de fond du pétale, sans oublier les « unicolores » ou les « bicolores ».

Dietes bicolor
Dietes bicolore

J'AIME

Sa grâce teintée d'exotisme, sa très très longue floraison tout en subtilité. Peut-être une de mes fleurs préférées…

Forme : vivace rhizomateuse.
Famille : iridacées.
Origine : bord des cours d'eau, des étangs ; est de la province du Cap, Afrique du Sud.
Silhouette : port d'iris.
Croissance : modérée.
Taille adulte : de 50 à 120 cm x 30 à 40 cm.
Feuillage : persistant ; coriace, feuilles vert-jaune à double nervure centrale.
Floraison : de mai à octobre ; plusieurs fleurs éphémères (2 jours), blanc crème à macules rouge-brun, portées sur une tige florale ramifiée.
Fructification : capsules.
Rusticité : de –5 à –7 °C.
Sol : tout type, sableux, pauvre, plutôt frais, bien drainé (en raison de sa faible rusticité).
Exposition : du plein soleil à l'ombre légère.
Plantation : au printemps ; tous les 30 cm ; convient à une culture en pot dans un mélange de sable et de terreau.
Entretien : pailler en hiver et recouvrir la souche d'une cloche pour la protéger du gel ; diviser la touffe si elle devient trop fournie (tous les cinq ou six ans).
Points forts : il pousse tout seul si les conditions de réussite sont réunies ! Il supporte aussi les sols secs.
Point faible : sa sensibilité au gel prolongé.
Autres territoires possibles : –
Espèces, variétés et cultivars intéressants : *D. grandiflora* (100 à 150 cm x 40 cm), longues feuilles vert foncé, grandes fleurs blanc pur, poils jaunes à la base, pétales striés de brun foncé, styles lavande.
D. iridioïdes (30 à 40 cm x 30 cm), feuillage étroit disposé en éventail, floraison sporadique du printemps à l'automne, blanc pur à styles lilas.

Dietes bicolor.

Page de droite
Camellia japonica 'Takinini'.

CAMELLIA

Du voyage des plantes

Une légende chinoise veut qu'en – 2737, l'empereur Shennong s'apprêtait à boire une tasse d'eau chaude quand des feuilles d'un arbre sauvage, un camellia, seraient tombées dedans. Le breuvage se serait révélé délicieux. Plus factuelle, l'analyse de récipients à thé fait remonter leur origine dans la Chine actuelle, deux siècles avant notre ère. La première description du théier à parvenir en Occident apparaît sous la plume du botaniste et médecin allemand, Engelbert Kaempfer (1651-1716), qui le nomme *Thea japonense*. Nom qui sera transformé en *Thea sinensis* dans la nomenclature linnéenne, corrigé par la suite en *Camellia sinensis.* La vogue du thé en Grande Bretagne devait naître à la suite des aventures du botaniste écossais, Robert Fortune[1] (1813-1880) qui, déguisé en mandarin, s'était rendu dans l'empire du Milieu pour tenter d'en percer les secrets. Il en rapporta des milliers de graines et de plants à Calcutta qui furent mis en culture sur les coteaux de l'Himalaya.

L'introduction des camellias ornementaux en Europe débute réellement avec l'introduction en Grande-Bretagne de *Camellia japonica* arrivé « par erreur » à la place de *C. sinensis*. Les premiers pieds furent mis en culture en 1739, avant d'essaimer dans le reste de l'Europe. Ferdinand Favre (1779-1867), maire de Nantes et botaniste distingué qui favorisa le renouveau du Jardin botanique de la ville, réalisa que le camellia pouvait sortir des serres et parfaitement s'adapter à l'extérieur. La culture du camellia devint l'un des emblèmes de Nantes et fut à l'origine de nombreuses obtentions. La Belgique devint également centre producteur. Les États-Unis puis l'Australie et la Nouvelle-Zélande succombèrent à leur tour à la passion du camellia.

En 1848, sous la plume d'Alexandre Dumas fils, notre « camellia » se transforma en « camélia » et en symbole mélodramatique. Tombé en désuétude au tournant du XXe siècle, le genre fut remis à l'honneur au cours des années 1930.

Avec leurs floraisons qui débutent en automne (cultivars de *Camellia sasanqua*) pour se poursuivre tout au long de l'hiver et s'achever au début du printemps (cultivars de *C. japonica*), les camellias sont des petits arbustes (1,50 m x 1,50 m en moyenne) qui répondent parfaitement aux plaisirs du jardin

Camellia japonica 'Nuccio's Cameo'.

contemporain dont l'une des caractéristiques est de s'exprimer tout au long de l'année.

Les camellias des Jardins de La Maubrairie

Pourquoi ?

D'une année à l'autre, la palette hivernale des jardins s'enrichit grâce aux nouvelles variétés régulièrement introduites entre octobre et novembre, période de plantation idéale sur le littoral atlantique, les plantations printanières étant réservées aux régions plus continentales. Dans ce dernier cas, attention aux gelées tardives qui, suivies de soleil, feraient tomber les fleurs.

La rusticité en question

C'est un sujet sans fin pour les amateurs. Sous les climats océanique et méditerranéen, pourvu qu'ils soient protégés des brûlures du soleil et du vent, l'ensemble des camellias s'en sort plutôt bien. Amoureux de la douceur, ils auront plus de difficultés sous des climats aux fortes amplitudes thermiques. Néanmoins les obtentions belges comme 'Nobilissima' sont bien armées pour résister au froid prolongé.

Où ?

Je les ai installés à plusieurs endroits et de différentes manières : en haie, en isolé et palissés contre un bâtiment. Devant leur bonheur manifeste d'être en pleine terre, j'ai renoncé à les conduire en pot.

Mes camellias en floraisons successives

1. Novembre – printemps : longues floraisons

– *C. japonica* 'Nobilissima', érigé, petite fleur blanche, forme de pivoine, croissance moyenne, exposition : ombre.

– *C. j.* 'Nuccio's Cameo', érigé, dense, grande fleur rose, imbriquée, forme de rose, croissance moyenne, exposition : mi-ombre.

– *C. j.* 'Takinini', érigé, petite fleur rouge, forme d'anémone, croissance rapide, exposition : mi-ombre.

– Hybride 'Jury's Yellow', érigé, en buisson, fleur moyenne blanche à cœur jaune, forme d'anémone, croissance moyenne, exposition : mi-ombre.

– Hybride 'Snow Drop', érigé, mini-fleur blanche, simple, croissance lente, exposition : mi-ombre.

2. Octobre – janvier

– *C. sasanqua* 'Narumigata', étalé, fleur moyenne blanche marginée de rose, simple ou semi-double, parfumée, croissance rapide, exposition : ensoleillée (mi-ombre au sud de la Loire).

3. Janvier – mars

– *C. japonica* 'Christmas Daffodil', dense, petite fleur blanche, semi-double, croissance rapide, exposition : mi-ombre.

– *C. j.* 'Desire', érigé, fleur moyenne bicolore blanc / rose, imbriquée, croissance rapide, exposition : mi-ombre.

– *C. j.* 'Justine Heurtin', érigé, dense, fleur moyenne blanche, imbriquée, croissance rapide, exposition : ombre.

– Hybride 'Cinnamon Cindy', érigé, mini-fleur, forme de pivoine, parfum rappelant la cannelle, croissance rapide, situation ensoleillée (mi-ombre au sud de la Loire).

– Hybride 'Cornish Spring', érigé, dense, petite fleur rose, simple, croissance rapide, exposition : mi-ombre.

– Hybride 'Sweet Jane', érigé, mini-fleur bicolore blanc / rose, imbriquée, forme de pivoine, croissance moyenne, exposition : mi-ombre.

La forme des fleurs des camellias selon la disposition et le nombre de pétales

- simple : une seule rangée composée de 5 à 8 pétales, belles étamines visibles ;
- semi-double : deux rangées composées au total de plus de 9 pétales, belles étamines visibles ;
- imbriquée : profusion de pétales remplissant la corolle jusqu'au centre cachant les étamines ;
- forme d'anémone : rangées de pétales entourant les étamines transformées en pétaloïdes ;
- forme de pivoine : pétales, étamines et/ou pétaloïdes mélangés sans régularité, corolle à l'aspect frisé ;
- forme de rose : plusieurs rangées régulières de pétales, quelques étamines visibles.

Plantation, rappel

Dans le précédent tome, j'ai expliqué comment les planter. Je me contenterai donc de rappeler les bases d'une plantation réussie :

– un sol bien drainé, humifère et acide ;

– un ensoleillement tamisé ou une ombre légère selon les variétés ; jamais à l'est ni au sud ;

– à l'abri des vents et des courants d'air ;

– un paillage de BRF ou de feuilles pour conserver l'humidité au sol et pour protéger les racines du gel.

---

1. cf. Robert Fortune, *Le Vagabond des fleurs*, Petite Bibliothèque Payot, 2003.

Erica x *darleyensis*
Bruyère de Darley hybride (bruyère d'hiver)

J'AIME

La bruyère de Darley est l'une des rares floraisons de la fin de l'hiver ; elle me donne envie de retourner au jardin après « la trêve hivernale ».

Erica x *darleyensis.*

Forme : arbuste.
Famille : éricacées.
Origine : landes ; Europe, Afrique du Sud, ouest et centre de l'Asie.
Silhouette : buissonnante.
Croissance : modérée (trois ans avant de constituer un beau massif).
Taille adulte : de 30 à 60 cm x 50 à 80 cm.
Feuillage : persistant, petites feuilles coriaces, vert bronze.
Floraison : d'octobre à mai selon les différents cultivars.
Fructification : –
Rusticité : entre – 15 °C (en pot) et – 20 °C (en pleine terre).
Sol : tout type, même légèrement calcaire, bien drainé, jamais trop sec en été, jamais gorgé d'eau en hiver !
Exposition : plein soleil, ensoleillée.
Plantation : 1/3 de terre de bruyère. (Ne jamais la planter dans de la terre de bruyère pure, trop sèche !)
Entretien : taille annuelle après la floraison avant l'apparition de nouvelles pousses ; rabattre l'ensemble à 20 cm du sol, pour lui conserver sa forme et protéger le bois du gel.
Points forts : la plus facile à planter parmi toutes les bruyères et dont la floraison en masse peut être impressionnante.
Point faible : aucun.
Autres territoires possibles : –
Espèces, variétés et cultivars intéressants : *E. carnea* (30 x 60 cm), petit coussin trapu, floraison de décembre à avril.
E. carnea 'Spring Wood', à floraison blanche.
E. carnea 'Myreton Ruby' (20 cm), de janvier à avril, à floraison rouge vif.
E. x *darleyensis* 'Aurélie Bregéon' (30 cm), de décembre à mars, grosses fleurs rose clair.
E. x *darleyensis* 'Darley Dale' (35 cm), d'octobre à janvier, floraison rose.
E. x *darleyensis* 'Eva Gold', (40 cm), abondante floraison hivernale de couleur rouge soutenue.
E. x *darleyensis* 'Kramers Rose' (40 cm), d'octobre à avril, floraison rose pourpre à rouge.
E. x *darleyensis* 'Silberschmelze', (30 cm) floraison blanche, bout pourpre.

Erigeron karvinskianus
Vergerette, pâquerette des murailles

J'AIME
Il anime les vieilles pierres en ravissantes floraisons ressemblant à des pâquerettes.

Forme : vivace.
Famille : astéracées.
Origine : prairies sèches et montagnes ; du Mexique au Panama.
Silhouette : petites touffes étalées, tapissantes.
Croissance : rapide.
Taille adulte : 30 x 150 cm.
Feuillage : caduc ; feuilles lancéolées, vert argenté.
Floraison : de mai à octobre, fleurs en capitules, pétales blanc-rosé devenant de plus en plus roses, cœur jaune.
Fructification : –
Rusticité : – 20 °C.
Sol : tout type, même calcaire.
Exposition : ensoleillée (ombre légère à mi-journée).
Plantation : hors périodes de gel, introduire un pied dans le moindre interstice entre deux pierres.
Entretien : rabattre pour limiter son extension.
Point fort : il se ressème tout seul.
Point faible : déteste les sols saturés d'eau.
Autre territoire possible : prairie sèche.
Espèces, variétés et cultivars intéressants : *E. aurantiacus* (20 x 100 cm), feuillage ovale, allongé, floraison rouge-orangé, cœur orange, de juillet à août.
E. 'Felicity' (50 x 150 cm), grandes fleurs roses en abondance de juin à septembre.
E. 'Rotes Meer' (50 x 150 cm), floraison rose surprenante.
E. 'Violetta' (50 x 150 cm), fleurs demi-doubles violet foncé.

Erigeron karvinskianus.

Erodium corsicum
Bec-de-héron, bec-de-grue

J'AIME
Il est au mur ce que le pélargonium est à la jardinière ! Une floraison de trois mois, pimpante, qui ressort sur un beau feuillage gris duveteux.

Forme : vivace.
Famille : géraniacées.
Origine : falaises ; Corse, Sardaigne.
Silhouette : tapissante.
Croissance : rapide.
Taille adulte : 8 x 20 cm.
Feuillage : caduc ; feuilles ovales, duveteuses, gris-vert, dentées.
Floraison : dès avril ; trois mois de floraison, rose pâle ou foncé, pétales fortement veinés.
Fructification : –
Rusticité : – 20 °C.
Sol : de neutre à alcalin, sableux, rocailleux, humifère, très drainant.
Exposition : plein soleil.
Plantation : toute l'année, hors périodes de gel ; il se ressème plus bas, repiquer en haut du mur.
Entretien : aucun entretien particulier.
Point fort : sa longue floraison.
Point faible : aucun.
Autres territoires possibles : –
Espèces, variétés et cultivars intéressants : *E. chrysanthum* (25 x 25 cm), floraison ivoire crème tout l'été, touffe persistante de feuillage gris turquoise.
E. corsicum 'Album', à floraison blanche.
E. trifolium (40 x 50 cm), généreuse floraison blanc-rosé à macules pourpres, rustique.

Erodium corsicum.

Festuca glauca
Fétuque bleue

J'AIME

Dans la rocaille, ses touffes bleues me surprennent toujours !

Forme : graminée.
Famille : poacées.
Origine : milieux ouverts, ensoleillés ; Europe de l'Ouest.
Silhouette : touffe dense, nette.
Croissance : rapide.
Taille adulte : 35 cm x 15 à 25 cm.
Feuillage : caduc ou persistant ; étroit, bleuté formant des coussinets.
Floraison : en juin ; apparition de chaumes florifères arqués, bleus ou verts virant au jaune paille.
Fructification : –
Rusticité : – 15 °C.
Sol : tout type, ordinaire, pauvre, sec. Plus le sol est aride, plus elle est bleue.
Exposition : plein soleil, ensoleillée, ombre légère.
Plantation : toute l'année en dehors des périodes de gel.
Entretien : épiler les parties sèches, éventuellement rabattre l'ensemble.
Point fort : tellement facile en sol sec !
Point faible : aucun.
Autres territoires possibles : –
Espèces, variétés et cultivars intéressants : *F. g.* 'Azurit' (15 x 10 cm), feuillage fin bleu acier, brillant ; conserve ses couleurs en hiver.
F. g. 'Elijah Blue' (40 x 20 cm), compacte, feuillage bleu brillant toute l'année.

Festuca glauca.

Festuca glauca.

Fuchsia magellanica
Fuchsia de Magellan

J'AIME

La fraîcheur de son feuillage, la vitalité inouïe de sa floraison et la tonicité de ses couleurs. Et puis, il s'est bien adapté au climat du Cotentin.

Fuchsia.

Forme : arbuste.
Famille : onagracées.
Origine : sous-bois, lisière ; zones montagneuses ; Pérou, Chili, Argentine.
Silhouette : buissonnante.
Croissance : rapide.
Taille adulte : 3 x 3 m.
Feuillage : semi-persistant ou caduc selon les hivers ; feuilles elliptiques, vert franc au-dessus, vert pâle au-dessous.
Floraison : de mai à octobre ; fleurs pendantes en clochettes, aux sépales rouges et à la corolle violette.
Fructification : fruit allongé, comestible, dont le goût évoque celui des cerises.
Rusticité : – 10 °C (l'un des plus rustiques).
Sol : plutôt acide (pH de 6 à 7), humifère, bien drainé, très meuble (les racines restent en surface).
Exposition : ombre légère, mi-ombre lumineuse. Plutôt à l'est, à l'abri des vents chauds et desséchants.
Plantation : à partir du 15 avril jusqu'au début mai ; dans un mélange de terre de jardin, de terreau et d'engrais organiques (guano) ; dans un pot plus large que profond ; éviter que l'eau stagne.
Entretien : en cas de grosses chaleurs, pulvériser régulièrement de l'eau sur le feuillage ; protéger la souche en hiver avec un paillis épais.
Points forts : il embellit avec les années et il supporte les embruns maritimes.
Points faibles : les mulots adorent ses racines. Il peut être attaqué par l'*Aculopa fuchsiae,* un acarien qui provoque la gale de la plante : les bourgeons flétrissent et les feuilles sont recouvertes d'une pellicule blanchâtre semblable à de l'oïdium ; en cas d'attaque, déraciner la plante et la brûler ; désinfecter les outils et les mains. Marcel Delhommeau, le spécialiste français des fuchsias, conseille de retirer la terre sur 5 cm de hauteur autour du pied.
Autre territoire possible : prairie fraîche.
Espèces, variétés et cultivars intéressants : parmi les plus rustiques, *F. m.* 'Alba', floraison blanche lavée de rose. *F. m.* 'Globosa', aux nombreux fruits parfumés. *F. m.* 'Riccartonii', l'une des plus résistantes au froid, feuillage vert foncé tirant sur le bronze, fleurs écarlates et pourpres.

Un peu d'histoire : le père Charles Plumier (1646-1704), botaniste du roi Louis XIV, est le premier à décrire une plante qu'il découvre à Saint-Domingue. Il la baptise *Fuchsia triphylla, flore coccinea. Fuchsia* en l'honneur de l'un des pères de la botanique – Leonard Fuchs (1501-1566), un savant bavarois, *triphylla* en référence à trois feuilles et *coccinea* pour désigner ses fleurs écarlates. Aujourd'hui, près de 110 espèces botaniques ont été recensées, et environ 15 000 cultivars ont été obtenus depuis 1820.

Geranium macrorrhizum
Géranium vivace

J'AIME
Même à l'ombre, les géraniums vivaces sont de formidables couvre-sol.

Forme : vivace.
Famille : géraniacées.
Origine : sud de l'Europe.
Silhouette : touffue, étalée.
Croissance : rapide.
Taille adulte : 50 x 60 cm.
Feuillage : semi-persistant, odorant, très dense, vert lumineux prenant de belles colorations automnales.
Floraison : en juin, fleurs rose pourpré.
Fructification : –
Rusticité : – 20 °C.
Sol : tout type, il supporte très bien le calcaire, du plus riche au plus pauvre, de pas trop sec à frais.
Exposition : du plein soleil à l'ombre.
Plantation : au printemps ou alors à l'automne.
Entretien : rabattre après la floraison ; en avril, tous les trois ans, diviser les souches pour permettre à la plante de « respirer » ; repiquer les rhizomes immédiatement.
Points forts : il résiste au gel, à la sécheresse ; les abeilles raffolent de ses fleurs.
Point faible : il a tendance à gagner beaucoup de terrain.
Autres territoires possibles : –
Espèces, variétés et cultivars intéressants : *G. m.* 'Czakor' (30 x 60 cm), feuillage teinté de pourpre, floraison d'un beau magenta lumineux.
G. m. 'Ingwersen's Variety' (50 x 60 cm), feuillage vert clair, lumineux, floraison rose tendre.
G. m. 'White-Ness' (50 x 60 cm), feuillage vert clair, floraison blanc pur en juillet (moins envahissant que le type).

Geranium macrorrhizum.

Hebe
Hébé, véronique arbustive

J'AIME
Leur feuillage incroyablement graphique, aux couleurs tellement surprenantes. Ce sont des arbustes qu'il fallait faire sortir des cimetières pour les accueillir au jardin.

Forme : arbuste.
Famille : scrophulariacées.
Origine : littoral et zones montagneuses ; Nouvelle-Zélande, sud-est de l'Australie, Nouvelle-Guinée, Amérique du Sud.
Silhouette : arbustive ou buissonnante.
Croissance : très rapide.
Taille adulte : variable selon les espèces (environ 100) et variétés (environ 1000).
Feuillage : persistant ; souvent remarquable par la disposition des feuilles ou par leurs coloris.
Floraison : printanière ou estivale, souvent longue ; les fleurs sont en épis ou en grappes ; leurs couleurs allant du blanc au pourpre, en passant par le bleu et le violet.
Fructification : –
Rusticité : – 10 °C ; toujours vérifier la rusticité avant de choisir un hébé.
Sol : tout type, parfaitement drainé.
Exposition : du plein soleil à la mi-ombre ; à l'abri des vents froids ; les hébés apprécient une atmosphère humide.
Plantation : au printemps ou en automne.
Entretien : tailler uniquement les formes buissonnantes.

Hebe ochracea.

Points forts : du couvre-sol à la haie, ils peuvent intégrer de nombreux espaces du jardin. La culture en pot leur convient.
Point faible : aucun.
Autres territoires possibles : prairie fraîche, prairie sèche.
Espèces, variétés et cultivars intéressants : – Les plus grands pour les haies ou les massifs fleuris, à planter à l'abri de sujets plus imposants qui les protégeront des vents froids en hiver :
H. x *andersonii* (2 x 2 m ; 0 °C), port buissonnant, feuillage vert pâle bordé de jaune ; de juillet à octobre, floraison en épis violet pâle virant au blanc ;
H. diosmifolia (0,80 x 1 m ; – 10 °C), port étalé, feuillage lancéolé vert franc porté sur des tiges lâches et couchées ; de juin à septembre, abondante floraison blanche ;
H. x *franciscana* 'Blue Gem' (1 x 1,30 m ; – 10 °C), port arrondi et étalé, feuillage vert pâle cerné de crème ; de juillet à novembre, fleurs mauve clair ;
H. rakaiensis (1 x 1,20 m ; – 15 °C), port globuleux, feuillage vert franc, lustré ; en juin, grappes de fleurs blanches ;
H. traversii (1,50 x 1,50 m ; – 10 °C), port compact et globuleux, feuillage vert foncé ; à partir de juillet, petites fleurs blanches en grappes compactes.
– Les petits à utiliser dans la rocaille ou en couvre-sol :
H. 'Red Edge' (40 x 60 cm ; – 10 °C) en dôme étalé, feuillage gris-vert margé de rouge, fleurs lilas bleuté du printemps à l'été ;
H. 'E.B. Anderson' (30 x 60 cm ; – 15 °C), port étalé, feuillage rouge pourpre, floraison bleu-mauve ;
H. ochracea 'James Stirling' (45 x 80 cm ; – 15 °C), extraordinaire feuillage ocre jaune, devenant bronze en hiver, feuilles en écaille ; rares fleurs blanches en avril ;
H. carnulosa (20 x 30 cm ; – 10 °C), prostré, feuillage bleu-gris, floraison rose pourpré en juin ;
H. pinguifolia 'Pagei', primé par la Royal Horticultural Society (20 x 30 cm ; – 15 °C), tapissant, feuillage bleuté, rameaux pourpres et fleurs blanches en mai ;
H. recurva (40 x 40 cm ; – 10 °C) port compact et étalé, très élégant, feuillage gris ressortant sur des tiges brunes ; à partir d'août, racèmes courts portant des fleurs blanches en juin.
Un peu d'histoire : introduits à l'état de graines en Europe au cours du XIXe siècle, les hébés ont été popularisés en Grande-Bretagne par Isaac Anderson Henry qui, à Édimbourg, les a multipliés et hybridés. L'un des premiers d'entre eux, obtenu en 1849, sera baptisé *Hebe* x *andersonii* en l'honneur de son créateur. Depuis, la création de cultivars adaptés aux conditions climatiques européennes n'a cessé de se poursuivre. Ainsi, le Danemark s'est spécialisé dans la production de variétés destinées à la culture en pot.

Hebe recurva au pied d'*Ilex crenata.*

Hyacinthus orientalis
Jacinthe

J'AIME

Dans la campagne, elles se signalent par le bleu de leur floraison au début du printemps ; je les cultive au jardin mais aussi dans des jardinières où je les force pour fleurir la maison dès le mois de décembre.

Forme : vivace bulbeuse.
Famille : hyacinthacées.
Origine : pentes rocheuses, falaises calcaires ; Turquie, Syrie, Liban.
Silhouette : érigée.
Croissance : rapide.
Taille adulte : 25 x 10 cm.
Feuillage : caduc ; il disparaît à la fin du printemps ; longues feuilles dressées ou semi-dressées, vert franc, lustré.
Floraison : en mars-avril ; grappes plus ou moins denses, de petites fleurs bleues et parfumées.
Fructification : –
Rusticité : – 20 °C.
Sol : léger, pauvre, bien drainé ; en jardinière : les installer dans un mélange de terreau et de terre franche.
Exposition : du plein soleil à la mi-ombre.
Plantation : entre octobre et novembre ; en pleine terre, enfouir les bulbes à 10 cm de profondeur tous les 5 cm ; à l'intérieur, dans une jardinière placée à la cave, dès que les feuilles apparaissent, remonter la jardinière à la lumière.
Entretien : la floraison terminée, couper les hampes florales.
Point fort : elles se ressèment.
Point faible : aucun.
Autres territoires possibles :–
Espèces, variétés et cultivars intéressants : *H. o.* 'Amethyst', à floraison violet profond.
H. o. 'Carnegie', à floraison blanc pur.
H. o. 'City of Harlem', à floraison jaune pâle.
H. o. 'Delft Blue', à floraison bleu intense.

Hyacinthus orientalis.

Jovibarba hirta
Jourbarbe, barbe de Jupiter

J'AIME

Les increvables des terrains secs. Peuvent être installées dans des endroits improbables.

Forme : vivace.
Famille : crassulacées.
Origine : zones montagneuses ; Europe.
Silhouette : tapissante.
Croissance : modérée.
Taille adulte : 15 x 30 cm.
Feuillage : persistant ; rosettes de feuilles charnues, accolées les unes aux autres, ressemblant à des feuilles d'artichaut, aux couleurs extrêmement variées, vert tendre rougissant en hiver.
Floraison : fleurs en clochette aux tons pâles, vert-jaune.
Fructification : –
Rusticité : – 20 °C.
Sol : tout type, plutôt siliceux, même pauvre et sec, très bien drainé.
Exposition : plein soleil ; ensoleillée.
Plantation : le pied mère produit de nouvelles rosettes en boule, qui se détachent puis roulent pour aller s'enraciner plus loin.
Entretien : les rajeunir tous les 4 à 5 ans ; repiquer leurs rejets au printemps.
Points forts : leurs incroyables coloris ; leur résistance à la sécheresse.
Point faible : aucun
Autres territoires possibles : –
Espèces, variétés et cultivars intéressants : *J. heuffelii* (syn. *Sempervivum patens* ; 20 x 30 cm), fleurs en clochette jaune pâle.
J. hirta 'Astrid' (15 x 30 cm), grandes rosettes rougeâtres, floraison jaune.
J. h. 'Purpurea' (15 x 30 cm), rosettes sphériques pourpre foncé, floraison jaune.
Un peu d'histoire : elles étaient utilisées avec les iris pour consolider le faîtage en argile des toits de chaume (les joubarbes devaient protéger la maison de la foudre).

Jovibarba hirta.

Laburnum alpinum
Cytise écossais, Cytise des Alpes

J'AIME
Sa croissance très rapide qui permet d'occuper l'espace le temps que d'autres essences plus lentes prennent le relais.

Forme : arbuste.
Famille : papilionacées.
Origine : montagnes ; Jura, Alpes du Dauphiné, Piémont, Carinthie.
Silhouette : buisson érigé et ouvert.
Croissance : rapide.
Taille adulte : 8 x 8 m.
Feuillage : caduc ; feuillage vert-jaune.
Floraison : petites fleurs en longues et fines grappes, très parfumées, apparaissant en juin.
Fructification : gousses larges et brillantes.
Rusticité : – 20 °C.
Sol : tout type, même calcaire, de peu fertile à pauvre, bien drainé.
Exposition : plein soleil.
Plantation : installer les boutures en pleine terre en juin ou en septembre.
Entretien : discipliner sa silhouette en le taillant après sa floraison.
Point fort : il pousse tout seul !
Point faible : aucun.
Autres territoires possibles : –

Laburnum alpinum.

Leycesteria formosa
Arbre aux faisans

J'AIME
Sa rapidité qui permet de patienter en attendant que d'autres arbustes grandissent.

Forme : arbuste.
Famille : caprifoliacées.
Origine : falaise, montagnes ; Himalaya, ouest de la Chine.
Silhouette : érigée, souple.
Croissance : ultra-rapide.
Taille adulte : 2 x 2 m.
Feuillage : semi-persistant ; feuilles vert foncé, ovales, pointues ; les jeunes tiges ont des reflets bleutés.
Floraison : à partir de juin jusqu'en octobre, nombreuses grappes de fleurs blanches entourées de bractées rouge-brun.
Fructification : baies rouge foncé, sphériques.
Rusticité : – 10 °C.
Sol : tout type, bien drainé.
Exposition : du plein soleil à la mi-ombre.
Plantation : au printemps ou en automne.
Entretien : pailler en hiver ; si l'hiver est très rude, rabattre la plante jusqu'au sol, elle repartira du pied au printemps.
Point fort : sans problème.
Point faible : dans les petits jardins, limiter sa propension à s'élargir.
Autre territoire possible : lisière.
Espèces, variétés et cultivars intéressants : *L. f.* Golden Lanterns® 'Notbruce' (arbre à faisan doré ; 1,50 x 1 m), petit arbre qui, à peine planté, atteint sa taille adulte ; feuillage caduc, orangé au débourrement avant de virer à un jaune lumineux ; fructification en baies violettes d'août à octobre ; haie, isolé, massif, bac.

Leycesteria formosa.

Un peu d'histoire : les faisans adorent ses graines.

Meconopsis cambrica
Pavot jaune, pavot du pays de Galles

J'AIME

J'adore ce petit pavot des cailloux, la fraîcheur de sa texture et ce jaune impossible qui trouve sa place au jardin de façon indiscutable.

Forme : vivace.
Famille : papavéracées.
Origine : ouest de l'Europe.
Silhouette : touffe étalée.
Croissance : rapide
Taille adulte : 50 x 30 cm.
Feuillage : caduc ; longues feuilles divisées, vert pâle, légèrement bleutées.
Floraison : d'avril à octobre ; innombrables fleurs solitaires en coupe, de jaune vif à orange intense, portées par de longs pédoncules.
Fructification : –
Rusticité : – 20 °C.
Sol : de neutre à légèrement acide, humifère, frais, bien drainé.
Exposition : du plein soleil à la mi-ombre.
Plantation : en fin d'hiver.
Entretien : aucun entretien particulier.
Points forts : il se ressème et il résiste à la sécheresse.
Point faible : aucun.
Autres territoires possibles : –
Espèces, variétés et cultivars intéressants : *M. c.* 'Flore Pleno' à fleurs doubles, jaunes.

Meconopsis cambrica 'Flore Pleno'.

Muehlenbeckia axillaris
Lentille rampante

J'AIME

Une plante tout en subtilité, sans bavardage. À découvrir absolument !

Forme : arbuste.
Famille : polygonacées.
Origine : zones rocailleuses et boisées ; Australie, Nouvelle-Zélande.
Silhouette : prostrée, formant des coussins de tiges enchevêtrées.
Croissance : très rapide.
Taille adulte : 20 cm et au-delà.
Feuillage : semi-persistant ; petites feuilles arrondies, coriaces, vert lumineux.
Floraison : de juin à octobre ; minuscules fleurs vert-jaune sans intérêt.
Fructification : –
Rusticité : – 10 °C.
Sol : tout type, plutôt fertile, frais, bien drainé.
Exposition : du plein soleil à l'ombre légère ; à l'abri des vents froids.
Plantation : au printemps ; convient à une culture en pot.
Entretien : taille facile pour la limiter.
Points forts : palissée sur un mur, elle forme un velours vert, unifié par la petite dimension de son feuillage ; laissée libre sur le sol, elle compose un incroyable couvre-sol ; résiste à la sécheresse ; bien adaptée au bord de mer.
Point faible : aucun.
Autre territoire possible : prairie sèche.
Espèces, variétés et cultivars intéressants : *M. complexa* (peut grimper jusqu'à 6 m de haut) ; croissance vigoureuse, grimpante ou tapissante grâce à ses stolons qui lui permettent de coloniser facilement le sol.

Muehlenbeckia axillaris.

Nemesia caerulea (syn. *N. foetens, N. fruticans*)
Miroir des elfes, némésie

J'AIME

Généreuse et sans problème, elle anime la rocaille de ses curieuses petites fleurs violettes, en forme de gueule-de-loup. S'agissant d'une plante « molle », gelant en hiver, je la cultive comme une annuelle.

Nemesia caerulea.

Forme : vivace.
Famille : scrofulariacées.
Origine : étendues de sable, bord de mer ; Afrique du Sud.
Silhouette : dressée et tapissante.
Croissance : modérée.
Taille adulte : 50 x 30 cm.
Feuillage : caduc, mais semi-persistant en climat plus chaud ; petites feuilles vert franc, légèrement dentées.
Floraison : de juin à octobre ; généreuse floraison qui se renouvelle toutes les quatre semaines environ, en grappes lâches de fleurs tubulaires bleu-violet ou blanches à cœur jaune, légèrement parfumées.
Fructification : –
Rusticité : – 5 °C.
Sol : acide, frais, bien drainé, pauvre.
Exposition : plein soleil, ensoleillée.
Plantation : semis en place à partir du moment où la température atteint 15 °C ; la némésie convient à une culture en pot.
Entretien : supprimer régulièrement les fleurs fanées pour bien poursuivre la floraison.
Point fort : plantée en rocaille, elle forme un joli couvre-sol.
Point faible : elle craint l'humidité stagnante (pourriture de la souche).
Autres territoires possibles : –
Espèces, variétés et cultivars intéressants : *N. c.* 'Lilac Blue', floraison bleu-violet à la lèvre rose indien et à la gorge marquée de jaune d'or.
N. c. Golden Eye 'Yateye', généreuse floraison bleue à cœur jaune.
Un peu d'histoire : ne pas confondre *Nemesia*, la plante, avec les araignées portant le même nom !

Nerine bowdenii
Nérine de Bowden

J'AIME
Un des plus jolis bulbes d'automne qui rappelle un peu l'agapanthe.

Nerine bowdenii.

Forme : vivace bulbeuse.
Famille : amaryllidacées.
Origine : rocaille, éboulis rocheux ; Afrique du Sud.
Silhouette : touffue, dressée puis évasée.
Croissance : rapide.
Taille adulte : 50 x 20 cm.
Feuillage : il disparaît avant la floraison ; vert franc en longues feuilles rubanées qui réapparaissent après la floraison.
Floraison : à partir de septembre ; floraison en trompettes rose vif réunies en ombelles.
Fructification : –
Rusticité : –5 °C.
Sol : tout type, plutôt pauvre, sable, rocaille, gravier très bien drainé.
Exposition : du plein soleil à l'ombre légère ; à l'abri du vent.
Plantation : à partir de la fin du printemps, enfouir chaque bulbe à environ 10 cm de profondeur (planter en groupe) ; convient à une culture en pot.
Entretien : ôter les tiges florales après la floraison ; pailler en hiver.
Point fort : sa présence forte.
Point faible : aucun.
Autres territoires possibles : –

Espèces, variétés et cultivars intéressants : *N. appendiculata* (30 x 10 cm), floraison automnale rouge cerise.
N. bowdenii 'Alba' pour sa floraison blanc pur.
N. filamentosa (20 x 10 cm), petites fleurs rose tendre en fin d'été.
N. filifolia (30 x 10 cm), petites fleurs rose vif.
N. 'Isobel', comme *N. bowdenii*, mais à floraison rose très vif.
N. masonorum (20 x 10 cm), à la fin de l'été, floraison en ombelles rose pâle.
N. sarniensis (Lis de Guernesey ; 50 x 30 cm), à la fin de l'été, floraison rouge-orangé.
N. 'Stéphanie' (50 x 20 cm), en automne, grandes fleurs blanc-rosé.

Un peu d'histoire : appelé « lis de Guernesey », *Nerine sarniensis* serait arrivé sur l'île vers 1655, à la suite du naufrage d'un bateau de la Compagnie des Indes au large de Guernesey. Le seul survivant aurait donné quelques bulbes au gouverneur de Guernesey pour le remercier de l'avoir recueilli. Le problème est qu'aucune archive n'atteste ce naufrage. Il est cependant remarquable que ces bulbes se soient parfaitement adaptés à Guernesey, en particulier sur les dunes de sable. D'abord nommée *Lilium sarniense*, cette belle plante sera baptisée *Nerine sarniensis* en 1820 par William Herbert (1778-1847), à cette époque, le grand spécialiste des amaryllidacées. L'adjectif *sarniensis* faisant référence à la dénomination latine *Sarnia* désignant Guernesey.

Osteospermum
Marguerite d'Afrique

J'AIME

La marguerite d'Afrique est tellement facile de culture qu'en à peine vingt ans, elle a conquis les jardins et les balcons.

Osteospermum.

Forme : vivace.
Famille : astéracées.
Origine : prairies, lisière de forêts, montagnes rocailleuses ; Afrique du Sud (cap de Bonne-Espérance), Arabie.
Silhouette : érigée ou étalée selon les variétés.
Croissance : rapide.
Taille adulte : de 20 à 40 cm x 40 à 100 cm.
Feuillage : persistant ; fourni, charnu, lisse au-dessus, rugueux au-dessous.
Floraison : très longue, du printemps aux gelées ; en capitules, dont les coloris varient selon les différentes variétés, pétales veloutés et cœur plus sombre.
Fructification : –
Rusticité : entre – 5 °C et – 10 °C selon les variétés.
Sol : acide, léger, sableux, bien drainé.
Exposition : plein soleil.
Plantation : en été, semis en place ou multiplication par bouturage ; convient à une culture en pot.
Entretien : ôter les fleurs fanées pour favoriser l'éclosion des autres boutons floraux.
Points forts : bouche-trou rapide et efficace ; il se ressème ; une fois bien installé, il s'étale en couvre-sol.
Points faibles : il est sensible au mildiou et il déteste l'humidité.
Autre territoire possible : prairie sèche.
Espèces, variétés et cultivars intéressants : *O. caulescens* (20 x 40 cm) supporte – 12 °C ; forme un petit couvre-sol aux fleurs blanc rosé ; tolère le calcaire.
O. ecklonis (syn. *Dimorphoteca ecklonis* ; 1,20 x 1 m) résiste jusqu'à – 7 °C ; petit arbuste dressé, floraison bleue et blanche.
O. fruticosum (20 x 80 cm), rusticité entre – 5 °C et – 7 °C, longs rameaux étalés en couvre-sol, floraison violette.
O. f. 'Album', à floraison blanche.
O. 'Whirligig' (60 x 60 cm), résiste à – 5 °C, port étalé, curieuses capitules aux fleurons se terminant par une forme de spatule, blanc au-dessus, bleu au-dessous.
Un peu d'histoire : leur nom commençant par « osteo » fait référence à la structure « osseuse » de leurs graines.

Paeonia suffruticosa
Pivoine arbustive

J'AIME

Qui pourrait être insensible à ses somptueuses fleurs éphémères ? Je dois pourtant reconnaître qu'elle a du mal à s'adapter à mon jardin…

Forme : arbuste.
Famille : paéoniacées.
Origine : fourrés clairsemés ou bois secs (pins, chênes), zones montagneuses (2 000 à 3 600 m) ; Chine (Sichuan, Yunnan), Tibet.
Silhouette : arquée.
Croissance : assez lente.
Taille adulte : 2 x 2 m
Feuillage : caduc ; léger, lacinié, vert foncé au-dessus, vert bleuté au-dessous.
Floraison : du 15 avril à fin mai ; nombreuses fleurs simples en large coupe, au parfum citronné ; coloris variés selon les différentes variétés.
Fructification : –
Rusticité : – 20 °C.
Sol : tout type, même calcaire, humifère, frais, très bien drainé.
Exposition : plein soleil.
Plantation : en isolé, d'octobre à mi-février (à la fin des dernières gelées fortes). Pour les variétés greffées, enterrer le point de greffe au moins à 15 cm de la surface pour que les racines émises par le greffon trouvent leur place ; pour celles issues de semis, il suffit d'enfoncer leurs racines sous 5 cm de terre. Les planter dans un sol très ameubli afin qu'aucune poche d'air ne puisse se former. Arroser copieusement à la plantation, puis pendant deux à trois ans, une fois par semaine en cas de sécheresse.
Entretien : éliminer les parties desséchées et les fleurs fanées ; apport annuel de compost à son pied.
Points forts : une fois bien installée, elle résiste autant au froid qu'à la chaleur, à l'humidité ou à la sécheresse.
Point faible : peut se révéler capricieuse.
Autres territoires possibles : –
Espèces, variétés et cultivars intéressants :
P. delavayi x *delavayi* var. *lutea*, fleurs jaune citron.
P. delavayi var. *atropurpurea*, fleurs rouge foncé.

Paeonia suffruticosa 'Duchesse de Morny'.

Phlox subutala
Phlox mousse

J'AIME
Leurs petits tapis aux floraisons rigolotes.

Forme : vivace.
Famille : polémoniacées.
Origine : pentes rocailleuses ; est et centre des États-Unis.
Silhouette : basse, tapissante.
Croissance : rapide.
Taille adulte : de 2,5 à 7 cm x 60 cm.
Feuillage : persistant ; feuilles étroites, très pointues, de vert clair à gris-vert.
Floraison : du milieu à la fin du printemps ; fleurs nombreuses, en trompette, pourpre rouge à pourpre violet, roses ou blanches, cachant complètement le feuillage.
Fructification : –
Rusticité : – 25 °C.
Sol : de neutre à légèrement acide (mais supporte le calcaire en faible quantité), fertile, bien drainé.
Exposition : plein soleil, ensoleillée.
Plantation : toute l'année, en dehors des périodes de gel.
Entretien : supprimer les fleurs fanées pour favoriser d'autres floraisons ; désherber le pied.
Points forts : floraison très abondante ; cette vivace supporte la sécheresse.
Point faible : aucun.
Autres territoires possibles : –
Espèces, variétés et cultivars intéressants : *P. s.* 'Atropurpurea' (10 x 50 cm), fin juin, abondante floraison rose et pourpre.
P. s. 'Calvides White' (10 x 50 cm), fin juin, gros coussin de fleurs blanches.
P. s. 'Candy Stripes' (10 x 50 cm), à partir de mai, très nombreuses fleurs rayées rose et blanc.
P. s. 'G. F. Wilson' (10 x 50 cm), très vigoureux ; de mai à juin, floraison bleu lavande.
P. s. 'Purple Beauty' (10 x 50 cm), fin du printemps, floraison violette.

Phlox subutala.

Phlomis russeliana
Phlomis de Russell

J'AIME
Si j'apprécie le phlomis de Russel, c'est pour son beau feuillage velouté.

Forme : vivace arbustive.
Famille : lamiacées.
Origine : zones rocailleuses ; Turquie, Syrie.
Silhouette : touffe buissonnante.
Croissance : modérée.
Taille adulte : 100 x 80 cm.
Feuillage : persistant ; vert recouvert de poils grisâtres, longues feuilles cordiformes.
Floraison : de juin à août ; fleurs jaune acidulé, tubulées, arquées, en couronnes étagées le long des hampes érigées.
Fructification : décorative, durant tout l'hiver.
Rusticité : – 20 °C.
Sol : tout type, même calcaire, ordinaire, rocailleux, sec, très bien drainé.
Exposition : plein soleil, ensoleillée, ombre légère ; au vent pour que ses feuilles restent sèches.
Plantation : en automne ou au printemps.
Entretien : rabattre complètement après la floraison.
Points forts : facile de culture ; il convient aux jardins de bord de mer et résiste bien à la sécheresse ; il est aussi un bon couvre-sol.
Point faible : il déteste l'humidité.
Autres territoires possibles : –

Phlomis russeliana.

Phormium tenax
Lin de Nouvelle-Zélande

J'AIME

Sa présence à l'impressionnant graphisme. Et c'est un coupe-vent génial en bordure de mer.

Phormium tenax.

Forme : vivace.
Famille : phormiacées.
Origine : littoral, montagnes ; Nouvelle-Zélande.
Silhouette : érigée.
Croissance : il prend du temps pour s'installer.
Taille adulte : de 2 à 3 m x 2 à 3 m.
Feuillage : persistant ; longues feuilles étroites, extrêmement élégantes.
Floraison : en été ; plus hautes que le feuillage, panicules dressées rouge pourpre, composées de fleurs tubulées.
Fructification : grandes hampes portant des graines.
Rusticité : – 10 °C.
Sol : riche et drainé (sec en hiver).
Exposition : ensoleillée (le plein soleil risque de brûler les feuilles).
Plantation : à la fin du printemps.
Entretien : pailler en hiver ; couper les feuilles fanées au pied… même si c'est difficile !
Points forts : il résiste au vent, aux embruns et à la sécheresse.
Point faible : il n'aime pas la neige (le recouvrir d'un voile d'hivernage).
Autres territoires possibles : –
Espèces, variétés et cultivars intéressants : *P. t.* 'Purpureum' (1 à 3 m x 1,50 m), vivace formant une touffe, persistante, fleur rouge, feuillage bronze pourpré.
P. t. 'Tom Thumb' (50 x 50 cm), variété naine au feuillage très fin, adaptée à la culture en pot.
P. t. 'Variegatum' (1 à 3 m x 1,50 m), au feuillage rayé vert et crème, fleur rouge.
Un peu d'histoire : dans le XIIIe tome du *Dictionnaire classique d'histoire naturelle,* (1828), Jean-Baptiste de Bory Saint-Vincent écrit : « Le capitaine Cook fut le premier qui annonça en Europe l'existence d'une belle Plante, dont les habitants de la Nouvelle-Zélande se servent en guise de Lin ou de Chanvre, pour fabriquer des tissus et des cordes d'une excellente qualité. […] On la trouve à toutes les stations et dans tous les terrains, sur les collines et dans le fond des vallées, dans un sol sec, arénacé (sableux), et même dans les localités marécageuses, où elle acquiert un plus grand développement. […] Cette Plante présente encore l'avantage de résister aux faibles gelées du climat de Paris. Cependant, il serait à craindre que les froids vifs de quelques hivers ne la fissent périr. Dans le midi de la France, où on l'a déjà propagée avec succès, elle peut passer la saison rigoureuse sans couvertures. Dans les départements de l'Ouest, particulièrement aux environs de Cherbourg, elle a parfaitement réussi, et a même donné des graines fertiles. Le Lin de la Nouvelle-Zélande est employé à une foule d'usages par les habitants de cette contrée. Leur habillement ordinaire se compose des feuilles de cette Plante, qu'ils manufacturent par des procédés assez longs et pénibles, par lesquels ils parviennent à fabriquer des fibres longues, blanches et luisantes comme de la soie. Ils en font aussi des lignes, des filets et des cordages de la plus grande ténacité. »

Potentilla fruticosa
Potentille fruticosa

J'AIME

Je l'avais oubliée et je l'ai redécouverte cet été, juste parce que je l'avais bien taillée en fin d'hiver.

Forme : arbuste.
Famille : rosacées.
Origine : prairies, éboulis, zones montagneuses ; hémisphère nord.
Silhouette : buisson arrondi, compact.
Croissance : rapide.
Taille adulte : 0,80 x 1,50 m.
Feuillage : caduc ; feuilles vert franc, divisées en cinq ou sept folioles étroites.
Floraison : de mai à octobre ; cymes portant des fleurs en coupe, jaunes, oranges, rouges.
Fructification : –
Rusticité : – 20 °C.
Sol : de neutre à calcaire, d'ordinaire à pauvre, sableux, bien drainé.
Exposition : du plein soleil à l'ombre légère.
Plantation : en automne ou au printemps ; convient à une culture en pot.
Entretien : tailler à la fin de l'hiver pour stimuler la floraison et conserver la forme buissonnante.
Point fort : parfaite en haie basse.
Points faibles : attire pucerons et araignées rouges ; sensibilité à l'oïdium.
Autre territoire possible : prairie sèche.
Espèces, variétés et cultivars intéressants : *P. alba* (20 x 35 cm), excellent couvre-sol à fleurs blanches. *P.* 'Arc-en-Ciel' (40 x 50 cm), feuillage découpé, floraison rouge carmin margé de jaune. *P. atrosanguinea* (40 x 50 cm), feuillage argenté, décoratif, floraison rouge foncé. *P. fruticosa* 'Red Jocker' (1 x 1,50 m), port évasé, longue floraison vermillon. *P. megalantha* (20 x 25 cm), feuillage recouvert de poils soyeux, très grandes fleurs jaune d'or.

Potentilla fruticosa.

P. tonguei (10 x 15 cm), couvre-sol, tiges couchées, floraison jaune abricot à œil rouge.

Pulsatilla alpina (syn. *Anemone alpina*)
Anémone des Alpes

J'AIME

Cette anémone est l'une des premières plantes que j'ai installée dans la rocaille ; j'adore son côté duveteux.

Forme : vivace.
Famille : renonculacées.
Origine : zones montagneuses ; centre et sud de l'Europe.
Silhouette : érigée.
Croissance : rapide.
Taille adulte : 20 x 20 cm.
Feuillage : caduc ; vert-gris, recouvert d'un duvet blanchâtre.
Floraison : à partir de mai ; fleurs solitaires, pétales blanc nacré, poilus, disposés en coupe d'où émergent de nombreuses étamines jaune d'or.
Fructification : akène.
Rusticité : – 20 °C.
Sol : tout type (aime le calcaire), riche, frais, bien drainé.
Exposition : du plein soleil à l'ombre légère.
Plantation : en automne, enfouir les bulbes à 4 ou 5 cm de profondeur.
Entretien : aucun entretien particulier.
Point fort : tellement facile !
Point faible : aucun.
Autres territoires possibles : –
Un peu d'histoire : l'anémone des Alpes est une plante protégée. Il est interdit de la prélever dans la nature.

Pulsatilla vulgaris 'Papageno'.

Ribes laurifolium
Groseillier décoratif

J'AIME

Le charme de ce buisson persistant à floraison… verte ! Encore trop rare dans les jardins, il faut le découvrir absolument.

Forme : arbuste.
Famille : grossulariacées.
Origine : zones boisées, zones rocailleuses ; Chine (Sichuan).
Silhouette : large, étalée.
Croissance : rapide.
Taille adulte : 1 x 2 m.
Feuillage : persistant ; feuilles vert foncé, ressemblant à celles du laurier, elliptiques, dentées.
Floraison : à partir de février en climat doux, sinon en mars ; grappes pendantes de fleurs crème lavé de vert.
Fructification : baies rouges, devenant noires, contenant plusieurs graines.
Rusticité : – 15 °C.
Sol : tout type, riche, frais, bien drainé.
Exposition : d'ensoleillée à la mi-ombre ; à l'abri des vents froids.
Plantation : au printemps et en automne.
Entretien : taille éventuelle après la pousse des nouvelles tiges pour lui conserver une forme équilibrée.
Points forts : convient aux petits jardins ; floraison très précoce.
Points faibles : surveiller de près les attaques de cochenilles, pucerons ou encore des othiorhynques, sorte de petits charançons qui apparaissent fin mai et qui s'attaquent aux feuilles (les hérissons et les musaraignes se chargent de les faire disparaître).
Autres territoires possibles : –

Espèces, variétés et cultivars intéressants : *R. alpinum* (0,60 x 1 m), buisson compact ; en avril floraison jaune. *R. odoratum* (syn. *R. aureum*) (2 x 2 m), port érigé, feuillage magnifique à l'automne, floraison jaune d'or, parfumée, fructification en baies noires. *R. sanguineum* 'King Edward VII' (2 x 2 m), floraison en longues grappes rouge lumineux.
Un peu d'histoire : il fut découvert et collecté par Ernest Wilson (1876-1930) lors d'une expédition botanique qu'il effectua en Chine, en 1908. En France, les groseilliers (*R. grossularia, R. rubrum, R. nigrum*) poussent à l'état sauvage dans les zones montagneuses et ont donné naissance à quantité de variétés cultivées pour leurs fruits. D'autres espèces, originaires d'Amérique du Nord ou de Chine, ont pris place dans les jardins pour leurs qualités ornementales.

Ribes laurifolium.

Romneya coulteri
Pavot en arbre

J'AIME

J'en ai tant rêvé ! Puis j'ai compris un jour ce que je devais lui offrir pour qu'il s'installe : un sol très bien drainé, du sable, du soleil. Comme un petit coin de Californie ou du Mexique dans mon jardin.

Forme : vivace.
Famille : papavéracées.
Origine : landes ; Californie, Mexique.
Silhouette : érigée, arbustive.
Croissance : moyenne.
Taille adulte : 2 x 2 m.
Feuillage : semi-persistant ; décoratif, profondément découpé, gris-bleu.
Floraison : de juillet à octobre ; surnommée « œuf au plat » par les Britanniques, sa fleur légèrement parfumée, d'environ 20 cm de diamètre, possède un énorme pistil jaune d'or entouré de pétales blanc nacré.
Fructification : capsule recouverte de poils.
Rusticité : – 10 °C.
Sol : pauvre, sec, peu calcaire, très bien drainé.
Exposition : plein soleil, ensoleillée ; à l'abri des vents froids et secs.
Plantation : si nécessaire en cas de sol trop lourd, construire une caisse en bois de 2 m x 2 m, déverser une couche de graviers dans le fond, puis remplir la caisse de sable sur 20 cm, rajouter un peu de terreau mélangé à de la terre ; il ne supporte pas une plantation en pot.
Entretien : pailler en hiver ; en cas de fortes gelées, le rabattre à la base, sinon tailler les branches à peu près sur un quart de leur longueur.
Points forts : très résistant à la sécheresse ; une fois bien installé, il s'étend grâce à ses nombreux drageons.

Romneya coulteri.

Points faibles : il est capricieux si toutes les conditions « techniques » de réussite ne sont pas réunies. Il peut être difficile à contenir dans un sol sablonneux.
Autres territoires possibles : –

Rosmanirus officinalis 'Prostratus' (syn. *R. o. repens*)
Romarin

J'AIME

Il a fait preuve d'une belle détermination ! Planté au pied d'un mur, il s'est empressé de se ressemer sur les pierres du haut pour aller chercher le soleil. Depuis, il s'étale un peu plus tous les ans.

Forme : arbuste.
Famille : lamiacées.
Origine : rocailles, taillis ; Bassin méditerranéen.
Silhouette : buissonnante, compacte et étalée.
Croissance : modérée.
Taille adulte : 1,50 x 1,50 m.
Feuillage : persistant ; aromatique, mellifère, petites feuilles coriaces, longitudinales, étroites, vert foncé au-dessus, feutrées au-dessous.
Floraison : à partir du mois de mars et jusqu'au mois de juin, fleurs tubulaires, bleu-violet.
Fructification : akènes.
Rusticité : – 10 °C.
Sol : de neutre à calcaire, pauvre, caillouteux, bien drainé.
Exposition : au plein soleil, ensoleillée.
Plantation : au printemps.
Entretien : tailler après la floraison.
Point fort : il supporte les embruns.
Point faible : aucun.
Autres territoires possibles : –
Un peu d'histoire : ses bourgeons entrent dans de nombreuses compositions des médecines douces. Ils protègent et désintoxiquent le système hépatique et ralentissent le vieillissement.

Rosmanirus repens.

Scilla peruviana
Scille du Pérou

J'AIME

Voilà encore un bulbe incroyable à découvrir pour sa floraison au bleu extraordinaire.

Forme : vivace bulbeuse.
Famille : hyacinthacées.
Origine : éboulis ; Portugal, Espagne, Italie, Afrique du Nord.
Silhouette : touffue.
Croissance : rapide.
Taille adulte : de 15 à 20 cm x 5 cm.
Feuillage : en automne ; nouvelles feuilles quand les anciennes disparaissent.
Floraison : de mai à juin ; grandes grappes coniques composées de très nombreuses fleurs étoilées, bleu pourpré.
Fructification : –
Rusticité : – 10 °C.
Sol : neutre, sableux, humifère, bien drainé.
Exposition : du plein soleil à l'ombre légère.
Plantation : en automne, enfouir le bulbe à une profondeur de 10 cm (trois fois la hauteur du bulbe) ; convient à une culture en pot.
Entretien : pailler le sol pour protéger les bulbes du gel.
Point fort : cette vivace se naturalise facilement sous des arbres et des arbustes ou sur une pelouse.
Point faible : aucun.
Autres territoires possibles : –
Espèces, variétés et cultivars intéressants : *S. p.* 'Alba' pour une floraison blanc pur.

Scilla peruviana.

Scilla peruviana.

Sophora microphylla
Sophora à petites feuilles

J'AIME
La floraison jaune, éclatante au sortir de l'hiver du sophora à petites feuilles.

Forme : arbuste.
Famille : papilionacées.
Origine : sous-bois, zones montagneuses ; Nouvelle-Zélande, Chili.
Silhouette : érigée et arrondie.
Croissance : modérée.
Taille adulte : 5 x 4 m.
Feuillage : très fin feuillage ressemblant à celui des fougères ; feuilles composées de nombreuses folioles, vert franc au-dessus, duveteux au-dessous ; tombe à la fin de l'hiver juste avant la floraison jaune citron.
Floraison : à partir de mars ; longue floraison jaune citron, parfumée, très mellifère.
Fructification : longues gousses.
Rusticité : – 10 °C.
Sol : neutre, profond, frais.
Exposition : plein soleil ; ensoleillée.
Plantation : au printemps.
Entretien : aucun entretien particulier.
Point fort : sa floraison précoce et parfumée.
Point faible : il prend son temps pour fleurir (cinq à sept ans après la plantation).
Autres territoires possibles : –

Sophora microphylla ' Sun King'.

Espèces, variétés et cultivars intéressants : *S. davidii* (2 x 2 m), feuillage caduc gris-vert ; fin de printemps, délicate floraison papilionacée blanc-mauve.
S. flavescens (1,50 x 1 m), feuillage caduc vert clair ; en août, floraison blanc crème.
S. japonica (15 x 10 m), feuillage caduc ; de juillet à août, floraison blanc crème très mellifère.
S. japonica 'Pendula' (5 x 7 m), forme pleureuse avec une silhouette évoquant une cascade ; feuillage caduc, vert foncé, coriace ; en août, floraison en grappes blanc crème ; belle structure hivernale.
S. microphylla 'Sun King' (3 x 3 m), forme buissonnante très compacte ; de la fin de l'hiver au printemps, longue floraison jaune d'or ; très bonne rusticité.
S. prostrata 'Little Baby' (1,80 x 1,80 m), à cultiver en pot, une forme « bonzaï » sans la technique !
S. tetraptera ressemble comme deux gouttes d'eau à *S. microphylla*, dont il diffère par le nombre de folioles et par des fleurs un peu plus grandes.

Un peu d'histoire : en 1747, un sophora du Japon est planté à Paris, au Jardin des plantes. Originaire de Chine, il a été envoyé sous forme de graines à Bernard de Jussieu par un jésuite, accompagné de la mention « arbre chinois inconnu ». Il devait fleurir pour la première fois, trente ans plus tard.

Thymus vulgaris
Thym commun

J'AIME
C'est un délicieux petit buisson aromatique que j'utilise en bordure. En hiver, j'aime le consommer en infusions, qui se révèlent efficaces contre les coups de froid !

Forme : arbuste aromatique.
Famille : lamiacées.
Origine : ouest du Bassin méditerranéen.
Silhouette : en boule.
Croissance : lente.
Taille adulte : 30 cm x illimité.
Feuillage : persistant ; petites feuilles, étroites, vertes à reflets gris.
Floraison : de mai à juin ; petites fleurs rose pâle.
Fructification : –
Rusticité : – 20 °C.
Sol : tout type, même calcaire.
Exposition : plein soleil, ensoleillée.
Plantation : en automne ou au printemps.
Entretien : tailler pour conserver sa forme et pour régénérer le plant.
Point fort : sympathique couvre-sol.
Point faible : aucun.
Autre territoire possible : prairie sèche.

Thymus vulgaris.

Tigridia pavonia
Œil-de-paon

J'AIME
Sa floraison estivale haut perchée !

Forme : bulbe.
Famille : iridacées.
Origine : steppes, étendues sableuses ; Mexique.
Silhouette : érigée.
Croissance : rapide une fois installée.
Taille adulte : 90 x 10 cm.
Feuillage : caduc ; longues feuilles lancéolées, vert moyen, formant un éventail depuis la base.
Floraison : de juin à août ; tiges florales portant des fleurs éphémères s'ouvrant successivement au long de la saison. Chaque fleur est composée de trois grands sépales et trois petits pétales disposés en quinconce, rouges marqués de jaune, et d'un long style.
Fructification : capsule.
Rusticité : – 8 °C (sur une courte durée).
Sol : riche, humifère, sableux, bien drainé.
Exposition : plein soleil, ensoleillée, ombre légère.
Plantation : en pleine terre ou en potée, enfoncer les bulbes sur une profondeur de 10 cm environ ; les regrouper pour qu'ils forment une belle touffe fleurie.
Entretien : les protéger des gelées soit en rentrant les pots, soit par un épais paillis.
Point fort : à La Maubrairie, ils se sont naturalisés en se semant dans les joints de sable du muret sous leurs pots de plantation.
Point faible : régal des limaces et des escargots.
Autres territoires possibles : –
Espèces, variétés et cultivars intéressants : *T. p.* 'Aurea' pour sa floraison jaune marquée de rouge.

Tigridia pavonia.

Tulbaghia violacea
Tulbaghia à fleurs violettes

J'AIME

Son élégance, sa longue floraison, sa facilité de culture… Cette plante a décidément tout pour plaire !

Forme : vivace rhizomateuse.
Famille : alliacées.
Origine : montagnes ; Afrique du Sud.
Silhouette : touffe dense, érigée et étalée.
Croissance : rapide.
Taille adulte : 50 x 25 cm.
Feuillage : caduc, semi-persistant en climat doux ; feuilles linéaires, très étroites, vert moyen, couvrant le sol autour du pied.
Floraison : de juillet à octobre ; tiges florales portant à leur extrémité de larges ombelles de fleurs tubulaires et étoilées violettes, parfumées.
Fructification : –
Rusticité : – 8 °C (courtes périodes de gel).
Sol : tout type, humifère, sableux, très bien drainé.
Exposition : plein soleil, ensoleillée ; elle supporte le vent et les embruns.
Plantation : au printemps, planter les bulbes à 5 cm de profondeur tous les 25 cm.
Entretien : ôter les fleurs fanées pour empêcher les graines de se développer et de provoquer une nouvelle floraison ; pailler les pieds en automne pour protéger les bulbes du gel.
Point fort : bonne plante de bord de mer.
Point faible : aucun.
Autre territoire possible : prairie sèche.
Espèces, variétés et cultivars intéressants : *T. v.* 'Silver Lace' (syn. 'Variegata'), au feuillage panaché.

Tulbaghia violacea 'Silver Lace'.

Veronica longifolia
Véronique

J'AIME

La manière gracile et élégante dont elle agite ses épis fleuris au moindre coup de vent.

Forme : vivace.
Famille : scrofulariacées.
Origine : Europe (du Nord, de l'Est et du Centre), Sibérie et est de l'Asie.
Silhouette : érigée, très souple.
Croissance : rapide.
Taille adulte : 80 x 40 cm.
Feuillage : caduc ; feuilles lancéolées, linéaires, vert pâle.
Floraison : de juin à août ; en grands épis de fleurs bleu violacé, brillants.
Fructification : –
Rusticité : – 20 °C.
Sol : tout type, d'alcalin à neutre, frais et bien drainé.
Exposition : du plein soleil à l'ombre légère.
Plantation : en automne.
Entretien : rabattre après la floraison ; diviser la souche tous les cinq ans pour la multiplier.
Point fort : cette plante est de culture extrêmement facile.
Point faible : aucun.
Autres territoires possibles : –
Espèces, variétés et cultivars intéressants :
V. l. 'Blauriesin', feuillage étroit, longs épis fleuris, bleu foncé.
V. l. 'Gloria' (100 x 80 cm), obtention des pépinières Lepage, aux épis mauves, très longs et très fins.
V. peduncularis (10 x 80 cm), tapissante, feuillage vert à reflets pourpres, longue floraison bleu foncé.

Veronica longifolia.

INDEX

Latin / français

Français / latin

BIBLIOGRAPHIE

Ouvrages

- Michel Baridon, *Les Jardins,*
  Robert Laffont, 1998.
- Jelena de Belder, Xavier Misonne, *Arbres et arbustes pour parcs et jardins,*
  La Maison Rustique, 1994.
- Marjorie Blamey, Christopher Grey-Wilson, *La Flore d'Europe Occidentale,*
  Flammarion, 2003.
- Bernhard Brinkforth, *Couvre-sols pour le jardin et les espaces verts,*
  Éditions Eugen Ulmer, 1997.
- Jacques Brosse, *Larousse des arbres – dictionnaire des arbres et des arbustes,*
  Larousse/S.E.J.E.R., 2004.
- Rick Darke, *L'Encyclopédie des graminées,*
  Éditions du Rouergue, 2007.
- Christophe Drénou, *Les Racines face cachée des arbres,*
  Institut pour le développement forestier, 2006.
- Christophe Drénou, *Face aux arbres,*
  Ulmer, 2009.
- Dominique Evrard, *L'Essentiel sur les géraniums vivaces,*
  SNHF,1997.
- Olivier Filippi, *Pour un jardin sans arrosage,*
  Actes Sud, 2007.
- Georg Grabherr, *Guide des écosystèmes de la Terre,*
  Ulmer, 1999.
- Hansen / Stahl, *Les Plantes vivaces et leurs milieux,*
  Ulmer, 1992.
- John Hiller, Allen Coombes, *The Hillier Manual of Trees,*
  Shrubs, David & Charles, 2004 (réédition).
- Gertrude Jekyll, *The Making of a Garden, An Anthology compiled by Cherry Lewis,*
  Garden Art Press, 2000 (réédition).
- Sandra Knapp, *Le Voyage botanique,*
  Mengès, 2003.
- Christopher Lloyd, *Succession planting for adventurous gardeners,*
  BBC Books, 2005.
- Robert Mallet, *Les Plantes couvre-sol,* Les guides Rustica,
  Dargaud Éditeur, 1980.

- Stéphane Marie, Dany Sautot, *Silence, ça pousse ! Comprendre son jardin,*
  Chêne, 2011.

- Stéphane Marie, Dany Sautot, *C'est mon jardin !,*
  Chêne, 2010.

- Piet Oudolf, *Le Jardin de vivaces et de graminées,*
  Bordas, 2000.

- Piet Oudolf, Henk Gerritsen, *Dream plants for the natural garden,*
  Frances Lincoln, 2010.

- Russell Page, *L'Éducation d'un jardinier,*
  La Maison Rustique, 1994.

- Jean-Marie Pelt, *Les Plantes : amours et civilisations végétales,*
  Fayard, 2000 (nouvelle édition).

- Roger Phillips, *Les Arbres,*
  Solar, 1981, pour l'édition française.

- Pascal Pinel, *Arbres pour petits jardins,*
  Ulmer, 2011.

- Helmut Pirc, *Arbres de A à Z,*
  Ulmer, 2011.

- Rémy Prelli, *Les Fougères et plantes alliées de France et d'Europe occidentale,*
  Belin, 2001.

- Jean-Jacques Rousseau, *Lettres élémentaires sur la botanique,*
  collection « Le petit Mercure »,
  Mercure de France, 2002.

- Princesse G. Sturdza, *Un jardin pour les quatre saisons,*
  Ulmer, 2005.

- Arnaud Travers, Didier Willery, *Clématites,*
  Ulmer, 2001.

- J.D. Vertrees, Peter Gregory, *Japanese Maples,*
  The Complete guide to Selection and Cultivation, Fourth Edition,
  Timber Press, 2009.

- Jean-Baptiste de Vilmorin, *Le Jardin des hommes,*
  Le Pré aux Clercs, 1991.

- Olivier de Vleeschouwer, *Bulbes magiques,*
  Marabout, 2005.

- Didier Willery, *Arbustes mode d'emploi,*
  Ulmer, 2004, 2010.

- Didier Willery, *Plantes Vivaces mode d'emploi,*
  Ulmer, 2005.

Catalogues

• Myriam et Vincent Grellier, *Arbres et arbustes, Collections de chênes et d'érables, arbres et arbustes rares,* Les Pépinières Botaniques de la Preille, 2004.

• Pépinières Lepage, *Le Guide des plantes vivaces,* 7e édition, 2010.

• *Le Jardin du Morvan,* catalogue 2010.

Encyclopédies

• *Encyclopédie universelle des 15 000 plantes et fleurs de jardin,* Larousse-Bordas/HER, 1999.

Crédit photographique

© Gilles Le Scanff et Joëlle Caroline Mayer pour toutes les photographies, excepté les suivantes :
© Biosphoto / J. S. Sira / GAP : page 40 en bas.
© Biosphoto / Hervé Lenain : page 101 en haut.
© Biosphoto / Mark Bolton / GAP : page 109 en haut.
© Biosphoto / Howard Rice / GPL : page 123 en bas.
© Biosphoto / John Beedle / Flowerphotos : page 124.
© Biosphoto / Maddie Thornhill / GAP : page 131 en haut.
© Biosphoto / Frédéric Didillon : page 195 en bas.

Éditions du Chêne
Directrice générale Fabienne Kriegel
Responsable éditoriale Juliette de Lavaur
Assistante d'édition Françoise Mathay,
assistée de Marion Dellapina
Directrice artistique Sabine Houplain
Création graphique Le bureau des affaires graphiques
Mise en pages Les PAOistes
Préparation de copies Dorica Lucaci
Relecture-correction Mireille Touret
Fabrication Marion Lance
Partenariat et ventes directes Claire Le Cocguen
(clecocguen@hachette-livre.fr)

France Télévisions Distribution
Directeur des Droits Dérivés et Événements Franck Cymes
Chef de projets d'édition Karine Hammachi

www.editionsduchene.fr

Photogravure Les PAOistes
Achevé d'imprimer en France
Dépôt légal février 2012
ISBN 978-2-81230-522-1
34 8304 7